指文® 战争事典 特辑021

帝国强军

欧洲八大古战精锐

（修订版）

指文烽火工作室 编

中国长安出版社

图书在版编目（CIP）数据

帝国强军：欧洲八大古战精锐/指文烽火工作室编. -- 北京：中国长安出版社，2015.5
ISBN 978-7-5107-0925-8

Ⅰ.①帝… Ⅱ.①指… Ⅲ.①战争史－世界－古代 Ⅳ.①E192

中国版本图书馆CIP数据核字(2015)第119416号

帝国强军：欧洲八大古战精锐（修订版）
指文烽火工作室　编

出版：中国长安出版社
社址：北京市东城区北池子大街14号（100006）
网址：http://www.ccapress.com
邮箱：capress@163.com
发行：中国长安出版社
电话：（010）85099947　85099948
印刷：重庆出版集团印务有限公司
开本：787mm×1092mm　16开
印张：15
字数：300千字
版本：2018年9月第2版　2018年9月第1次印刷

书号：ISBN 978-7-5107-0925-8
定价：79.80元

版权所有，翻版必究
发现印装质量问题，请与承印厂联系退换

前言

这是八支曾经如星辰般闪耀的古典精锐军队，他们或是无坚不摧、迅猛如风的骑兵，或是坚韧不拔、勇敢无畏的步兵，而他们最大的共同点就是曾经主宰着某个时代或数个世纪的战场。

在战场被步行武士统治时，马其顿伙伴骑兵脱颖而出，他们击败了所有的挑战者，为骑兵夺取未来战场上的王冠奠定了基础；罗马军团战士从一支笨拙、弱小的公民军队起步，历经数个世纪的演化和无数次战争的洗礼，获得所向无敌的威名，从而成为战场上的常胜者；诺曼骑士则是将纪律与组织重新带回了黑暗的中世纪，以少胜多，横行于整个地中海世界；马穆鲁克骑兵是十字军骑士们的噩梦，也是历史上第一次正面挫败蒙古入侵大军的胜利者，更是由最强的人领导的骁勇战士；而英格兰长弓手们装备简单武具，出身低微，在一场场战争中一路走来，树立起百年威名；瑞士步兵从偏僻蛮荒之地迅速崛起，拥有与其人口和版图不相称的军事力量，赢得了一场场胜利，以及周边邻国的敬畏之心；在奥斯曼帝国称雄欧亚大陆的数百年间，彪悍如虎的奥斯曼禁卫军随同苏丹四处征战，东征西讨，屡立战功，成为奥斯曼人扫荡欧罗巴、小亚细亚和北非的一柄利剑；从波罗的海滨的城镇，到黑海沿岸的大草原，从莫斯科的克里姆林宫，到维也纳的卡伦贝格山，波兰翼骑兵用手中的长枪将波兰-立陶宛联邦打造成了欧洲第二大国，连俄国射击军、土耳其禁卫军、乌克兰哥萨克骑兵、日耳曼雇佣兵，乃至瑞典人的长枪步兵方阵都曾是其手下败将。

本书揭示了这八支军队的强大源自何处，进行着怎样严苛的训练，拥有怎样的军事素养；他们如何凭借严格的纪律和合理科学的战术战法成为战场上的常胜者，又如何成为敌人的噩梦、国人的依靠、王朝的基石。了解到这些，我们才能真正读懂他们的过往荣耀，理解那些从古至今的军事智慧。

烽火

CONTENTS
目录

1　**第一章**
　　东征之矛：马其顿伙伴骑兵　　作者 / 杨英杰

29　**第二章**
　　帝国坚盾：罗马军团　　作者 / 杨英杰

63　**第三章**
　　维京传奇：中世纪诺曼骑士　　作者 / gwb

79　**第四章**
　　蒙古克星：马穆鲁克骑兵　　作者 / 龙语者

105　**第五章**
　　遮天箭雨：英格兰长弓兵　　作者 / IP

135　**第六章**
　　山国雄狮：瑞士步兵　　作者 / 章毅

163　**第七章**
　　苏丹利刃：奥斯曼禁卫步兵　　作者 / 孟驰

209　**第八章**
　　白鹰之翼：波兰翼骑兵　　作者 / 郭大成

235　**参考文献**

第一章
东征之矛
马其顿伙伴骑兵

作者 / 杨英杰

如果是在菲利普或者在后来的亚历山大的亲自统率下,这支军队也许能够战胜以后十八个世纪内(即在黑火药兵器占据优势之前)的任何一支军队。

——T·N·杜普伊《武器和战争的演变》

公元前334年，马其顿军队在亚历山大大帝的率领下入侵波斯帝国统治的小亚细亚地区。在之后长达十年的东征里，这支由腓力二世一手组建的马其顿新军，在格拉尼库斯河、伊苏斯和高加米拉的战场上，无可辩驳地展现了其相对于波斯军队全方位的优势。在随后的数个世纪内，马其顿军队尽管在战场上遭到各种各样的挑战，但始终被证明是整个地中海世界里最先进和强大的战争机器之一。这支军队的核心打击力量，就是团结在马其顿及其他希腊化王国的国王身边的被称为"伙伴"的重骑兵部队。

在伙伴骑兵（Hetairoi）兴起的公元前4世纪之前，骑兵这一兵种已经逐渐在战场上取得极高的地位。然而，马镫和高桥马鞍等技术装备的缺失，仍然给骑兵作战造成了极大的困扰。骑兵的两大天然优势：机动性和冲击力，只有前者能够在这一时期不受阻碍地发挥，而骑兵的冲击力却始终难以在战场上被彻底展现出来。尽管在少数特例中，早期的骑兵部队能够冲垮包括步兵密集阵在内的强大敌人，但在绝大部分情况下，这些骑兵都回避进行激烈的冲击作战。无马镫的骑手难以解放双手，因此很难同时操控坐骑和使用武器，再加上相对步兵更松散的骑兵队形，使得这些骑兵在肉搏战上有着与生俱来的不足。而当骑兵想要发挥其冲击力时，这种不足显得更加明显。高速奔驰下的骑兵间的队形维持要求，碰撞给骑手造成的困扰，还有面对密集阵形时带来的心里压迫，都使得冲击骑兵需要更高的训练水准和成本。

在这些客观条件的限制下，冲击骑兵这一概念在相当长的时间内都无法得到实现。使用枪类武器的骑兵部队并不少，但在冲击作战中有着良好的组织、秩序和战术指导的骑兵则寥寥无几。鲜有骑兵部队专门针对冲击作战，制订一套具体可行的作战原则和战术理论。而仅仅依靠个人武勇和有限的防护装备，显然无法让骑兵在近战中对步兵取得压倒性的优势。这一尴尬的情况，在腓力二世时期终于有了革命性的改变。

身处希腊文化圈边缘，长时间在"野蛮人"和"希腊人"的文化认同之间摇摆的马其顿王国，在骑兵发展上有着先天优势。马其顿南方的希腊骑兵，受到地形和军事传统的影响，作战风格更趋向于重装步兵。使用短矛、穿戴胸甲、排布成密集队形，是公元前5世纪到公元前4世纪的希腊骑兵的典型形象。而在北方，情况则截然不同，色雷斯骑兵受到北方的斯基泰游牧民族影响，偏爱灵活机动的作战风格。在长时间的军事交流中，马其顿骑兵受到多方面的杂糅影响，终于在腓力二世时期开放出一朵博采众长的骑兵之花。

腓力二世和亚历山大大帝在骑兵装备、战术和组织上的全方位革新，使得伙伴骑兵成为世界上第一支正规化的冲击骑兵。就如同后世的近代骑兵对古代骑兵获得优势一样，伙伴骑兵对同时期的其他骑兵部队有着类似的领先。尽管没有更重的甲胄、更锋利的武器，在骑手个人的骑术和搏斗技巧上也没有绝对优势，但伙伴骑兵仍然能够在与同时期优秀骑兵对手的对抗中屡

第一章 东征之矛：马其顿伙伴骑兵

尝胜绩。

在腓力二世和亚历山大大帝的时代过去之后，狭义上的伙伴骑兵逐渐退出历史舞台。但是在各希腊化政权的军事体系中，仍有继承了伙伴骑兵作战方式和地位的同类继续存在。这些各自政权中的军事贵族，作为军队中的重骑兵精华继续服役，一如既往地维持着战场上的卓越表现。伙伴骑兵及其同类部队的作战方式和原则，也逐渐扩展到整个地中海世界。

尽管伙伴骑兵作为一个军事单位，最终随着希腊化世界的衰弱而消失无踪，但他们的发展成果和精华，却随着骑兵作战艺术一起流传下去。下面将从伙伴骑兵的装备、作战风格和实战经历等方面入手，为读者带来一幅伙伴骑兵的全景图，介绍从建军到消亡的数个世纪中，伙伴骑兵及其继承者的故事。

装备

伙伴骑兵最重要的武器，是被称为旭斯通（Xyston）的长枪。这种长度至少达到约3.5米的武器，在疾驰的骑兵手中有着无与伦比的巨大威力。与之对应的，腓力二世改革之前的地中海世界主流骑兵，包括希腊、色萨利、马其顿和波斯骑兵在内，都习惯使用约1.8米长的标枪。波斯人称这种标枪为帕尔塔（Palta），这既可用来投射也可用来刺杀的武器，使用方便、用途广泛。但当使用帕尔塔标枪/短矛的骑兵与装备长矛的枪骑兵陷入近战时，后者屡屡凭借一寸长一寸强的优势在骑兵战中占据上风。对于特化冲击用途的伙伴骑兵而言，旭斯通骑枪不可或缺，也由于这种武器的重要地位，马其顿式的重骑兵经常被称为旭斯通枪骑兵（Xystonphoroi）。旭斯通骑枪的枪杆由坚固的山茱萸木制成，在尾端置有配重的蜥蜴锥，略重于枪头，也可在枪头损坏或枪杆折断后当作枪头使用。

旭斯通的重心在枪杆中央偏后，这在方便骑手平举骑枪的同时，尽可能地扩大了骑枪的攻击距离。实际运用中，伙伴骑兵的骑枪有更多不同的形制，有些骑兵使用比旭斯通稍长、稍重的康托斯（Kontos）骑枪。在古典历史学家的一些作品中，康托斯和旭斯通则没有明确分别，仅仅被作为同一武器的不同表述使用。此外的一些作品中，将一些极端轻装的马其顿枪骑兵称为萨里沙枪骑兵（Sarissaphoroi）。考虑到萨里沙是马其顿方阵所使用的超长枪，其长度至少达到了4.6米以上，对骑兵而言实在难以驾驭，这一称呼可能只是对长枪形制的误读；或者是骑手仅使用了半截萨里沙长枪（萨里沙长枪由两截枪杆合成，中间以金属连接器串联），而其大约2~3米的长度则较为符合现实。

除了骑枪之外，伙伴骑兵也配备贴身战斗的短兵器，最受欢迎的选择是著名的柯匹斯（Kopis）反曲单刃剑。这种刃长一般在60厘米左右的劈砍用武器威力巨大，但就骑兵武器而言有些过短了。此外，双刃的旭福斯剑（Xiphos）也是常见的骑兵护身武器，它比柯匹斯更适合刺击，但同样有着长度不足的缺点。

腓力二世和亚历山大大帝时期的伙伴骑兵，以骑兵短靴、白色上衣和深色斗篷作为标准的装束。最值得一提的是，伙伴骑兵的甲胄防护尽管比起同一时期的任何其他骑兵都更加倾向于冲击作战，但伙伴骑兵仅仅算得上是中型甚至轻型的骑兵。伙伴骑兵的坐骑大多没有任何铠甲，个别马匹在前胸以亚麻或皮革制的护胸保护，骑手的防护也仅限于头盔和胸甲，手臂、腿部则空空如也。伙伴骑兵最常用的骑兵头盔，是公元前4世纪到公元前3世纪初期非常流行的皮奥夏式头盔，此后色雷斯式、弗里吉亚式头盔也逐渐普遍在伙伴骑兵中使用。伙伴骑兵选择的胸甲则视个人喜好有所不同。希腊式的骑兵肌肉胸甲是他们的第一种选择，其在不少考古发现中都出现过。这些骑兵专用肌肉胸甲与同类的步兵所用产品有着明显的差异，它仅覆盖到腰部为止，同时在肩部、颈部留有更大的开口，方便骑手在马匹上动作。另一种选择，是更轻便的亚麻或皮革胸甲，并在其中设置金属内衬。伊苏斯马赛克画中的亚历山大，就显然身着这种亚麻甲。这些胸甲的下缘还缝有重叠的亚麻甲条，被称为护腰甲（Pteruges）。还有少数伙伴骑兵，为了更灵活的行动，甚至拒绝着甲。为了方便使用骑枪，这段时期的伙伴骑兵都不使用盾牌。

然而在随后的希腊化时期，伙伴骑兵的装备随着战场需求的变化有了长足的发展。东方的游牧民族广泛地采用了具装化的超重型骑兵，伙伴骑兵早在与波斯军队的交战中就遭遇了这些部队。但直到希腊化时期，具装化骑兵才给马其顿式骑兵造成真正的威胁。于是，身处东方的继业者王国中，越来越多的骑兵开始受到具装骑兵的影响，甚至效仿具装化；而在希腊半岛，骑兵同样也开

◎ 图为马其顿发行的德拉克马银币，上面展示了伙伴骑兵冲击波鲁斯的印度战象的场景，注意骑手使用单手夹持的方式握持他的骑枪。

◎ 图为罗马金币上的亚历山大形象。图中出猎的亚历山大选用了较短的长枪，并反手握持。正手夹持、正手握持或是反手握持的持枪方式，均出现在了伙伴骑兵的相关艺术形象上。

第一章 东征之矛：马其顿伙伴骑兵

◎ 旭福斯双刃剑。

始通过佩盾来增强其生存能力。

其中最负盛名的，大概是塞硫西铁甲骑兵了。塞硫西帝国的安条克三世，在公元前3世纪末期成功地进行了针对帕提亚和巴克特里亚的远征。在战略上取得成功的同时，帕提亚（或许还有巴克特里亚）具装骑兵的战场表现，却给安条克三世留下了极其深刻的印象。尽管此前希腊人不乏对阵铁甲骑兵的机会，但安条克三世或

◎ 用以制造皮奥夏式头盔的模具。

War History · 5

许是其中第二位——第一位是两个世纪前的色诺芬——被铁甲骑兵留下极深印象的指挥官。于是在东征结束后，塞琉西骑兵立即开始具装化的改革。我们仍无法了解改革进行的细节，但可以确定的是，公元前202年开始的第五次叙利亚战争中，塞琉西军队中已有铁甲骑兵的身影。国王直属的两支近卫骑兵较为保守，仅仅在伙伴骑兵的基础上，为骑手增加了环片式的金属护臂，为坐骑附属了铜制的马匹护胸，成为半具装式的重骑兵。其他的"伙伴"式样的骑兵，则改革地相当彻底。其中一部分在公元前200年的帕尼翁会战中已经以铁甲骑兵的面貌出现。到了公元前190年的马格尼西亚会战中，塞琉西帝国的马其顿式重骑兵中，除了上述两支近卫单位外，其他已经全部换装成具装化的铁甲骑兵。优质胸甲、环片状的金属护腿、护臂和头盔，以及披甲的战马，使得具装化的伙伴骑兵和他们的一部分帕提亚对手别无二致。安条克三世之后，后续的塞琉西国王对铁甲骑兵的热情有所减退，但安条克四世时期的塞琉西军队中仍保留了大约1500人至2500人的铁甲骑兵，作为拳头力量使用。其他介于具装骑兵和早期伙伴骑兵之间的重骑兵，依旧承担着伙伴骑兵的旧时职责，兼具冲击力、灵活性和耐力。

在马其顿本土，马其顿骑兵逐渐开始运用盾牌，这个变化大致出现在公元前3世纪初期的加拉太入侵之后。圆形的骑兵盾被广泛运用，这种周长超过一米的盾牌，在中央有铜钉或者加强筋，给予了骑手更周全的保护，但也在一定程度上阻碍了长

枪的使用，削弱了骑兵的冲击力。这一变化趋势与其东方同行的重型化趋势相呼应，我们可以看到这些伙伴骑兵的后辈越来越果断地投入对步兵正面的强行冲击。在腓力五世统治期间有很多类似的记载："腓力五世和他的近卫骑兵猛烈地冲击对方的步兵。"不过这样的暴虎冯河之勇，鲜有一蹴而就的记录。

在东方的巴克特里亚，希腊移民和伊朗贵族组成的伙伴骑兵部队，或许比塞琉西帝国的骑兵，更早地完成了重型化、具

◎ 公元前2世纪的马其顿骑兵形象。中部配有横向加强筋的大型圆盾，成为希腊化时代晚期的希腊半岛尤其是马其顿骑兵喜爱的装备。

◎ 穿胸甲的伙伴骑兵形象。

第一章 东征之矛：马其顿伙伴骑兵

装化的改革。受到更多来自游牧民族的影响，东方的希腊伙伴骑兵，在其重型化的进程中，更多地采用了扎甲。竖立在马臀部的"寄生"，也出现在巴克特里亚和印度－希腊王国的铸币上，成为伙伴骑兵东方化的一个象征。

组织

长久以来，马其顿王国的军事力量核心，是团结在阿吉德王室周围的贵族骑兵部队。仅从这点来看，他们确实更加类似于北方的野蛮人，而非希腊世界中的主流城邦。这些军事贵族在腓力二世时期之前，就享有"伙伴骑兵"的称谓。在腓力二世时期，腓力二世以土地为奖励，大举引入希腊人口加入伙伴骑兵，扩充了这一军事贵族阶级，也扩充了伙伴骑兵部队的实力。每逢一段时间，伙伴骑兵都会对骑手和马匹进行资质审查，只有被检查者的素质合乎伙伴骑兵的要求时，才会被登记到王国的骑兵员册上，并领取以土地或现金形式发放的津贴。到了公元前2世纪，安提柯王朝的马其顿伙伴骑兵在检查合格后，可以获得每匹战马1000德拉克马银币的奖励，作为扩展骑兵人力和马匹储备的鼓励政策。

腓力二世时期的伙伴骑兵，以骑兵中队（Ilai）作为主要的战术单位。每个骑兵中队从固定的兵源地吸收人力，维持大约200人左右的实力。最基干的战术单位，则是中队下属的骑兵连队（Tetrarchiai）。每个连队的理论实力是49名骑兵和1名连队指挥官。若干个骑兵中队，则组成更高一级的单位骑兵队（Hipparchy）。当亚历山大大帝成为马其顿国王时，腓力二世的骑兵建设硕果累累，伙伴骑兵的数量从腓力二世登基时的约800人，扩充到了超过3000人，由马其顿人和希腊人混编。希腊中部以骑兵著称的色萨利地区，在附庸于马其顿的情况下，也进行了与伙伴骑兵相同的战术和装

◎ 左边为出猎装束的色萨利骑兵，右边为色萨利骑兵军官。

备改革，成为另一支马其顿式的精锐重骑兵部队。

跟随亚历山大进入亚洲的伙伴骑兵部队，大约有1800人。已知的单位番号，包括国王直属的皇家中队（双倍兵力），以及总计6个来自波提埃亚、安菲波里斯、阿波罗尼亚、安忒穆斯、上马其顿某地以及被称为"留盖安人"的骑兵中队，其他中队番号则由于史料不足而无法查明。在亚历山大东征的后期，越来越多留守本土的伙伴骑兵加入了东征军的行列中，连同加入伙伴骑兵的伊朗兵员一起，使得亚历山大的伙伴骑兵的数量一度达到了4000人之多。总之，伙伴骑兵在亚历山大时期大约维持着4~8个骑兵队的规模。

公元前323年，亚历山大大帝在新帝国的首都巴比伦尼亚离世，但伙伴骑兵的故事这才刚刚开始。由于此后帝国的分裂和继业者战争的开始，伙伴骑兵们被亚历山大生前的部将和行省总督所瓜分，并且加入到了随之而来的军阀混战——继业者战争中。另一方面，马其顿式重骑兵在过去十余年中的杰出表现，和继业者战争的客观需求，使得继业者们开始训练非马其顿人的伙伴骑兵，越来越多的亚洲骑兵也采纳伙伴骑兵的作战方式。当继业者王国纷纷建立后，各个统治者或沿用伙伴骑兵的番号，或创立与之地位相似的新部队，作为建立属于自己的精锐重骑兵力量。

在马其顿本土，虽然亚历山大时期的伙伴骑兵老兵们纷纷退出战场，伙伴骑兵这一番号仍旧被沿用下去。但由于连续的战争消耗，以及来自东方的大规模移民，马其顿本土的伙伴骑兵实力遭到了毁灭性的打击。接下来统治马其顿本土的安提柯王朝，成为希腊化军队骑兵衰退的最好例证。在公元前3世纪末期，安提柯历任国王们所能动员的伙伴骑兵数量，仅剩下可怜的数百人。公元前222年的塞拉西亚会战中，马其顿伙伴骑兵仅有一个由300人组成的中队参战。在3年后的社会战争（Social War）中，这个数字也仅为400余人。直到腓力五世的统治后期，由于对罗马战争的失败，他放弃对希腊世界的积极干预和扩张，转而向北方发展，同时休养民力，这使得马其顿伙伴骑兵的实力在公元前2世纪中期回到了约3000人的水准。其中国王直属的近卫中队，依据罗马史学家李维的记载，被称为"神圣中队"。总的来说，伙伴骑兵的继承者们，在征召和维持的方式上，也继承了腓力二世时期的原则。

在其他继业者王国，伙伴骑兵则需要以新的形式生根发芽。在骑兵建设成果斐然的塞琉西帝国，希腊裔的军事定居者连同被希腊化的伊朗骑兵贵族，组成了东地中海最强大的骑兵集团之一。塞琉西帝国的历代国王，保留了伙伴骑兵的番号。这是一个骑兵队级的作战单位，员额固定在1000名希腊裔士兵。与之并列的，则是由来自米底的伊朗贵族组成的"近卫"骑兵队（Agema, αγλην），同样拥有1000人。这两个单位一起组成了塞琉西国王直属的常设作战部队，拥有与亚历山大时期"皇家中队"所对应的崇高地位、待遇和强大战斗力。其他来自希腊裔定居者和本地贵

第一章 东征之矛：马其顿伙伴骑兵

族的马其顿式骑兵部队，其实力则在不同时期有所变化。在安条克三世和四世的统治期间，"伙伴"式重骑兵部队的总数，维持着 8000 人左右的固定员额。

显然，塞琉西帝国境内的希腊裔人口，不足以维持这样一支大规模的骑兵部队，因此本地人口的引入成为其主要特征。在塞琉古诸王的统治期间，伊朗贵族始终是非常重要的骑兵来源，这些兵员就如同腓力二世时期的希腊人补充到马其顿人中一样，被吸纳进了马其顿-希腊裔组成的部队中。早在亚历山大时期，就出现了全部由伊朗人组成的一个伙伴骑兵队。到塞琉西帝国时期，忠于希腊化政权的伊朗贵族仍旧被组成独立的部队，比如上文中米底的"近卫"骑兵队就是一例。此外，还有一支被称为"尼萨"的骑兵部队，出现在公元前 2 世纪中期的塞琉西军队中。有的历史学家认为这支部队与近卫骑兵队类似，是一支本地化的独立"伙伴"骑兵单位。但尼古拉斯·塞昆达等人认为，这里的尼萨指的是著名的尼萨马，这支部队是以体型巨大的尼萨骏马武装起来的具装骑兵部队。

除了大力引入伊朗兵员外，塞琉西帝国也没有放弃鼓励希腊移民参军的政策。和腓力二世一样，塞琉西诸王以土地吸引希腊半岛的移民，并以这些人力来扩充自己的骑兵部队。根据波利比乌斯的记载，在公元前 165 年的达菲奈（Daphnae）阅兵庆典中，出现了一个番号为"精选骑兵"（Epiliktoi）的单位。这支部队很有可能是原希腊的色萨利移民后裔，他们在塞琉西帝国境内定居，建立城市，并承担固定的军事义务。因此，马其顿-希腊移民和东方各行省的本地人力，成为塞琉西王朝重骑兵力量的两大来源。

埃及的托勒密王朝在骑兵发展上则显得弱势，他们的困扰主要来自希腊移民的缺乏和马匹数量的不足。托勒密王朝的伙伴骑兵被称为皇家骑兵（Τους περιτην αυλην），这支部队在公元前 217 年的拉菲亚会战中出现，实力达到了 700 人。其他的托勒密非近卫骑兵单位，其发展情况则显得更为混乱不清。已知的托勒密王朝常设骑兵单位，有至少 9 个骑兵队番号，但这些部队是否是定居的军事贵族，以及他们是否为伙伴式的重骑兵部队，仍然在史学界存在不同的观点，尚无定论。从兵源和维持上，托勒密王朝的骑兵建设，同样继承了伙伴骑兵模式，但相比塞琉西军队，托勒密王朝没有大规模引入本地骑兵人力的记录。直到托勒密王朝的军事机器濒临

◎ 具装化改革后的塞琉西重骑兵部队。图中为具装化的铁甲骑兵部队，右为半具装的"近卫"和"伙伴"两支近卫骑兵单位。左侧上方形象不同的头盔形制，可能与其军官身份对应。

帝国强军：欧洲八大古战精锐

◎ 图为攸克拉底德斯发行铸币上的巴克特里亚重骑兵形象。塔恩等史学家认为，攸克拉底德斯曾是塞琉西帝国的行省总督，巴克特里亚与塞琉西具装骑兵出现的孰先孰后至今仍无定论。

崩溃时，才逐渐出现了埃及人组成的骑兵。

在遥远的中亚，巴克特里亚王国同样建立了自己的伙伴骑兵部队。这里的希腊裔军事人口有限，而且其中极端缺少骑兵，但巴克特里亚的统治者们成功建立了属于自己的伙伴式骑兵部队。本地的伊朗化贵族和定居的希腊裔殖民者，大约在公元前3世纪中后期，进行了马其顿式的骑兵改革。在公元前2世纪中后期的史料中，我们可以发现，在印度西北部的统治印度-希腊王国的米南德大帝，就拥有一支员额500人的伙伴骑兵部队；公元前2世纪中期统治巴克特里亚的攸克拉底德斯，则拥有一支300人的伙伴骑兵卫队。

战术

作为马其顿式军队中最主要的打击力量，伙伴骑兵的一切战术原则，都以在会战中发动强有力的冲锋为基础。根据阿利安的记录，每个骑兵连队的49或50名官兵将排成楔形，从前至后排列成从1至13人宽递增的队列。每个骑手间大约保持3英尺（90厘米）的横向间距，以确保每个士兵动作不受阻碍。各连队组成的中队则作为一个整体行动，在每个骑兵中队之间，则保留了相当于一个中队正面宽度的空间，这使得伙伴骑兵能够自由地转向。这样的编组模式，经过了漫长的演化才从马其顿军中产生。

阿斯克列庇欧多图斯（Asklepiodotos）在他的手稿中提及，希腊城邦传统的骑兵中队一般由128人组成，排列成8排纵深的

第一章 东征之矛：马其顿伙伴骑兵

横队。波利比乌斯同样认为 8 排纵深是最适合作战的骑兵队形。而实际应用中，希腊骑兵大多采用 4~6 排纵深的横队，显然多排横队有利于发扬冲击力，但对于骑兵队形的转向等机动动作，则显得过于笨重。128 人的最小战术单位，对于骑兵作战而言，在指挥的灵活性上也有所欠缺。可以说，传统的希腊骑兵，其作战模式更多受到了步兵作战的影响，其密集和纵深化的队列，与重装步兵的列阵有所相似。在一些实战战例中，希腊骑兵往往放弃机动性，列阵后静待敌军，甚至在一些记载中被描述成"像重装步兵密集结地交战"。

在希腊中部的色萨利，以骑兵见长的这一地区发展出了不同的战术。其基本队形是由 61 人组成的小型化菱形中队，以中队指挥官（Ilarches）作为队形中的矛头。其他次一级指挥官则处在菱形的其他几个角上，一名中队殿卫（Ouragos）处在尾部，2 名中队侧卫（Plagiophylakes）处在两侧，以方便在转换冲击方向时担任矛头。相比希腊式的骑兵横队，菱形中队的机动更迅速和方便，可快速改变整个中队的朝向。这样的队形也更容易集中力量突破战线一点和扩大缺口，同时稍小的战术单位更利于高效的兵力分配。

这种战术很大程度上影响了腓力二世。因为受到了色萨利骑兵以及北方的西徐亚骑兵战术的影响，他选择楔形队作为伙伴骑兵的标准战术队形。骑兵连队实际上等同于希腊的骑兵中队，成为战场上的基干骑兵作战单位。

将骑兵的机动性和冲击力成功提升后，马其顿式军队得以围绕着伙伴骑兵建立一套战术体系。在马其顿军队中，伙伴骑兵的侧翼冲击具有决定性作用，军队中的其

◎ 部队指挥官

◎ 次一级指挥官

◎ 伙伴骑兵的战术队形。

◎ 伙伴骑兵最常见的搭档部队。进行掩护和情报侦查的"先驱者"轻骑兵，高机动性的轻步兵，和为骑兵攻坚克难的重步兵，是伙伴骑兵必不可少的配合部队。

War History · 11

他组成部分,都将为这一目的而服务。整支军队的总指挥官,一般也会直接领导优势翼的进攻。在大多数情况下,伙伴骑兵的进攻都是集中在一翼发动的。只有本方的骑兵实力占据绝对优势时,指挥官才会同时在两翼发动主攻。

当主攻方向确定后,整支马其顿军队都会开始行动,精选的轻步兵将会和伙伴骑兵部署在一起。在伙伴骑兵的内侧,持盾卫队将与伙伴骑兵并肩发动突击。与伙伴骑兵类似,这一单位也是马其顿王国中央化的军事部队。从持盾卫队开始,整条马其顿步兵战线会向侧后延伸,这一部署方式确保马其顿人在优势翼首先接战,而在劣势翼拖延战斗的进程。在持盾卫队的另一侧,被称为步行伙伴(Pezhetairoi)的各马其顿方阵团组成了中央战线,而各方阵团的角色又有所不同。其中一些相对轻装和精锐化的方阵团,又被称为城镇伙伴(Asthetairoi)。这些来自上马其顿高地的兵员,以更严格的训练和更轻的装备,获取了相对于普通方阵更好的机动性,因而更能配合持盾卫队的突击作战。

于是,在整条马其顿军队的战线上,一个配合周密的整体诞生了。从优势翼(常见是右翼)一端的伙伴骑兵开始,伙伴骑兵、持盾卫队、城镇伙伴和步行伙伴各团的部队,越向战线的内侧布局,就更为趋向于防御和重装化,而越靠近外侧和指挥官的位置,部队就更强调冲击力和灵活性。这样精密复杂的体系,赋予了马其顿军队的侧翼攻势极强的威力。当伙伴骑兵在侧翼遭遇到结阵顽抗的敌军时,持盾卫队会承担攻坚任务,而让伙伴骑兵避免正面强攻;伙伴骑兵则会在轻步兵的支持下,果断地投入与敌军骑兵的正面交战,再以灵活的迂回机动设法攻击结阵步兵的侧后。如果对手是轻盾兵或是其他更轻型的部队时,伙伴骑兵则不再回避正面战斗,往往会试图正面冲垮对手。

在亚历山大大帝东征的过程中,伙伴骑兵的战术得到了进一步的改良。亚历山大在其新征服的东方地区中,组建了许多轻骑兵部队,这些不披甲、持标枪和弓箭的骑手,在战场上被用来执行辅助性的任务。伙伴骑兵发动进攻时,这些轻骑兵将承担侧翼的掩护任务,而在防御作战中,他们则以机动迟滞对手的进攻,为充当预备队的重骑兵制造反冲击的机会。

随着亚历山大帝国的解体,马其顿军队落入了不同军阀的手中,随之被投入到继业者战争中。伙伴骑兵所面临的,不仅是被迫对抗旧日同袍的窘境,更重要的是他们的交战对手在一夜之间升级,成为以马其顿式的训练和装备组建起来的部队,这促使伙伴骑兵的运用水平飞速进步。这一时期的伙伴骑兵战术中,主要的创新在于预备队战术的发展、小型分队的特殊应用以及战象和骑兵的配合。

在亚历山大大帝时期,伙伴骑兵及色萨利骑兵已经开始扮演预备队的角色,但往往是用于防御作战。继业者战争时期,伙伴骑兵作为预备队的应用更为多样化,骑兵预备队的作用也更为积极。指挥官有意识地将重骑兵保留在二线,利用第一线承受敌方骑兵的冲击,当对方在第一阶段的进攻后失去秩序、急需重整时，本方再投入骑兵预备队，趁势击破敌军，在局部取得完全的优势。这样的预备队运用，从战术思想上不只是以遏止敌军攻势为目的，而更多成为本方发展攻势的手段。以皮洛士大王为例，在他与罗马人进行的数次会战中，在骑兵数量不占优势的情况下，他依然屡次保留了最精锐的重骑兵作为预备队。皮洛士大王的具体战术是，用本方相对次等的骑兵，在长时间的拉锯战中，将敌军骑兵的体力和兵力消耗至极限，这时再投入预备队完成决定性的进攻。

由于这种战术变化，当两支采用马其顿战术体系的军队交战时，各自以优势翼对抗敌方劣势翼、避实击虚的旧战法更多被"择强而击"的新战法相取代。新战法强调后发制人，以弱势翼对弱势翼，优势翼对优势翼，在优势翼优先考虑利用预备队的高效运用，摧毁对方的进攻主力本身，随后再以得胜的部队在对方的优势翼地段上发动反击作为自己的主要攻势。

在加沙会战（公元前312年）、阿波罗尼亚会战（公元前220年）、帕尼翁会战（公元前200年）中，希腊化军队的指挥官都选择了这类战术，放任对方在侧翼主动进攻，再利用骑兵预备队发动反击，摧毁对方的进攻主力，随之发动反攻。伙伴骑兵的冲击力和机动性，在这样的机动防御作战中，起到了决定性的作用。

另一个新的战术发展趋势，是对小型骑兵分队的使用。骑兵连队、骑兵中队级的小单位，被部署到大型的作战队形之外。他们一般被用于执行独立的作战任务，譬如对主力的侧翼、后方进行掩护，以及在主攻前发动独立的冲击，扰乱敌军的队形。从第二次继业者战争中的帕莱塔西奈会战开始，史料中开始出现对这种部署方式的记载。这样的战术细节，体现了马其顿重骑兵战术的逐渐成熟，同时也展示了古典时代骑兵战术的发展水平。

战象的广泛运用，同样也对伙伴骑兵及其后继者们的运用造成了很大的影响。战象的冲击力和自身产生的气味，对于骑兵作战有着天然的压制性。一次成功的战象冲锋，足以让一场骑兵战分出胜负，但战象不仅对敌军，对己方骑兵的作战也会产生负面的影响。友军的骑兵无法穿过战象的队列前进，这使得将战象和骑兵混合作战，成为效果显著而又极具风险的选择。不止一个战例都说明，在狭窄战场使用战象，会影响到友军的骑兵自由运动。

继业者战争期间的实际需求，和大量优秀骑兵指挥官的轮番涌现，使得伙伴骑兵的战术发展在亚历山大大帝死后的数十年内，达到了难以复制的高峰。可随着初代继业者们的相继辞世，和各希腊化王国的建立成型，东地中海世界的战火逐渐冷却下来。连续半个世纪战火导致的人力损失，连带着蛮族入侵和经济衰退的危机，严重影响到了希腊化王朝的军事发展。

比如在伙伴骑兵的故乡，马其顿的骑兵水平受到了最严重的打击。在继业者战争结束后的大约半个世纪里，马其顿引以自傲的国家军队，几乎处于完全崩溃的状态。直到公元前223年，史书上才详细提及一支规模可观的马其顿军队，重新开始积极干涉国外事务。这一过程中，以自耕农为来源的马其顿步兵，随着农业的逐渐恢复，相对迅速地恢复了规模和战斗力。但来自于贵族阶级的伙伴骑兵，却由于经济衰退和大规模移民，难以在短时间内重组起来。

骑兵实力的衰退，也间接导致了骑兵战术的退步。数量的不足，使得马其顿骑兵在战场上只能主要执行反骑兵任务，或战场外的侦察任务，而原有的打击步兵的能力，很有可能严重衰退了。甚至一些更极端的学者认为，马其顿骑兵一度放弃了持矛冲击的作战方式，而恢复了老式的希腊骑兵武装，以短矛进行战斗。这种猜想并没有足够的证据加以证实，但不可辩驳的事实是，马其顿骑兵再也未能像他们在喀罗尼亚、伊苏斯和高加米拉的前辈一样，以一次横扫千军的猛烈冲击，通过彻底摧毁一条步兵战线来决定会战胜负。马其顿军队越来越依靠步兵方阵，去执行原来属于伙伴骑兵的进攻任务。尽管马其顿方阵的正面战斗力很强大，但进攻战斗所需的机动性和地形适应性却是方阵所欠缺的，这种不足引发了多次会战的惨败。

不过在塞硫西帝国的军队中，充沛的骑手和马匹来源，使得其骑兵部队建设不受限制。客观条件的具备，使得塞硫西骑兵的战术应用仍有一定的发展。我们前面说过，塞硫西帝国统治期间，最重要的骑兵改革就是铁甲骑兵的引入。相比伙伴骑兵，铁甲骑兵可谓有得亦有失。一方面，骑手和马匹所受的周全保护，以及随之而来的强大冲击力，使得骑兵指挥官敢于对结阵的重步兵进行坚决的冲锋。以往对伙伴骑兵而言，正面冲击结阵重步兵，是不敢越一步的雷池。但在另一方面，铁甲骑兵缓慢而笨重，在战场上常常耐力不济。而且，机动性的严重下降，使得铁甲骑兵面对敌军的轻装部队时，显得格外脆弱。

因此铁甲骑兵的引入，不仅对塞硫西骑兵的整体发展更是对伙伴骑兵的发展造成了不小的影响。虽然有的伙伴骑兵和近卫骑兵并未被改编为具装骑兵，但铁甲骑兵的装备特点被部分移植到伙伴骑兵上，也从而对伙伴骑兵的战术运用产生了影响。这一时期的伙伴骑兵，或许更应该被称作"半具装式"的重骑兵。在条件允许的情

◎ 图为第二次马其顿战争中的腓力五世和亚历山德罗斯之子阿明塔斯。尽管腓力五世是一个极善发挥部队机动性的战术指挥官，但他麾下的骑兵数量严重不足，使得他擅长的突袭战术不免打了折扣。

第一章 东征之矛：马其顿伙伴骑兵

况下，他们会和铁甲骑兵一起，执行对敌军重步兵的正面冲击。

不过相比于帕提亚人，希腊人对于具装骑兵的运用方式有着显著的不同。以弓骑手和铁甲骑兵组成军队主体的帕提亚人，在战术上具有更高的灵活性。其铁甲骑兵倾向于以小单位发动多波次的连续冲击，用以压迫敌军的战线，为己方骑射手的进攻创造机会，或是在反复冲击中削弱敌军后，再进行决定性的冲击。因此，除了一锤定音的最终冲锋之前，帕提亚铁甲骑兵还需承担更多的牵制性任务。铁甲骑兵和轻型骑射手的互相配合，成为帕提亚战术体系中的精髓所在。而在塞琉西或是巴克特里亚的军队中，牵制敌军重步兵的任务，将由己方的步兵战线去完成。希腊化的铁甲骑兵一般只出现在战线两翼，进行单次决定性的冲锋，并且在兵力运用上趋向于更大的进攻队形厚度。

总的来说，公元前2世纪的希腊化军队中，具装骑兵和半具装化的伙伴骑兵的战术运用方式比起数个世纪前的伙伴骑兵并没有太多的不同点。尽管在少数情况下，马其顿式的骑兵会在冲锋失利后重组，转而进行多波次的连续进攻，或者干脆调换进攻方向，进行跨越整个战场的长距离机动。但总体上，他们更愿意进行"一次性"的局部进攻，在第一轮侧翼攻势中就分出胜负，也鲜有敌人能够抵抗这样的冲力，将战役拖入长时间的缠斗。

实战运用

如我们前面所说，伙伴骑兵从创建伊始，就成为古典时期最出色的骑兵部队之一，伙伴骑兵及其后继者在连续数个世纪内，从意大利乃至印度的各个战场上都发挥着重要作用。最后，我们将通过研究伙伴骑兵的相关战例，分析和介绍伙伴骑兵的战场表现、作战特点，由此更加深入地了解这支部队的优缺点和其传奇经历。

腓力二世和亚历山大时期

随着伙伴骑兵在腓力二世时期的逐渐成形，他们在马其顿王国对外的军事行动

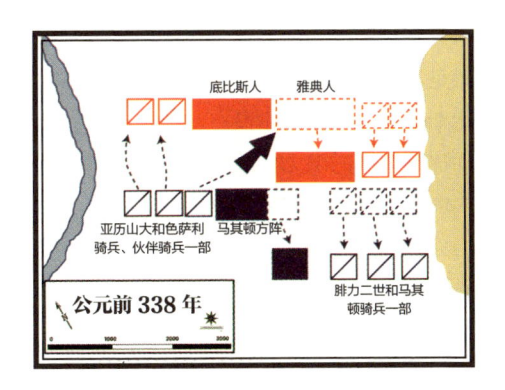

◎ 在喀罗尼亚会战中，马其顿军队的骑兵和步兵均展示出了极高的战术纪律性。

中，占据了越来越重要的地位。公元前353年的克罗库斯平原战役中，伙伴骑兵统治

了战场。马其顿军队在与福基斯军队的交战中,以骑兵完成了一次典型的"锤砧"配合,而将敌军驱逐至海边并歼灭。腓力二世此后在北方展开的征服行动中,由于当地部族的步兵,缺乏足够的战线维持能力,伙伴骑兵的战术运用较为激进。奥德里西亚人、盖塔人、特里巴利人的步兵,屡次遭到伙伴骑兵的正面冲击而溃散。

伙伴骑兵第一次著名的大规模会战,是公元前338年的喀罗尼亚会战(Battle of Chaeronea),曾对马其顿战术体系影响深远的底比斯军队,遭遇了青出于蓝而胜于蓝的对手。会战中,腓力二世让马其顿方阵进行了巧妙的后退,诱使希腊联军的战线出现了缺口。当雅典的重装步兵冒进时,他们和底比斯部队之间出现了缺口,年轻的亚历山大带领伙伴骑兵冲入了缺口。结果,包括著名的"神圣军团"在内的底比斯步兵,被伙伴骑兵和马其顿方阵前后夹击,遭到了覆灭的命运,随后冒进的雅典人也被马其顿的两翼合力击溃。值得一提的是,被认为是希腊最优秀骑兵之一的底比斯骑兵,在会战中没有对伙伴骑兵的行动造成像样的阻力。除去巧妙的战术,和步骑间的合作无间外,喀罗尼亚会战还向后人展示了改革后的马其顿骑兵对传统希腊骑兵从战术地位、纪律性到冲击力上的全方位优势。

伙伴骑兵面对的第一次真正的考验,则来自于亚历山大的东征。因为素以骑兵优势著称的波斯军队,可以算得上伙伴骑兵真正的强敌。进入小亚细亚的亚历山大,试图在公元前334年夏季河流的流量较小时强渡格拉尼库斯河(Granicus)。而波斯帝国各西部行省的总督,则集结了一支大约由2万名骑兵和同样多的希腊雇佣军组成的军队,阻止亚历山大的进军。因为夏季干旱,格拉尼库斯河的水流主要集中在河床底部一条较深的沟壑里,而河床其余部分组成了陡峭的地形。在波斯人一侧,陡峭的河岸逐渐向远处平伸,延伸向高地。波斯骑兵部署在河岸旁,精锐主力均直接面对亚历山大本人,希腊雇佣军稍稍晚到战场,只来得及部署在骑兵背后。

当时亚历山大的实力达到了步兵4.3万人,骑兵约5000~6000人。亚历山大把骑兵部署在两翼,右翼骑兵按惯例获得了快速步兵:阿格里安人和克里特弓箭手,以及最训练有素的持盾卫队的加强;中央战线由各方阵团组成;他的色雷斯和希腊盟军都未能赶上战斗。之所以波斯人和马其顿人在此战中都更依赖骑兵,可能是因为马其顿人试图抢渡,所以双方首先到达河岸抢夺有利地形的部队都是骑兵。其结果就是,更适合扼守河岸的希腊雇佣军却被波斯指挥官们抛在了后面。总之,当波斯人首先抢占渡口后,亚历山大不等步兵到齐就发动一轮抢攻。

在右翼,亚历山大首先让一个中队的伙伴骑兵和一些轻骑兵尝试强渡。由于数量劣势,他们被波斯骑兵的反冲击赶回了进攻出发点。与此同时,亚历山大率领右翼骑兵的主力,完成了一次迂回行动,从侧翼冲击前出的波斯右翼主力,展开了在河岸上的肉搏战,马其顿人在激战后在河岸上站稳脚跟。在混战中,身居阵前的亚历山大和多位波斯总督单打独斗险些殒命。当持盾卫队也渡河加入战斗时，波斯骑兵随之因损失惨重而撤退了。由于左翼的动摇，波斯骑兵的中央和右翼也被迫撤退。未能赶上战斗的希腊雇佣军退到了附近的高地上结阵据守，而被包围消灭。整场会战中，波斯骑兵遭受了1000~2500人的损失，希腊雇佣军几乎全军覆没，亚历山大的损失小得多，阿利安宣称约有85名骑兵死亡，受伤数量不详。

格拉尼库斯河会战中，由于地形的限制，双方的骑兵很难发挥机动性，只能进行硬碰硬的正面交战。尽管在数量上不具备优势，伙伴骑兵还是成功逐退并击败了波斯对手。波斯骑兵的装备水平并不亚于伙伴骑兵，甚至更为普遍地装备胸甲，但是在骑兵战中波斯骑兵却落于下风。这样的差距，显然要归功于旭斯通骑枪在骑兵战中的优势，以及马其顿骑兵在训练和战术上对于冲击作战的强调。伙伴骑兵总是能够更为果断地投入冲锋，更灵活地完成机动，维持足够密集的队形，而在旧式的希腊和波斯骑兵面前占据优势。

在格拉尼库斯河会战后，亚历山大得以沿着小亚细亚南部海岸东进，并随后进入了叙利亚。这一举动终于迫使大流士本人迎战，从而引发了公元前333年11月的伊苏斯会战（Battle of Issus）。波斯帝国的军事系统动员了主力，包括中央直属的大量骑兵部队、卡尔达克步兵和近卫单位在内，一支被描述成超过25万人的大军组建了起来。即使扣除史料中的水分，这支波斯军队也至少达到5~10万人。

波斯军队中的希腊雇佣军和卡尔达克步兵，使得波斯人能够维持一条较高质量的步兵战线，与其相对的是亚历山大的马其顿方阵。双方指挥官都把自己的主攻方向放在右翼，亚历山大的两支重骑兵，伙伴骑兵和色萨利骑兵都部署在战线右端，而波斯骑兵则大多部署在靠近海岸的一侧。大流士将一些轻装步兵部署到马其顿战线的右侧，利用高地骚扰敌军。

开战后，亚历山大带领右翼骑兵冲击了高地，迅速击溃了前出的波斯轻装部队，随后亚历山大中止了进一步进军。从高地上观察波斯军队的动向后，他判断对手在右翼的进攻意图，于是将色萨利骑兵机动到了本方战线后方，作为左翼骑兵的战术预备队。随后伙伴骑兵和配属的轻步兵发动进攻，连同持盾卫队和中央战线右端的方阵团一起，让波斯战线的左翼彻底崩溃。

与此同时，大流士终于开始了其右翼的进攻，由同盟骑兵和派奥尼亚骑兵组成的马其顿左翼，被数量占优的波斯骑兵逼退，但色萨利骑兵以果断的反冲击挡住了波斯的攻势。马其顿中央方阵的前进，由于河流的阻挡，一度难以取得进展。但随着伙伴骑兵向内转向，从侧后发起冲锋，腹背受敌的希腊雇佣军被一扫而空，大流士也在此时逃离战场。发现战局已经一边倒，进攻中的波斯右翼骑兵被迫选择撤退以逃离被包围的命运。会战的结果：马其顿军队约5000人伤亡（大约十分之一的人死亡）；波斯军队至少伤亡数万，尤其是宝贵的希腊雇佣军，遭到了严重的损失。

在伊苏斯会战中，伙伴骑兵和色萨利

骑兵再度表现出色。一方面在对抗波斯军队的步兵和骑兵时，他们都展现出了强大的冲击能力，另一方面，他们在战场上的战术执行力更是不可多得。每一次冲锋、重组和转向的命令，都凭借其上佳的纪律性完全地实施了。相比单纯的战斗技能，这种战术素养是伙伴骑兵更为倚重的才能。

此后的高加米拉会战中，伙伴骑兵故技重施。面对着数量更多的对方骑兵，马其顿优势翼设法拉长了战线，并在局部以少量骑兵佯攻，吸引了对方的骑兵主力。随后伙伴骑兵找到了缺口，在轻步兵和持盾卫队的配合下完成致命一击。劣势翼的色萨利骑兵一如伊苏斯会战中，被作为战术预备队投入，以有效的反冲击制止了敌军的攻势发展。

进攻作战中，以一定数量的轻步兵配合，组成相对独立的战术集群。借助持盾卫队和方阵的配合，通过在侧翼获得优势，寻机打击敌军的主力战线背后；而在防御作战中，集中使用伙伴式的重骑兵，以强有力的反冲击阻止敌军，尤其是骑兵的进攻。这是大规模会战中伙伴骑兵的主要运用原则，这些运用方式成为伙伴骑兵由始至终的战术特点。

继业者战争时期

继业者战争的开始，给马其顿骑兵战术的发展提出了新的课题。如果说波斯骑兵是以旧的装备和战术武装起来的话，那在继业者战争中，伙伴骑兵面对的则大多是同样"新式"的马其顿式骑兵对手。利用更坚决的冲锋和装备优势冲垮对手，在正面交战中显得不太可能，在拉米亚战争（公元前323年-公元前321年）和赫勒斯滂会战（公元前321年）中，伙伴骑兵都被敌军的骑兵所击败。前一个战例中，色萨利骑兵加入了反马其顿同盟，并在战场上以作战经验和数量的优势，击败了参战的部分伙伴骑兵（以新兵为主）；而在后一个战例中，来自卡帕多西亚的"蛮族"，凭借马其顿式的训练和武装，轻松地击败了马其顿骑兵，并造成了马其顿宿将克拉特鲁斯的死亡。

作战对象的进步带来了巨大的挑战，继业者军队中的骑兵指挥官们被迫在骑兵战术上进行改良，而放弃单纯利用骑兵战斗力的优势获胜。在这个过程中，骑兵的组织方式、预备队战术的常态化、多兵种配合作战等都获得了长足的进步。

公元前317年的帕莱塔西奈会战（Battle of Paraitakene）是继业者战争中骑兵运用水平最高的战例之一。在将攸美尼斯逐出小亚细亚后，"独眼龙"安提柯（Antigonus）追逐前者来到东方。得到东部各行省总督的支持后，"保皇派"联军的领袖攸美尼斯得以获得一支强大的军队，正面挑战安提柯的进攻。在帕莱塔西奈会战中，攸美尼斯投入了6300名骑兵、1.7万人的方阵和约1.8万名轻步兵。而安提柯则拥有约2.8万名重步兵、数目不详的轻步兵和8600名骑兵。

双方的部署方式总体上与亚历山大时代相同，各自以重骑兵为核心，组成了主攻的右翼，方阵组成中央，而轻骑兵组成

第一章 东征之矛：马其顿伙伴骑兵

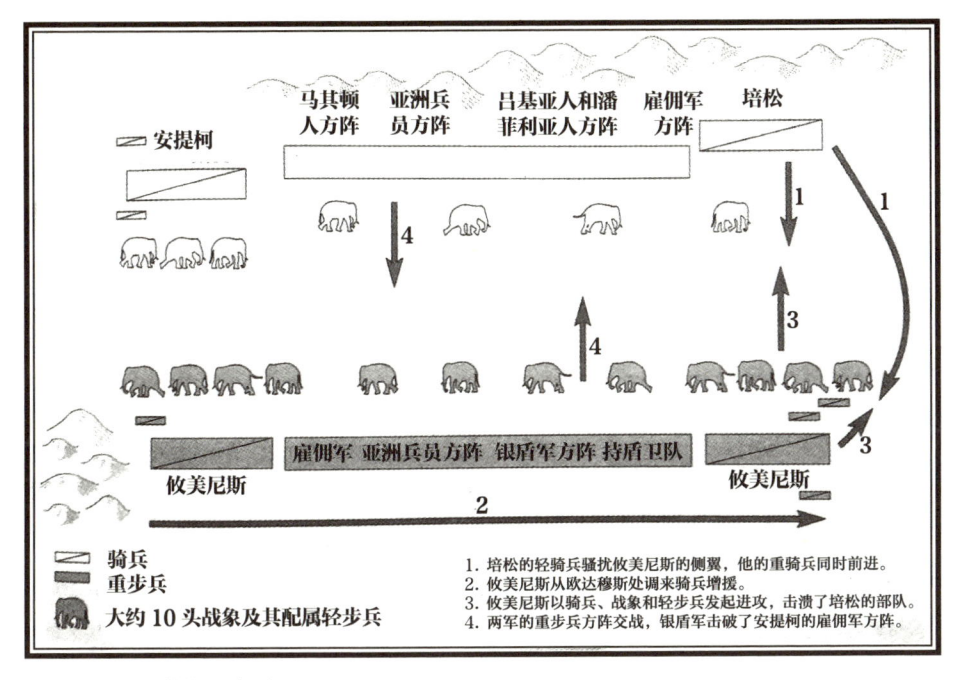

◎ 帕莱塔西奈会战的两军部署。

左翼，进行迟滞和防御作战。在安提柯的右翼，包括1000名原伙伴骑兵在内的总计3000人的冲击骑兵和30头战象组成了安提柯直属的攻击主力。而在这些部队的前后，300人的精锐骑兵被分成6个小群，150人的塔兰托式轻骑兵则部署在侧翼。这些外围部队的作用，在于进行侧翼掩护和威力侦察，同时驱逐对手的轻骑兵，而为主力的作战消除阻碍。安提柯的右翼面对的是攸美尼斯的3400名骑兵（以轻骑兵为主），辅以45头战象和配属的轻步兵。

在战场的另一边，攸美尼斯则亲自指挥约2900名重骑兵和40头战象，其中也包括了数百名伙伴骑兵的老兵。和安提柯一样，攸美尼斯同样以数百人编组成小的战术单位，作为主力的前卫和侧翼保护。他面对的是安提柯的副手米底总督培松，后者拥有4900名轻骑兵，包括了部分来自帕提亚的马弓手和塔兰托的标枪骑兵，而这些骑射手的灵活性将对敌人造成严重的威胁。

会战开始后，安提柯首先开始行动，但领先的右翼攻势却被迫中止：攸美尼斯的左翼重重设防，战象、轻步兵、骑兵组成了密不透风的防线。安提柯的前卫掠阵而过，找不到防线上的漏洞，而且由于地形限制，安提柯也无法绕过这条防线。权衡再三后，他放弃了从正面进行不明智的强攻，而让自己的右翼撤回了出发阵地。

在右翼攻势受阻的同时，他的左翼却出人意料地主动行动了。培松的轻骑兵反客为主，直扑攸美尼斯的右翼。由于大风带来的漫天沙尘，让骑射手在其中若隐若现，攸美尼斯的轻步兵无法在对射中驱逐培松，而联军的重骑兵又无法赶上轻骑兵的速度。培松利用这一点来去自如，同时用箭矢和标枪不断射击目标巨大的战象。在这样的僵持中，攸美尼斯的战象逐渐开始受伤，他担心战象暴躁失控，于是决心彻底解决培松的威胁。部队转移的命令被下达到左翼，攸美尼斯从这里抽调了一批轻骑兵，横贯本方战线后方来到右翼。利用这些部队，攸美尼斯发动了一次侧翼的攻击，当培松的轻骑兵故技重施转身就跑时，联军的轻骑兵紧紧跟上，一路驱逐前者远离战象。培松的部队始终无法回头重

整，这给了重骑兵进攻的机会，攸美尼斯趁此机会发动冲锋，以战象为先导，他的重骑兵主力终于能够在右翼顺利进军。

就在安提柯的左翼最终被驱逐时，中央的步兵战斗也分出了胜负。尽管在方阵的数量上少于对手，但攸美尼斯的战线上包括了著名的银盾军（Agryraspides），这些东征军时期的精锐老兵，有着无与伦比的战斗技巧和名望。安提柯用以面对银盾军的是亚洲兵员组成的次等部队，结果遭到了一边倒的屠杀。以此为突破口，攸美尼斯的方阵取得了全面的胜利，安提柯也因此在左翼和中央都被击败。

至此，安提柯一方的局势已经极度不利，他的幕僚开始劝说他放弃会战。但执

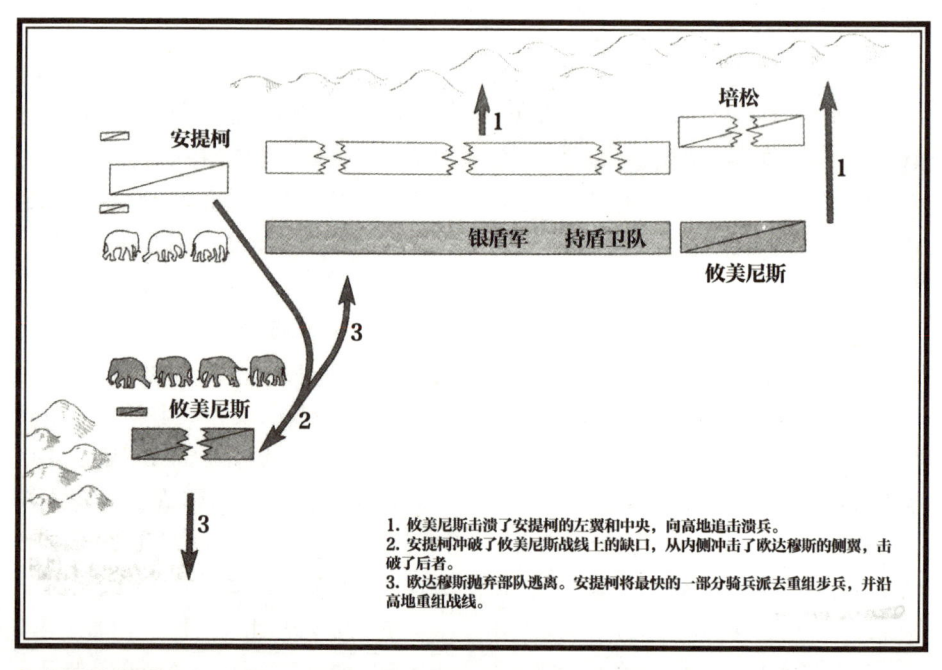

1. 攸美尼斯击溃了安提柯的左翼和中央，向高地追击溃兵。
2. 安提柯冲破了攸美尼斯战线上的缺口，从内侧冲击了欧达穆斯的侧翼，击破了后者。
3. 欧达穆斯抛弃部队逃离。安提柯将最快的一部分骑兵派去重组步兵，并沿高地重组战线。

◎ 安提柯的决定性打击。凭借准确的判断，安提柯最后的骑兵突击挽回了败局。

拗的安提柯依旧带领右翼待机试图扭转战局,并最终等到了机会。随着中央方阵的获胜和进军,攸美尼斯兵力被削弱的左翼无力再维持与中央的联系。安提柯抓到了稍纵即逝的战机,立即发动了冲锋,伙伴骑兵冲进了敌军左翼骑兵和中央间的缺口,这个完美的冲锋与亚历山大本人在高加米拉发动的最终一击极为相似。随后,安提柯的重骑兵再向两侧转向,击破了攸美尼斯的左翼骑兵,将其指挥官欧德莫斯逐出了战场,并威胁到了联军方阵的背后。

攸美尼斯迫于背后的威胁,只得放弃了进一步追击,而纵容安提柯的败军撤出战场,后者也通过冷静的指挥,将惨败扭转为一场非决定性的平局。会战的结果,是安提柯占据了战场并在名义上获胜,但他的方阵部队遭到了歼灭性的打击,3700人阵亡,超过4000人受伤,骑兵则只有54人战死。攸美尼斯的540名步兵和少量骑兵战死,受伤者不过900人。

帕莱塔西奈会战中,双方的骑兵进攻都极端依赖多兵种的配合,战象的气味能够有效遏止战马的冲击,而轻装部队对于重骑兵的掩护则不可或缺。而双方优势翼失败的初期行动,则清楚地展示了缺乏配合的重骑兵作战效力的低下。对于骑兵侧翼进攻企图的毫不掩饰,使得敌军能够采取针对性的措施,并将在未来的作战中构成希腊化军队中骑兵侧翼进攻的主要障碍。

帕莱塔西奈会战的结果,促使两军继续

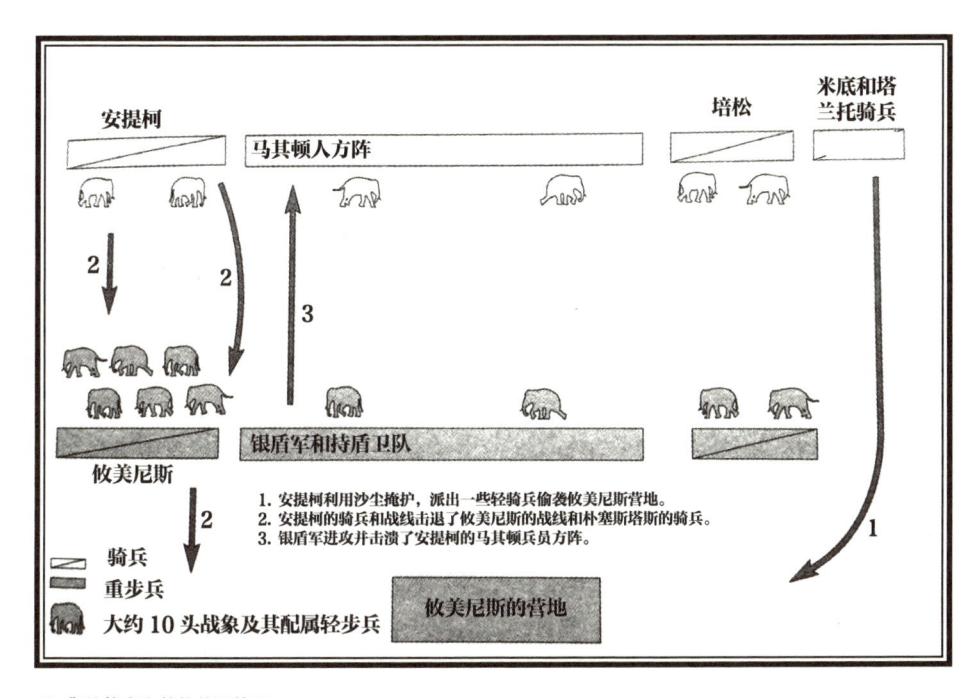

◎ 伽比埃奈会战的前期战况。

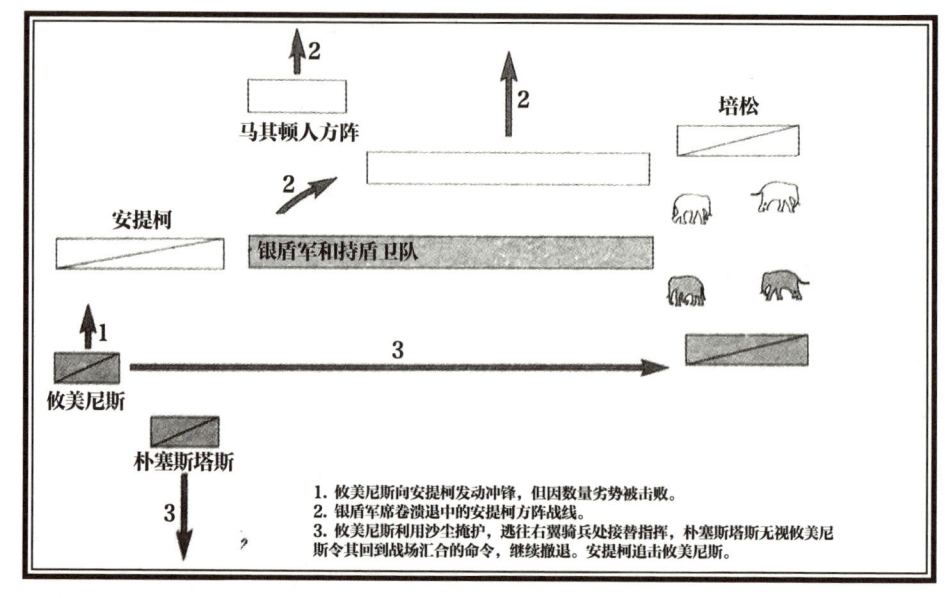

```
         ↑2              ↑
     ┌─────────┐       ↑2
     │马其顿人方阵│    ┌──────────────┐        培松
     └─────────┘    │              │      ┌────────┐
                    └──────────────┘      │        │
              ↗2                          └────────┘
 ┌────────┐                                  🐘 🐘
 │ 安提柯 │    ┌──────────────────┐           🐘
 └────────┘    │ 银盾军和持盾卫队 │          🐘 🐘
               └──────────────────┘
     ↑1                 3
 ┌────────┐ ───────────────────────────→  ┌────────┐
 │攸美尼斯│                                │        │
 └────────┘                                └────────┘
       ┌────────┐    1. 攸美尼斯向安提柯发动冲锋，但因数量劣势被击败。
       │朴塞斯塔斯│  2. 银盾军席卷溃退中的安提柯方阵战线。
       └────────┘    3. 攸美尼斯利用沙尘掩护，逃往右翼骑兵处接替指挥，朴塞斯塔斯无视攸美尼
         ↓3             斯令其回到战场汇合的命令，继续撤退。安提柯追击攸美尼斯。
```

◎ 伽比埃奈会战的第二阶段。

寻求会战的机会。作为保皇派名义上的领袖，希腊人攸美尼斯并没有足够的威望来控制麾下的各马其顿总督，尤其是亚历山大时期地位极高的朴塞斯塔斯，内部的分歧逐渐造成保皇派的解体。最终，次年发生的伽比埃奈会战（Battle of Gabiene，公元前316年），宣告了第二次继业者战争的结束和安提柯对亚历山大帝国亚洲部分的全面控制。伽比埃奈会战的胜负，主要是从政治而非军事的角度决定的，但战役过程中的骑兵运用，仍具有相当重要的分析价值。

针对帕莱塔西奈会战中，安提柯一方对于骑兵的倚重和步兵战斗力的劣势，攸美尼斯在伽比埃奈会战中做出了针对性的部署。攸美尼斯的部署整体上与上一战相似，只是调换了部队的左右顺序，重骑兵在左翼对抗安提柯的重骑兵，形成了几乎完全对称于帕莱塔西奈会战的部署。安提柯的整体部署没有变化，只是针对伽比埃奈战场的盐碱沙地地形，在左翼外侧部署了米底骑兵作为别动队，这个部署将决定整场战争的结局。

会战开始后，安提柯的右翼发动了攸美尼斯意料中的主攻，而他的左翼则和攸美尼斯的轻骑兵进行了无关痛痒的游击战斗。趁两翼陷入僵局时，攸美尼斯的步兵以银盾军为矛头，在中央进行了全面进攻。在这里，安提柯的2.2万名步兵需要对抗在数量和质量上都占优的敌军（攸美尼斯投入此役的步兵总数达到了3.67万人）。雪

第一章 东征之矛：马其顿伙伴骑兵

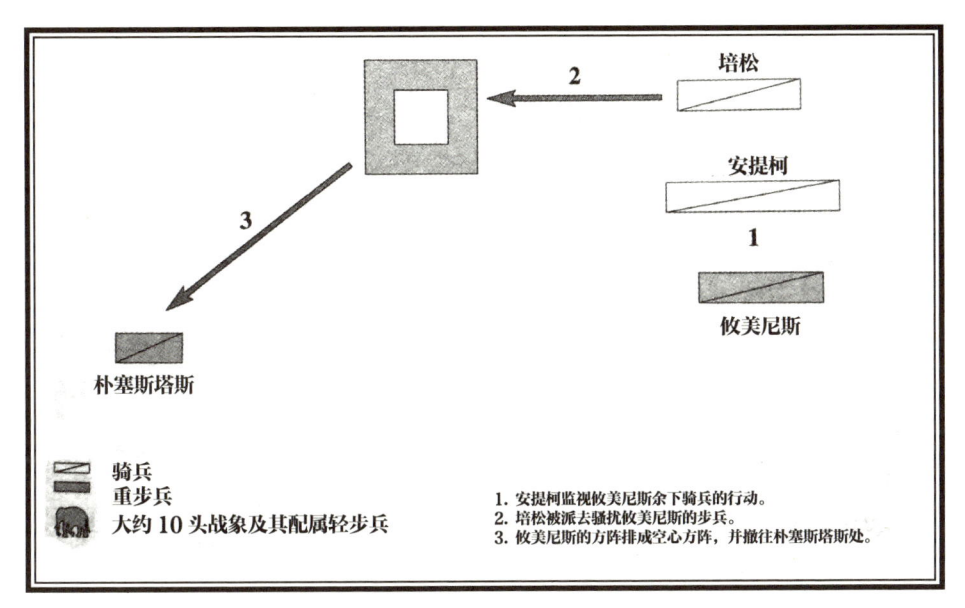

```
                        2
         ┌────┐  ◄──────────────  培松
         │ □  │                  ┌────┐
         └────┘                  └────┘
              ＼
               ＼ 3                    安提柯
                ＼                    ┌────┐
                 ＼                   └────┘
                  ▼                  1
         ┌────┐
         └────┘                       攸美尼斯
         朴塞斯塔斯                   ┌────┐
                                     └────┘

  ▨ 骑兵                    1. 安提柯监视攸美尼斯余下骑兵的行动。
  ▬ 重步兵                  2. 培松被派去骚扰攸美尼斯的步兵。
  🐘 大约10头战象及其配属轻步兵   3. 攸美尼斯的方阵排成空心方阵，并撤往朴塞斯塔斯处。
```

◎ 伽比埃奈会战的尾声。在伽比埃奈会战以及更早的拉米亚会战、赫勒斯滂会战中，高素质的方阵部队都在遭受骑兵侧后威胁的情况下结阵退出了战场，这一情况体现了大部分无马镫骑兵对重步兵的无可奈何。

上加霜的是，一位保皇派军官在战前纵马来到安提柯军中的马其顿人阵前，大呼道："你们这些恶徒，怎敢对抗你们征服了整个世界的父辈！"这些言语让安提柯方阵中最具战斗力的马其顿人士气低落。于是，几乎在步兵战斗刚开始后，安提柯的步兵战线就被银盾军迅速粉碎，进而陷入全面崩溃的境地。

但是，攸美尼斯在获得中央优势的同时，其在两翼抵抗住安提柯骑兵攻势的意图却落空了。他占据优势的象群，在与安提柯战象的交战中并未能占到上风，反而失去了其最大的一头战象，进而造成了士气上的打击。利用前哨战的优势和保皇派的内部纷争，安提柯随之以其主力猛击了攸美尼斯左翼的中段，即朴塞斯塔斯和其他的东部行省总督的卫队骑兵。原本就对攸美尼斯不满的后者，在战斗中显得松懈而毫无战意。随后发生的事在狄奥多鲁斯和普鲁塔克笔下有不同的记载：或许是顺水推舟的哗变，或者仅仅是由于保存实力而借机逃跑，朴塞斯塔斯和他的伙伴骑兵迅速撤退，连带着两侧的一部分友军一同逃跑。这个举动使得攸美尼斯一下失去了1500人的部队，大约占到左翼骑兵总数的一半。安提柯随即从缺口突破战线，仍忠于攸美尼斯的部队在左翼的最外侧几乎遭到了包围。攸美尼斯一度希望在战场上找到并杀死安提柯本人挽回败局，但却未能如愿，他的左翼在绝对的数量劣势下最终被击败，他只得放弃部队并前往右翼。在此过程中，他获得了中央的捷报，并以此敦促朴塞斯塔斯回到战线上，后者却索性率部退出了战场。

击垮攸美尼斯的左翼后，安提柯同样面临两难，他完全失去了自己的中央，从而面临一个经典的难题：如何用重骑兵去单独面对重步兵。最终，安提柯选择进行一个"错位"的攻击，他亲率的右翼重骑兵转向，并攻击攸美尼斯接管了的敌军的右翼，而他的左翼则在培松的指挥下摆脱了当面的敌军，转而攻击敌军的步兵。获胜的攸美尼斯中央部队，碍于敌军的骑兵威胁无法进行追击，只得结成空心的大方阵，将轻步兵和战象置于其中，而以马其顿方阵作为外围掩护。随后，他们顶着培松的投射火力，设法退出了战场，然而在他们来到营地时，却发现这里已是一片废墟。早在会战之初，伽比埃奈的沙地地形就引起了安提柯的注意。战马奔驰造成的沙尘横飞，成了隐秘行动的好机会，他以外围的米底骑兵绕过整个战场，直接攻占并洗劫了攸美尼斯的营地。银盾军征战数十年积累的巨额财富和家眷行李，被安提柯以这种方式夺取了，作为"赎金"，他们在伽比埃奈战后出卖了自己的指挥官，攸美尼斯因此被俘并处死，第二次继业者战争随之结束。

在伽比埃奈会战中，安提柯攻击方向和时机的决策，基本达到了古典时期骑兵运用的顶尖水准，而那支米底骑兵的运用，更是从战略上巧合地成为伏笔。但会战最后阶段的对垒，却清楚不过地展示了伙伴骑兵的弱点，无马镫、非具装的伙伴骑兵，即使在训练和纪律性上达到极致，也很难击破高质量的重步兵正面。当没有敌军步兵牵制正面时，结成四面对敌的大方阵，几乎成为马其顿方阵百试不灵的反骑兵秘诀。使用投射武器的轻骑兵，可以在一定程度上克制这种做法，但像银盾军这样纪律出众、作战意志强的部队，很难被单纯的投射火力杀伤所击败，伙伴骑兵及其代表的无马镫冲击骑兵，需要更上一层楼的冲击力，才能破解结阵重步兵这一难题。

此战后，以优势翼部署在敌军的主攻方向，辅以预备队的巧妙运用，摧毁敌军攻势的作战方式，也在继业者战争中逐渐流行起来。安提柯父子极为擅长亚历山大式的骑兵侧击，并以此赢得了伽比埃奈等一系列会战的胜利，但这种"一招鲜"的成功从公元前312年的加沙会战（Battle of Gaza）开始戛然而止。独眼龙安提柯之子德米特里乌斯（Demetrius）在加沙会战中，以战象为先导，亲自发动了左翼的重骑兵冲锋。这次由1300名伙伴骑兵，1600名其他骑兵部队和43头战象所发动的鲁莽攻势起初成功逐退了当面的骑兵。但与之交战的托勒密却凭借在战线上布置的障碍阻止了战象的进一步前进。很快，大部分安提柯的战象被托勒密的轻步兵俘虏或杀死。而此前德米特里乌斯毫不掩饰主攻方向的做法，使得托勒密能够将他的4000名骑兵中较优秀的3000人部署到这一翼，并以其中一部分埋伏到了侧翼。结果德米特里乌斯继续前进的骑兵，遭到了托勒密骑兵从侧面发动的突袭，并且被击溃。在左翼战败的德米特里乌斯很快全线崩溃，并且输掉了会战。

而更著名的例子，是继业者战争中规模最大、意义最深远的伊普苏斯会战（Battle of Ipsus，公元前 301 年）。在这场"五王"会战中，安提柯父子再度决定以决定性的重骑兵冲锋在一翼打垮对手，继而赢下整场战役。指挥右翼攻势的仍是德米特里乌斯，他的攻势又一次成功击溃了敌军的左翼骑兵，但当他投入追击时，对方的指挥官塞琉古一世（Selecus I）手中仍有一支规模巨大的预备队，多达 300 头印度象成功切断了德米特里乌斯返回战场的路线。在德米特里乌斯最终打开通路之前，安提柯的主力遭到了孤立和摧毁。可以说，德米特里乌斯在此战犯下了经典的错误：伙伴骑兵击败敌军骑兵的真正目的，在于回转并攻击敌军步兵侧后，而沉迷于追击敌军侧翼溃兵的指挥官，往往会忘记行动本身的目的所在，从而输掉整场会战。继业者时期的指挥官们，并不缺乏掌握骑兵部队的高超手腕，但相比亚历山大大帝，他们的全局观念却略逊一筹。在伊苏斯和高加米拉会战中，亚历山大总能及时洞悉战场上的变化，即使远离自己所处的右翼，他也能够迅速调派部队应对可能的威胁。而对继业者们而言，安提柯、攸美尼斯等军事能力上的佼佼者尚能效仿一下，德米特里乌斯等后辈就显得战场视野狭隘了太多。

随着马其顿军队的战术逐渐为人所了解，利用各种手段克制侧翼进攻，越来越多地见之于战场上。此后的马其顿式军队，越来越多地受困于侧翼进攻难以打开局面的境地。这也对指挥官的指挥技巧和部队的战斗力提出了越来越高的要求。但遗憾的是，由于伙伴骑兵的后继者普遍出现的退步（更多体现在数量而非质量上），马其顿体系中骑兵的地位逐渐下滑。

希腊化时期

在亚历山大大帝死后大约一个半世纪里，马其顿骑兵的战术发展主要体现在对预备队运用的强调上。除了救火队之外，骑兵预备队也开始承担更多样化的职责。皮洛士大王对骑兵预备队战术发展的贡献值得一提，因为在预备队运用的方式上，他的选择颇具创新性。在他入侵南意大利并与罗马军队交战的过程中，他的骑兵部队无论在数量还是质量上都难以获得压倒性的优势。可是曾经参加伊普苏斯会战的经历，使他非常重视预备队的使用。战象、轻步兵配合下的重骑兵，会被独立地部署到二线。这支部队不仅是用来对可能的战线缺口发起反冲击，也是保留到最后的突击力量。

我们在赫拉克利亚会战（Battle of Heraclea，公元前 280 年）和阿斯琴伦会战（Battle of Asculum，公元前 279 年）中，都可以看到皮洛士用这种方式使用他的色萨利重骑兵。当他的方阵和一部分骑兵正在与敌军激烈交战时，他本人并没有处在一翼的指挥位置上，相反，他和预备队留在中央战线背后，时刻保持对战况的准确掌握。当一举击溃对手的战机出现，或是本方的战线摇摇欲坠时，他的预备队可以做出更准确的反应。

相对于战术改良的乏善可陈，装备上的发展则显得令人耳目一新，伙伴骑兵的具装化和半具装化改革，使得它终于获得了正面突破步兵战线的能力。由于客观条件的限制，具装骑兵在希腊世界的运用，仅限于近东的塞琉西帝国和中亚的巴克特里亚及印度-希腊王国。不过由于限制于史料记载的几乎空白，巴克特里亚及印度-希腊王国军队中具装骑兵的实际运用已经难以复原，但塞琉西帝国的具装骑兵却有着短暂但多彩的战场史话。

如前文所提过的，塞硫西军队半具装的伙伴骑兵和具装骑兵的服役期间，有足够史料详述战役经过的有帕尼翁会战（Battle of Panion，公元前200年）、马格尼西亚会战（Battle of Magnesia，公元前190年）和贝特-扎加拉雅会战（Battle of Beth-Zechariah，公元前162年）。其中帕尼翁会战和贝特-扎加拉雅会战中的具装骑兵，在运用方式上与传统的伙伴骑兵别无二致，但在马格尼西亚会战中，塞琉西具装骑兵则有着不同的战术运用，我们将借此比较伙伴骑兵具装化前后的不同。

仅从会战本身而言，马格尼西亚会战几乎是塞琉西史上最耻辱性的军事灾难，但瑕不掩瑜，安条克三世在战场指挥和战前部署上的连连出错，并不能掩盖他此役中骑兵运用的亮点，和塞琉西骑兵强劲的战斗力。

在前一年的一系列陆海战连续失利后，安条克被迫退出希腊和色雷斯，转而在小亚细亚转入战略防御。尽管有温泉关会战的惨败，但他的主力未遭重创，塞琉西陆军仍能组织一支数量、质量俱佳的野战军，用以应付罗马及其希腊盟友的入侵。如期而至的罗马军队由卢西乌斯·西庇阿，及其兄弟——第二次布匿战争的英雄大西庇阿联合指挥。根据原始史料，这支军队拥有2个罗马军团和2个同盟军团，加上来自帕加马、亚该亚、马其顿等地的盟军，使得西庇阿兄弟手中的部队达到了约2.7万名步兵和3000名骑兵。与之交战的塞琉西军队，在总数上达到了接近7万人，其中隶属于塞琉西军事定居者体系内的基干部队，在总数上超过3万，这些装备精良、训练充分的老兵，大多经历过安条克东征和第五次叙利亚战争的试炼，使得安条克看似占尽优势。

出人意料的是，尽管兵力不足，罗马

◎ 图为帕加马骑兵。在马格尼西亚会战中，联军一方表现最出众的部队，主要是右翼的帕加马人和营地中的马其顿、色雷斯志愿兵。希腊人帮助罗马人击败了希腊化世界中最强大的政权，并使得罗马人在东地中海世界的扩张一路无阻，最终宣告了希腊化时代的结束，可谓是讽刺意义十足。

人的行动却极为主动，安条克在吕底亚首府萨迪斯（Sardis）附近占据了防御位置，罗马人则在相隔一条弗里吉乌斯河的位置扎营。随着公元前190年即将入冬，罗马军队试图尽快进行会战，他们渡过弗里吉乌斯河而建立了新营地。不过罗马军营前的平地，刚好被弗里吉乌斯河和另一条赫尔墨斯河切割，使得塞硫西军队无法发挥其数量优势，安条克三世因此没有接受会战。于是罗马军队进一步前进，其列阵距离塞琉西营地不过2公里之遥，战场横向宽度的增加，使得安条克接受会战。

对于会战的具体进程和结果，这里不再赘述，我们要讨论的重点，是两军指挥官在战前指挥上的博弈。对于罗马军队的指挥官卢西乌斯·西庇阿而言（他的兄弟大西庇阿因病暂离军队），面对一支数量占绝对优势，且素质同样出色的敌军，他的胜算显然不大，尤其在骑兵方面，联军处于压倒性的劣势之中。为此，西庇阿做出了针对性的部署，罗马军队的战线从北向南展开，排布成了一条3公里长的战线。西庇阿的部署，并未按照最常规的步兵中央、骑兵两翼的原则，实际上联军没有"左翼"的概念，步兵战线从战线最左端、靠近弗里吉乌斯河的位置开始向西南延伸，4个军团一字摆开，拉开了约1800米的正面。而在步兵战线的最左端和弗里吉乌斯河之间，仅象征性地部署了4个罗马骑兵中队（罗马的骑兵中队，即Turmae，与希腊的骑兵中队不同，是仅有30人的小单位）共120人填补空隙。而3000名骑兵和3000名轻盾兵则全部在步兵战线的右侧展开，把守其余1.2公里的骑兵-轻步兵混合战线。

这一部署方式，不免让人想起后世恺撒与庞培的法萨卢斯会战，同样在总兵力和骑兵数量上占尽劣势的恺撒，采取了几乎一模一样的布阵，略去了"左翼"，而将主要的胜算放在其步兵上。我们也可以猜测，西庇阿在此时的想法与后来的恺撒不谋而合，他将借助弗里吉乌斯河掩护自己的左翼，以全部骑兵和轻盾兵防守右翼，对手在这里的迂回将会需要更长的路程，从而给罗马步兵更多的发挥时间。

而安条克的部署则耐人寻味，尽管在己方的右翼难以找到迂回空间，他还是将半数的重骑兵——包括3000名铁甲骑兵和1000名半具装的近卫骑兵在内——部署到这里，并由自己亲自带领，而其余半数则在开阔的左翼展开。为了给右翼骑兵腾出空间，安条克三世不惜将中央方阵的纵深从16排扩大到32排，这一部属在其败战后招致了不少塞琉西方阵指挥官的指责。

我们不妨大胆猜想，安条克将以塞琉西的右翼骑兵正面攻击当面的2个罗马军团，以腓力二世和亚历山大大帝时代的伙伴骑兵战术而言，这简直是发疯的战场部署。这个猜想的验证，则可以通过对他的其他部署的分析完成。马其顿式战术中骑兵和方阵之间的连接纽带和步兵突击力量——即腓力二世时期的持盾卫队——一般是由精锐的近卫单位充当的，塞琉西军队中执行这一任务的一般是银盾军。但是这一次，银盾军的位置由加拉太重步兵所取代，而银盾军则被转而部署到了右翼，塞琉西军制的权威研究者巴尔·科瓦（Bar-Kochva）

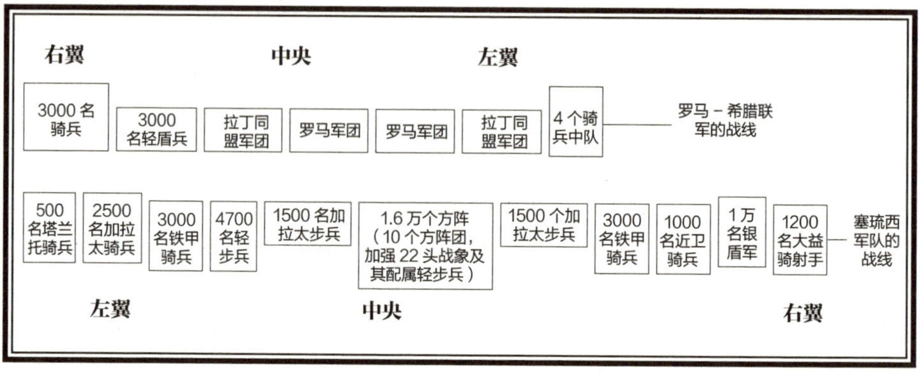
右翼
中央
左翼
3000名骑兵
3000名轻盾兵
拉丁同盟军团
罗马军团
罗马军团
拉丁同盟军团
4个骑兵中队
罗马－希腊联军的战线
500名塔兰托骑兵
2500名加拉太骑兵
3000名铁甲骑兵
4700名轻步兵
1500名加拉太步兵
1.6万个方阵（10个方阵团，加强22头战象及其配属轻步兵）
1500个加拉太步兵
3000名铁甲骑兵
1000名近卫骑兵
1万名银盾军
1200名大益骑射手
塞琉西军队的战线
左翼
中央
右翼

◎ *图为巴尔·科瓦对马格尼西亚会战部署的猜想。图中略去了轻步兵掩护幕的部署情况。马格尼西亚会战的主要史料记载均来自罗马方面，细节的缺失和偏差给后世的研究者带来了不少困扰。*

认为银盾军被部署到右翼骑兵外侧，而有些学者则认为他们被部署在右翼骑兵背后。考虑到战场宽度，笔者认为后一种说法更为可信，这样一来，银盾军承担的任务就颇为有趣了：他们显然无法及时支持骑兵的攻击，那么他们的部署只是为了一个独立的攻势。这说明，安条克将部分希望寄托于具装骑兵的正面猛冲上，如果这个奇策失败，银盾军将会作为二线部队投入新的攻击，和当面的2个军团展开重步兵间中规中矩的正面决斗，如同左翼方阵同僚的任务一样。

或许在西庇阿看来，塞琉西一方以骑兵正面冲击自己左侧的2个军团纯属自取灭亡之举，但从实际而言，安条克右翼的骑兵冲锋，却成功地使得这些罗马老兵完全崩溃。如果不是联军右翼出乎意料的胜利——这里反倒是西庇阿胜算最小的局部——以及一系列匪夷所思的偶然事件发生，马格尼西亚会战的结果极可能是罗马－希腊联军毁灭性的失败：一支背水列阵的军队，在敌境内被骑兵占绝对优势的对手击垮，再在追击中遭到歼灭。然而，历史无法改变，凭借自己的奋战和命运的垂青，联军奇迹般地摧毁了安条克的军队，并借此大胜一举夺取了塞琉西帝国在小亚细亚的全部领土。

在为战败负起全部责任、饱受批评的同时，安条克大帝也留下了这次极具特色的骑兵运用战例，马格尼西亚会战中塞琉西右翼的表现，为数个世纪来伙伴骑兵面临的难题解出了一个答案：无马镫时代骑兵对重步兵正面的无能为力，可以在相当程度上通过具装化解决。伙伴骑兵的发展，在希腊化世界走向没落的转折关头，却从纯军事角度达到顶峰，不禁令人感叹。相比人口、财政、文化和政治的影响，区区一支精锐骑兵部队对历史的推动实在不值一提，伙伴骑兵也就这样在公元前2世纪结束了其最后的辉煌，成为传说中被人们反复提及的对象。

第二章
帝国坚盾
罗马军团

作者 / 杨英杰

罗马军团代表了西方现存军事技术成就的完美顶点。

——杰弗里·帕克《剑桥战争史》

ial 强军：欧洲八大古战精锐

组织

在大约 10 个世纪的跨度内，罗马军团作为地中海世界最知名的一支劲旅，陪伴了罗马从共和国到帝国的起起落落。这支脱胎于公民兵的军队，其命运很大程度上和国家捆绑在一起，在漫长的发展和学习后，成了古代军事体系的典范，但又在国力的倾颓中逐渐磨灭。我们将主要从制度和发展沿革入手，探究这一支强军在近千年历史中的种种，了解它在军事等方面的优劣。

重装步兵时代及更早时期

罗马军制的演化，是伴随着罗马与周边各民族军事体系的交流而逐渐完成的。伊特鲁斯坎人、萨莫奈人、凯尔特人的军队，都对罗马军队产生了极为深刻的影响。因此，探讨罗马军团的发展，势必避不开罗马本身的发展史。公元前 7 世纪，北方的伊特鲁斯坎人处于强势期，其对意大利中部拉丁姆平原的控制，使得罗马人也不得不屈服于他们。罗马王政时期（贯穿了大半个公元前 6 世纪）后半段，罗马城都是由来自伊特鲁斯坎城市塔奎尼（Tarquinii）的伊特鲁斯坎人统治的。

由于这个因素，最早的罗马军队身上透出浓浓的伊特鲁斯坎风格。已知最接近建城之日（公元前 753 年）的罗马军队考古发现中，罗马战士的盾牌、头盔等装备，均是以当时西地中海最重要的贸易和手工业民族之一——伊特鲁斯坎人的装备样式制作的。此后在拉丁姆地区的考古发现中，无论是拉丁民族还是萨宾人，其基本的军队形式都是伊特鲁斯坎化的。而由于历史背景和对外交流（相当多的人认为，伊特鲁斯坎人与古希腊人存在密切的关系），伊特鲁斯坎人式的军队与迈锡尼文明有着千丝万缕的联系，这一点从那极具辨识性的 "8 字形" 盾牌（Ancilia）就能判断。或许因为通过和伊特鲁斯坎人的贸易，抑或是在前者统治期间被同化，早期罗马军队的作战方式从很大程度上和古希腊人是等同的：即从迈锡尼式的重步兵，演化成著名的希腊重装步兵（Hoplite）。

大约在公元前 675 年左右，重装步兵在希腊城邦间开始出现，而在稍晚的公元前 7 世纪末期，这一兵种也出现在了伊特鲁斯坎人的军队中。罗马人和其他拉丁民族也随之学习了这一点，用表面青铜的大圆盾和长矛武装起来的公民战士，成为罗马军队的主体。也就是在这一时期，罗马国王塞尔维乌斯·图利乌斯（Servius Tullius）将血缘部落划分制度废除，转而以居住区域和财产划分新的部落及等级，这一或许是为了增加重装步兵兵员而产生的举措，使得古罗马逐渐向国家过渡。

新体系中公民被划分为 5 个等级，财产在 10 万阿斯以上（大约等于 50 千克白银）的为第一阶层，这些富裕的公民必须自行承担盾牌、胸甲、头盔等装备（均要求是

第二章 帝国坚盾：罗马军团

◎ 建城之初的罗马战士。

◎ 罗马的迈锡尼式重步兵。

◎ 图为库鲁西乌姆战争中的重装步兵军队。在布鲁图斯驱逐暴君塔克文，结束了罗马的王政时代后，后者一度在外部势力的支持下试图重夺王位。贺雷修斯的传说即在这次战争中产生。

金属制，而非廉价的亚麻、皮革甲胄），组成 80 个百人队（Centurione），其中较年轻兵员构成的 40 个百人队负责海外作战，其余均在本土服役。随后的各阶级分别以 7.5 万、5 万、2.5 万阿斯财产为准线，第二至第四阶级各组成 20 个装备程度递减的重装步兵百人队，财产不少于 1.1 万阿斯的第五阶级的贫民则以轻型的武装作战，更穷的公民则被排除出兵役范围之外。

也就是在这个时期，"军团"（Legion）这一概念，随着早期的百人队制度的建立，逐渐出现在研究者的视野中。第一阶层中的年轻和年长阶层，分别以 40 个百人队独立编组，在各自附以第二、第三阶层的各 10 个百人队后，罗马军队最早的军团诞生了：每个军团包括 60 个百人队的重装步兵，和一定数量的轻型部队。其中，第二和第三阶层的罗马人加入军团，还历经了一个渐进的过程。史学家认为这一发生在公元前 5 世纪尾声的改革，与同时期罗马人的对外征服，即漫长的维爱战争（维爱城即 Veii，一座毗邻罗马的伊特鲁斯坎城市）不无关

WarHistory · 31

系。拉丁同盟就是在这一时期被罗马控制，并大大补充了军事人力资源，从而让第二、第三阶层的加入和军团扩张成为可能。

在重装步兵军队逐渐扩张的同时，罗马人的骑兵也逐渐在这支军队中成长起来。早在罗慕路斯建城之初，罗马已经建立了少量的骑兵部队。在塞尔维乌斯时期的骑兵改革，无非是在已有的6个骑兵百人队的基础上增加数量，使总数达到了18个骑兵百人队，每个百人队下辖若干30人的骑兵中队，再往下便是十人队（Contubernia）。但这些骑兵严格来说与罗马的这支公民军队并不相称：骑兵的马匹和装备投入是由国家财政支出或者强行摊派的，这些骑兵并不私人保有装备和马匹，也就不是严格意义上的"公民骑兵"部队。

真正自行承担马匹的骑兵部队，则要晚到公元前403年才得以建立——刚好和军团从40个百人队改编为60个百人队的改革同时。这些"私有"的骑兵，定期获得薪酬，因此被称为私人骑兵（Equites Equo Privato）。这些人的薪酬以何种方式支出我们不得而知，共和国晚期曾有一支所谓的"公共骑兵"（Equites Equo Publico），同时由公共财政提供马匹和薪酬，这或许代表"私人骑兵"的薪酬同样由公共财政负责。

李维及波利比乌斯时期的共和国军团

公元前4世纪的大部分时间里，罗马军队的规模都维持在2个军团，但随着"半公民权"（Civitas Sine Suffragio，无投票权但需服兵役的公民）的产生，一部分拉丁城市的人和大部分坎帕尼亚人，以及伊特鲁斯坎城市塞雷等地的人力，以半公民权的形式加入罗马军队。这使得罗马军队在公元前338年至公元前311年间的某个时间点上，将其军队规模扩充到了4个军团。这一组织形式也沿袭了相当长的一段时间，但是在军团一级架构固定下来的同时，更重要的改革则在百人队和军团之间产生。随着高卢入侵和一系列对外战争，罗马的重装步兵军队逐渐显得无法应付战场需求，缺乏机动性和灵活性，因此导致了罗马军队从组织架构到装备战法的全面改革。最重要的组织变化，即步兵中队（Manipuli）体系的出现，在新的步兵中队编制基础上，罗马人逐渐抛弃了老式的希腊重装步兵，而转向了灵活的线列战术。

但必须要说明的是，这一改革涉及的所有装备、战法和组织变化，其发生时间大致在公元前4世纪前期至公元前3世纪前期，并无一个明确的时间点可言，只有模糊不清的记录。对各式重投枪（Pilum）的运用，可能早至公元前4世纪初即告开始，方形的凸面长盾（Scutum）和锁子甲的情况与之类似，而著名的西班牙短剑（Gladius）何时以及在何种规模上取代了长矛，却完全是云里雾里。重装步兵的长矛（Hastae）最晚在第二次布匿战争前不久（公元前225年的泰拉蒙会战），仍旧服务于军团的第一列步兵中——而这些所谓的青年兵或称枪兵（Hastati），何时彻底换用了短剑，我们不得而知。而在一些其他文献——譬如普鲁塔克，和狄奥尼索斯的记载中——情

第二章 帝国坚盾：罗马军团

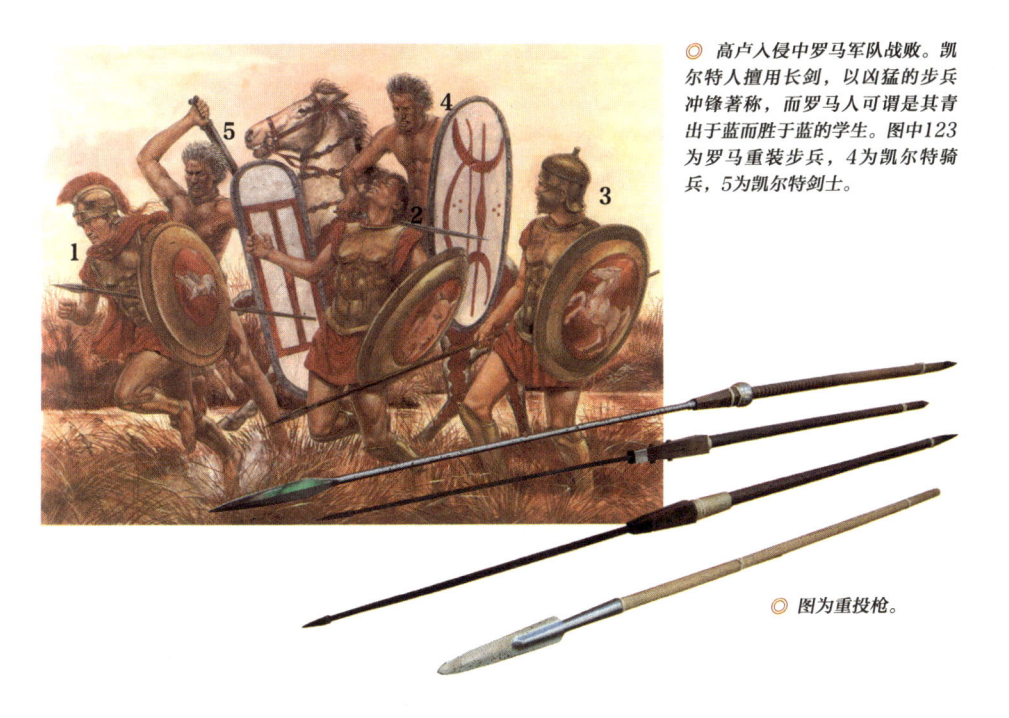

◎ 高卢入侵中罗马军队战败。凯尔特人擅用长剑，以凶猛的步兵冲锋著称，而罗马人可谓是其青出于蓝而胜于蓝的学生。图中123为罗马重装步兵，4为凯尔特骑兵，5为凯尔特剑士。

◎ 图为重投枪。

况又截然不同，青年兵被认为在公元前279年就换用了标枪和短剑，倒是成年兵执拗地坚持使用长矛武装。

对于新的军团组织架构，李维留下了明确的记载，在执政官弗里乌斯·卡米卢斯（M Furius Camillus）主持的军事改革后，军团的"三线阵"已经初步形成。第一线是15个步兵中队青年兵，从年轻人中精选出来，每个青年兵中队前会配属20人的游击步兵（Leves）；第二线是15个中队的成年兵或主力兵（Principes）。每个步兵中队理论上大约有120名士兵和2名军官（一位高阶百夫长和一位低阶百夫长，各自指挥一个百人队的同时由前者统筹指挥中队），而青年兵中队的实力可能稍弱一些。最后的第三线由15个步兵梯队（Ordine）组成，每个梯队分为3个旗队（Vexilla），分别是精锐老兵组成的后备兵（Triarii，仍以重装步兵形式作战）、新兵（Rorarii）和最不可靠的候补兵（Accensi）。每个旗队拥有60名士兵、2名军官和1个旗手。后人对李维的记载存在不少质疑，主要是针对新兵和候补兵的内容，李维在具体的军团战术中没有提到这两种士兵，却在自己的文本中同时存在后备兵部署在军团最后、后备兵背后部署着新兵和候补兵这两种自相矛盾的说法。李维提到新兵与候补兵都和后备兵一样有最重的装备，但有些别的拉丁文资料提及新兵是轻装的机动部队，即使是李维自己也曾提起新兵在战场上快速奔跑投入战斗的情节。总之，新兵很可能是轻步兵，配属给后备兵作战，就像游击步兵和青年军的配合作战一样，不过这样的理论存在着新兵人数比例过大的问题。

War History · 33

候补兵有冗员的意思，学者瓦罗（Varro）认为候补兵更像是军事侍从，而非军团的正规战斗力量。李维提及在公元前340年，候补兵曾作为迷惑手段投入战斗，此外值得注意的是，以罗马军团样式组建起来的拉丁同盟军团在编制内并没有候补兵这一类别。考虑到拉丁战争使得罗马化友为敌，参战的候补兵很可能是作为紧急手段征召的，他们可能平时并不常被投入战场，这也解释了他们的名称由来和战斗力低下的原因，拉丁战争可能是他们仅有的作为正规战斗力被投入会战的例子了。

有趣的是，在步兵中队和最高指挥官之间，并无一个中层的指挥体系，军团没有严格意义上的"军团指挥官"。步兵中队之上的军官仅有6位军事护民官（Tribune），他们直接向军队的指挥官负责。"军团"并不作为一个战斗单位存在，而更像是行政单位。这一以步兵中队和百人队为基干的指挥体系，延续了相当长的时间，直到布匿战争时期，缺乏中层单位的情况才有所改变。

到了波利比乌斯所记载的公元前2世纪中期，罗马军团的组织又有了进一步的改编。每个军团的步兵人数约在4200人，去掉900人的候补兵后，军团步兵人数实际没有太大的变化。第一排青年兵变更为10个120人制的中队，第二排1200名成年兵同理，第三排600名后备兵编组成了10个只有60人的中队。每个步兵中队都下属两个百人队，每个中队有2个旗手。剩下的1200人都是轻步兵（Velites），分别配属给各中队进行行政管理；青年军最年轻，成年军年龄稍大，而后备兵都是老兵，这点跟之前相同。在必要时，军团可以进行额外的超编人员补充，达到5000甚至6000的步兵员额（比如彼得纳会战中），增员数目可能是将青年军和成年军扩充到各1800人，后备兵数目不变，每个中队下属的百人队可能扩充到100人左右。而从装备上来看，后备兵在继续使用长矛的同时，放弃了原先的大圆盾，而换用了与前两列一样的长盾，第一列的青年兵则彻底换用了西班牙短剑。

从兵源来说，波利比乌斯时期的罗马军团，放宽了其征召范围，尽管依旧只有有产阶级（Adsidui）需要承担兵役，但征兵的财产限额被放低到了4000阿斯，并仍被划分为5个阶级。每五年一次的兵役注册，能够使共和国比较准确地了解其控制的军事人力资源。当时士兵的服役年龄，在正常情况下是17至46周岁间。波利比乌斯时期的共和国军团数量，随着共和国人力和需求的扩张急剧膨胀。第二次布匿

◎ 波利比乌斯时期的三线阵。

■ 青年军或枪兵
■ 成年军或主力兵
■ 后备兵

第二章 帝国坚盾：罗马军团

战争时期，共和国长时间维持超过10个军团，并且在巨大的作战伤亡面前，维持着这一规模。

公元前3世纪，缺乏中层指挥的现象也得到了很大的改观。罗马人开始有意识地加强步兵中队之上的战术单位在作战指挥中的价值和地位。公元前210年，在西班牙，罗马人开始以青年兵、成年兵、后备兵各一个中队组成一个步兵大队（Cohort）。这起初是作为应急措施引入的，很可能最早由罗马的意大利同盟发明，但却成为此后数个世纪内罗马军团步兵战术的核心之一。另一个改革，是公元前211年的轻步兵改革。在实验性地以轻步兵和骑兵混合作战，并获得了良好的效果后，罗马军团中轻步兵的地位有所提升，并因此需要一个独立的地位。原先配属在各步兵中队里的轻步兵被抽调出来，通过独立的编组，获得更大的作战灵活性。一般而言，每个步兵大队会拥有120名轻步兵配合作战，但考虑到他们经常被抽调出去独立行动，这些轻步兵可能也是被编组成一个轻步兵中队，并成建制纳入步兵大队中。步兵大队的指挥官被称为高阶百夫长（Pilus Prior），但这一官职到底代表的是大队各下属百人队中的首席百夫长，还是一个等同于"大队指挥官"的独立官职则不得而知。

"步兵大队"时期的军团在中层指挥上的强化，终于也导致了军团作为独立战斗单位的健全，军团指挥官（Legatus）作为一个固定官职出现。当军团需要分离出若干步兵大队以一个独立的集群执行作战任务时，所需的介于军团、大队之间的指挥职能，仍没有固定的指挥官，实战中往往会由一位资格最老的高阶百夫长兼任。

骑兵的组织情况也有所改变，独立的骑兵百人队可能被取消了，骑兵以中队为单位，分散部署到了各军团的编制内，每

◎ 罗马起初四大军团的徽标。狼、野猪、公牛和骏马是罗马共和国初期的象征，并被用来作为军团鹰旗的徽标。图中1234为城市军团的旗手，5为青年兵步兵中队的中队旗手。

War History · 35

个军团原则上保有约 300 人的骑兵，由一位骑兵队长（Praefectus）统一指挥。

对于共和国时期的军团发展，不能不提的是同盟部队的情况。在相当多的史料描述和研究作品中，"同盟部队"都是一个模糊并广泛引起误会的概念。我们又将需要结合罗马共和国的对外征服，来理解不同地区的同盟军在罗马军队中所起到的不同作用和其拥有的不同地位。

首先，共和国时期的罗马军队，最知名的同盟部队是各编组成军团的意大利同盟。

在公元前 386 年，著名的高卢人入侵摧毁了罗马人对于拉丁同盟的控制，罗马人的征服之路，事实上也就从此正式开始。以重新征服拉丁同盟为第一步，直到公元前 354 年，罗马人才重新掌控了拉丁同盟。从此，拉丁同盟开始按照罗马军团的标准组建军队，以相同的训练、装备和组织提供与罗马军团数目相等的军力，并且接受罗马人的指挥。在公元前 340 年的反叛和革命后，拉丁同盟内大部分城市获得了等同于罗马的完全公民权，同盟由此废除，取而代之的是一系列和每个城市签订的协定。

拉丁民族的殖民地遍及意大利半岛，然而，其中一部分被称为"Socii Latini Nominis"的拉丁同盟，比其他拉丁城市有着更好的待遇。这些拉丁同盟成员成为罗马的盟友中的骨干部分，李维曾说罗马的所有盟友都是拉丁城市，但后来罗马也从其他意大利城市征召军队，比如在阿斯琴伦会战中，萨宾人（sabini）、翁布里人（Umbri）、伏尔西人（Volsci）、马鲁切尼人（Marrucini）、佩里吉人（Paeligni）、费伦塔尼人（Ferentani）和道尼人（Dauni）等非拉丁势力都加入了罗马的盟友行列对抗皮洛士。一个特例是大希腊的希腊城市，他们在被征服后更多提供海军舰船而非陆军士兵。在与汉尼拔的战争中，塔兰托贵族也被动员过，可能罗马人也利用了著名的塔兰托骑兵作战。另一个特例是布鲁提人（Bruttii），由于布鲁提人一度成为汉尼拔非常重要的兵源，作为惩罚他们在战后被排除出了征召体系。

波利比乌斯描述过同盟军团的具体情况，一般每个罗马军团出征时都会搭配一个拉丁同盟军团，称为 Ala，即翼，理论上一个拉丁同盟军团有着和罗马军团相同的步兵数量和 3 倍的骑兵数（900 人）。因此，当这一时期的史料中提及罗马军团的数量时，真正的军团数量实为两倍，半数即为同盟军团。实战中同盟军队的数目往往多于罗马军队，特雷比亚河会战中参战的罗马人有 1.6 万人，而同盟人数达到了 2 万人；公元前 180 年在西班牙作战的罗马人有 2 个

◎ 公元前 2 世纪尾声的共和国军团，锁甲已在这一时期成为军团的标准配备。图中 1 为护民官，2 为骑士，3 4 为步兵战士。

军团，约1万人上下，同盟军团则有1.5万人总数。同盟军队由同盟军指挥官（Praefecti Sociorum）指挥，每个同盟军团有3名指挥官。此外同盟军团中还有一支精锐部队，"非凡者"（Extraordinarii），占到同盟军团步兵总数的五分之一，骑兵的三分之一。

同盟军团中，每个骑兵中队和步兵中队的兵员，应该都是从同一个城镇或城市征召的。波利比乌斯认为同盟军团原先使用步兵中队编制，后来在第二次布匿战争之前就引入了步兵队这一编制和战术体系，并且影响了罗马军团。步兵队这个编制最早来自于萨莫奈步兵体系，不少同盟国在融入罗马体系前就仿效了这个制度。同盟军团的步兵队规模有460人、500人、600人等不同记载，步兵中队则可能继续作为次一级单位保留下来。同盟军团中同样也有类似军事护民官的职位，每个军团有6位被称为同盟指挥官的军官，是由执政官指定的。

同盟军团的装备情况没有特定的描述，很有可能他们完全罗马化了，不过许多轻型的意大利同盟部队会使用自己传统的方式和装备作战。李维相信，在公元前217年，共和国动员的部队只是罗马军团和拉丁同盟军团本身的正规部队。这可能代表其他同盟部队，尤其是轻装部队仍旧保留自己的作战传统而不够正规，也有可能这些部队需要一个渐进的装备和战法的演进。在普鲁塔克对于彼得纳会战的记录中，佩利吉人和马鲁切尼人似乎都已经和其他罗马和拉丁同盟军团一样成为正规的军团重步兵，不过在此之前他们已经充当了罗马接

近150年的盟友了，而且他们这样的变化不代表所有盟友都有这样的改变趋势。拉丁同盟军团和罗马军团一样有自己的轻步兵游击射手，不过相比罗马军团，同盟军团的投射部队比例更小。在特雷比亚河会战中，罗马一共投入了6000名轻步兵，仅其中的4个罗马军团就提供了4000名左右，当然，这也有可能和此前提契诺河战斗中同盟军团的损失有关。

但在意大利地区之外，共和国同样广泛地大量使用外籍辅助部队，这些部队往往就近从战争地区招募。最早出现外籍部队的例子是在第一次布匿战争期间，800名高卢人从迦太基阵营叛逃罗马。大部分北方的高卢部落都对罗马持敌意，但塞诺玛尼人（Cenomani）亲罗马，他们在泰拉蒙会战和特雷比亚河会战中都站在共和国一边。即使在绝大部分暂时友好的凯尔特部落转投汉尼拔时，塞诺玛尼人仍保留了忠诚，坚持服膺于共和国鹰旗之下。同一年，与罗马结盟的马西利亚也有一些高卢骑兵为之服役，并参与了罗讷河附近的战斗。

这些外籍的同盟部队与意大利同盟不同，他们既不采纳罗马军团的组织方式，也不采用罗马式的作战风格，他们中的许多甚至完全是以雇佣军的形式服役的。因此，这些部队的招募和维持要显得灵活很多，视战术需求而定。例如第三次马其顿战争中，在罗马和意大利同盟的骑兵完全无力对抗马其顿骑兵的情况下，罗马的盟友——努米比亚人和色萨利联盟，就分别提供了自己著名的轻骑兵、战象和重骑兵作为支持；在东方的作战中，罗马人则经

常在行省内征召投石手、弓箭手作为辅助部队参战，这些独立的轻装部队，则会被临时性地以步兵大队为单位组织起来统一运用。

马略及屋大维时期的军团

在第二次布匿战争结束之后，共和国时期的罗马军团在各方面都达到了第一个巅峰。从意大利、西班牙、希腊和北非历练出的高素质军官团和老兵，精良的武器装备，以及成熟的战术体系，都让共和国随之进入了极为迅速的军事扩张期。但这样的好景不长，共和国版图的扩张，使得原有的公民兵体系越来越难以承受长时间的海外作战。而罗马军团长久以来倚重的自耕农兵员，本身也在不可逆的土地兼并过程中遭受着严重的打击。从人力来源的数量和水准上说，罗马军团都在巅峰之后逐渐开始衰退。

这样的衰退，终于在公元前2世纪晚期连续地在战场上体现出来。在辛布里战争与朱古达战争中，罗马军团的表现完全无法令人满意。在战争中获取了地位的盖乌斯·马略（Gaius Marius），决心对罗马军团进行完全的改革，一系列原有和新建的举措，将被正式作为制度固定下来。

马略改革最主要的内容，是将罗马军团从服兵役的公民兵改为职业军人。获取固定报酬、由国家负担装备的新军团士兵，能够脱产获得更好的训练，同时在海外作战时维持更高的士气。同时，军团的兵源也有所扩张。此前，仅招募有产者的规定就已经在多次紧急情况中被打破，此次马略则正式取消了征兵范围对个人财产的限定，贫民将不受阻碍地进入到军团的行列中。此后同盟者战争的结束，使得意大利半岛各地区获得完整的公民权，所谓意大利同盟军团的说法也逐渐不复存在。

新的共和国军团，在沿用步兵大队—步兵中队—百人队体系的同时，做出了一些小的改变，原有的青年兵、成年兵、后备兵间的区分不复存在，各中队统一了装备和作战样式。不过在相当一段时间内，成年兵等称谓还是单纯作为荣誉地位的符号，被保留下来。每个新的军团理论上拥有10个步兵大队，除了保有鹰旗的第一大队，拥有800人的双倍兵力外（分属2个步兵中队，共5个双倍兵力百人队），其余9个步兵大队均各下辖3个步兵中队，每个中队拥有2个百人队，大队的战斗人数定额为480人。非战斗人员同样被部署到各级单位内部，百人队下辖的最小单位十人队拥有8名士兵和2名非战斗人员，组成实战中的一个纵列（军团最常见的百人队纵深是8排）。整个军团理论上拥有4800名重步兵和1200名非战斗人员。

原来属于军团内的所有轻步兵和骑兵，则很有可能被剥离出来，统一独立使用。至少在恺撒时期，各军团理论上没有军团属的骑兵，这也与罗马人越来越广泛使用外籍骑兵不无关系。由外籍士兵组成的辅助部队（Auxiliary），作为一个独立的部分，在军队中享有越来越高的地位。

马略的成功改革，成为共和国晚期扩张的基础。马略、苏拉、卢库卢斯、庞培、恺撒等一系列军事指挥官，利用这支新的职业化军队,在本都、亚美尼亚、叙利亚、高卢等地区进行了飞速的军事扩张。随之而来的大规模内战,使罗马军队的规模扩充到共和国时期的最高点,在各军团缺额严重的同时,军团的数量一度激增到60多个。直至奥古斯都称帝,他才得以进行进一步的改革和大规模裁军,在马略时期的基础上,对罗马军团进行了组织改良。

军团编制内不辖轻步兵和骑兵的习惯得到了延续。在韦斯巴芗时期,我们明确地看到用以对抗犹太人,或是对抗阿兰人的军团中,仍旧没有自己的轻装步兵或者骑兵。奥古斯都时代的独立骑兵部队,以骑兵队(翼)为基本的单位,翼的下辖编制则有480人或者720人两种,分别拥有16或24个骑兵中队。轻步兵则根据其招募地,独立编组成下辖百人队的轻步兵大队,每个大队拥有6-10个轻步兵百人队,每个大队的实际兵力定额可能达到了500~1000人,指挥官被称为大队指挥官(Praefectus Cohortis),一般由罗马方面指派的军事护民官担任。

在马略时期之初,军团士兵的固定服役期是16年,兵役完成后可以获得土地作为报酬,而辅助部队的服役期则为6年。在奥古斯都时代,辅助部队的服役期同样增加到了16年,后来在进一步的改变中,军团士兵和辅助部队的服役年限上升到了20年,此后还作为留用士官(Evocati)继续服役5年。

在屋大维称帝之初,大约30个军团分散在从不列颠到北非的帝国边境线上。尽管数量不多,但这些高度职业化、装备精良的士兵,总体上能够高效地保护罗马的边境安全。这一时期的边境驻军驻扎在各规模不等的永久营地中,防御作战的目的旨在完全阻止罗马的敌人对其领土的入侵。

禁卫军(Praetoriani)则是帝国时期罗马军团一个极为重要的组成部分,在共和国时期这些单位原来是执政官的卫队,在共和国末期,我们已经可以看到这些部队作为执政官的卫队,被当作战斗部队而非警卫部队投入大规模战斗。奥古斯都·屋大维时期的禁卫军起初包括了9个禁卫军大队,各自下辖6个步兵百人队和3个骑兵中队,随后禁卫军的规模不断扩大,并能够积极地对帝国的政治加以干涉。

◎ 一支行军中的帝国军团。由于需要在行军中背负极重的行囊,马略改革后的军团士兵自嘲为"马略之骡",这种通过强化士兵负重,减少非战斗人员比例的情况在另一些古代军队中的职业化先驱者中也有体现。

公元2-3世纪的军团

在塞普蒂米乌斯·塞维鲁（公元145-公元211）的统治时期，军团的步兵大队实力从原来的大约480人上升到了550人，而禁卫军制度则出于政治考虑被废除。不过除了这些变动，军团的核心部队——精锐的剑盾重步兵组成的各步兵大队，则发生了更为值得注意的变化。

在更早的1世纪中期，辅助部队的地位有了进一步的提升。以作家阿利安（Arrian）在其手稿《对抗阿兰人的军阵》中（他本身是一位高级军事指挥官）的叙述，他麾下的第12和15军团并没有军团属的轻步兵；而在大致同期的第2军团的战斗序列中，每个步兵大队加入了2个装备长矛的长枪兵（Lanciarii）百人队，或许这是针对同时期骑兵战斗力发展的回应。

另一方面，对抗骑兵的战术需求同样也促使骑兵部队在罗马军队中的地位大大上升。除了原有的、独立于军团外的辅助骑兵部队外，军团终于重新获得了军团内的骑兵单位。《论军事》的作者维盖提乌斯（Vegetius）称军团属骑兵的实力定额为22个骑兵中队。这些军团骑兵（Equites Promoti）一般集中使用，而非将各中队配属到各步兵大队。更多情况下，指挥官往往会将各军团的军团骑兵抽调出来，再组成独立的战斗群，这种骑兵支队（Vexillation）与原有的、辅助部队中的骑兵队共存。随着帝国中后期蛮族入侵的趋势愈演愈烈，在军团的各步兵大队越来越多地被抽调出去进行独立行动的同时，分散的军事行动连同对骑兵的巨大需求一起，使得军团下属各骑兵支队也逐渐被独立出去，最终骑兵支队普遍成为独立部队。这一趋势一度在公元4世纪帝国军队的重新正规化中得到了暂时性的缓解，但军团下属骑兵支队的体系最终还是在公元5世纪基本被弃用，骑兵支队成为与军团步兵并列的独立单位。

在公元1世纪，许多善战的外族军人被大规模雇佣，由他们自己的酋长指挥，并作为辅助部队作战。到公元2世纪中期，这些成建制的外籍辅助部队大多在地位上更加正规化，变得和其他罗马军队的单位一样，使得罗马军团蛮族化的趋势愈演愈烈。由此还导致罗马各边境驻军中出现了两种新单位，辅助步兵分队（Numeri）和辅助骑兵分队

◎ 公元1世纪的军团士兵形象。

第二章 帝国坚盾：罗马军团

◎ 第Ⅱ"图拉真第二"军团的前列士兵对抗铁甲骑兵。

部队番号	部队实力	部队番号	部队实力
第1"伊比利亚"骑兵队	367	第Ⅱ"图拉真第二"军团各长枪兵单位	878
骑弓手队	242	第Ⅱ"图拉真第二"军团独立骑兵支队	1109
第1"赫拉克勒斯"骆驼骑兵队	211	第Ⅲ"戴克里先"军团独立骑兵支队	1035
第9"查瓦沃鲁姆"步兵大队	524	第Ⅲ"戴克里先"军团余下部队	1716
第Ⅱ"图拉真第二"军团直属骑兵	148	数个其他军团的独立骑兵支队	1981

（Cunei）。这些早先来自于外籍部队的单位，实力大约在 300 人左右。在 2 世纪中期，他们也开始逐渐变得正规化。这些单位和原有的步兵大队、骑兵队、骑兵支队等番号的共存，使得罗马军队的组织状况变得相当混乱。

此处笔者引用一个公元 3 世纪末的作战序列，其所描述的部队是某一支埃及的驻防部队，序列的出处来源于一份留存下来的士兵薪酬报表。通过这份序列，我们大概能够了解到这一时期的罗马军队概况，其实际实力和编制定额之间存在一些差距，而这种差距在未来还会进一步扩大。

公元4-5世纪的军团

大约从公元 3 世纪末期开始，罗马帝国原来的边境防御战略近乎破产。因此在部署于边境线部队之外，逐渐出现一支中央化的野战部队，用以作为机动的救火队。在君士坦丁大帝的统治期间内，伴随着对帝国军事体系的重建，这一新制度大抵上来到了其高峰阶段。地位最高的野战部队是中央直属的宫廷禁卫军（Palatini），下属5个禁卫军骑兵支队、5个禁卫军军团和10个禁卫军辅助军团，这些部队基本是帝国军事体系中最有力的部分。

除了宫廷禁卫军外，另一种野战部队是从边境部队中演化出的野战军（Comitatenses），包括野战军骑兵支队和野战军团。地方化的野战军中，并没有辅助军团的建制，而是由新建的大量禁卫军辅助军团加以补充。

这一时期的罗马军团已经不复往昔，每个军团（Legione）的定额人数下降到了1000~1200人，由于骑兵支队普遍从军团中独立，军团也再一次失去了编制内的骑兵单位。每个军团一般下属6个梯队（Ordines），每个梯队包括两个百人队，每个百人队各包括10个十人队。而辅助军团则各下属3个梯队，定额在500~600人不等。辅助军团在承担了原有辅助部队职能的同时，也越来越像正规军团一样承担正面作战任务。军团中的装备逐渐繁杂起来，相当部分的弓箭手都被部署到军团士兵的行列之中。

脱胎于军团的各骑兵支队，随着骑兵地位的继续上升，也获得了近似于军团的新编制。根据拜占庭时期留下的史料，每个骑兵支队下属3个梯队，每个梯队拥有2个百人队，每个百人队包括5个十人队。在骑兵支队"军团化"的初期，他们一度拥有600人的定额，不过后来被减少了一半。

在各支禁卫军和野战军之外，罗马的边防重任还是落在各边境的卫戍部队身上。这些现在被认为是二等的部队，反倒更多地继承了过去军团的番号。步兵大队（Cohortes）、骑兵队（Alae）、步兵分队（Numeri）、骑兵分队（Cunei）的番号全部继续存在，外加少数新建的辅助军团，使得边境卫戍驻军的编制情况令人头疼。还有一些卫戍部队失去了正规化的头衔，这些边境地区的"老"军团实力，各自最多不超过2000人。

塞维鲁时代被解散的旧禁卫军一度被重建，但在君士坦丁大帝时期的内战中，由于这些部队为其政敌服务，在米尔维安大桥之役（Battle of Milvian Bridge）之后，这些部队被再度解散。君士坦丁时代的宫廷禁卫军实际上是中央化的野战部队，而非真正意义上的"禁卫军"，执行直接保卫任务的新部队下属骑兵支队和辅助军团各一个，而外围的禁卫部队则被称作警卫军（Scholae），全部由骑兵组成。在东西帝国分治之初，东罗马和西罗马分别拥有5个和7个警卫军骑兵支队。

这种以组织混乱和低效的卫戍军团作为迟滞手段，以各地方化和中央化野战军作为机动力量的国防体系，大致成为罗马帝国最后阶段的军事战略方针，也成为罗马军团最后的形态。在公元4世纪，一些定额在五六百甚至更多人数的军团部队，其实际实力往往下降到不足200人，这也成为罗马军团黄昏时期的一个写照。

战术

重装步兵时代及更早时期

罗马军队早期的战术发展，从很大程度上和古希腊人走了相同的道路。从迈锡尼式的重步兵，到希腊重装步兵，这些士兵的个人武装和战斗技艺相当可靠，但却很难说有战术可言。对重装步兵而言，战斗的形态实际相当简单，8排左右的纵深是最为标准的战斗队形。在队形排列完成后，重装步兵会逐渐接近敌军，并在一个合适的距离上跑步冲锋加强冲击能力。最终在盾牌的激烈碰撞后，漫长且相当低效的枪对枪、盾顶盾的战斗就随之开始，直至其中一方败退。一些出色的重装步兵部队，比如著名的斯巴达人，对纪律性有着更高的要求，他们在缓步前进时保持肃静而不像有些同行一样呼喊口号，笛声被用来控制步速，在大约距敌100米时，他们会开始冲锋。

从整体的运用原则上，罗马的重装步兵与希腊或者伊特鲁斯坎的重装步兵不会有太多的差别，但在有限的史料中，仍然有许多相当有趣的地方值得注意。罗马的重装步兵以百人队作为基本的战斗单位，对于一支战术素质低下的古代军队来说，出现这样小的战术单元是一个矛盾的现象。在古希腊，重装步兵的战斗单位缩小到类似的规模，可能要延迟到公元前4世纪中期。当时的斯巴达军队中，约150人左右的步兵营队（Lochoi），从地位上代替了原先作为战术核心的步兵团队（Mora）。这种变化是与公元前4世纪希腊重装步兵战术的飞速发展同步产生的，这一时期底比斯人几乎已经将希腊重装步兵这一作战样式，发展到了其巅峰状态。

这样一来，对于罗马重装步兵军队的组织形态，我们就不由得产生这样的疑问：重装步兵百人队的体系，究竟只是根据部族、社区和财产组织所自然产生的，还是罗马重装步兵发展到了较高战术水平所导致的结果？从罗马军队的成长环境分析，后一种可能性无法排除。拉丁姆平原周围不乏山地，萨莫奈等奥斯堪民族擅长山地作战和步兵的小单位行动。这些以分散队形和游击战斗著称的军队，对强大但笨重的重装步兵而言，成为一种天然的威胁。在复杂地形对抗这些机动性良好、战术单位细化的敌人，成为改良军队组织和战术的客观形态。罗马的重装步兵在这种特殊环境中很有可能有着更快的发展，或许早从重装步兵时代开始，百人队就是罗马步兵的战术基石了。

李维及波利比乌斯时期的共和国军团

公元前4世纪的高卢入侵，对于罗马军团的战术发展有着极大的影响。三线阵和剑盾战法的应用，很大程度上是之前的战场需求积累的结果，高卢入侵中罗马军队的失败，彻底点燃了战术改革的导火线。而长盾等装备的换装，则是与萨莫奈人军事交流的结果。

在三线阵中，相对轻装的青年兵将首先投掷重投枪，然后以猛烈的冲击杀伤对手的战线。随后的第二线成年兵会作为最主要的战斗力量，进行决定性的步兵战斗。当第二线仍旧无法分出胜负时，就轮到一直半跪着节省体力的后备兵作战了。这些精锐老兵既可以作为掩护撤退或是最后一搏的手段，也可以在之前的战斗过程中，用以应付战线两翼的突然情况，或者进行其他的作战任务。这样的部署，无疑代表着罗马军团在预备队战术的发展上有着一个较高的起点。将后备兵作为最后决胜或应急手段已经成为拉丁语中的名谚。

三线阵中预留空隙的初衷和主要作用是方便一线单位战斗时能够被后续单位轮换，这种轮换体系是罗马战术体系中最明显的特征之一，使得当战斗中一旦有单位被击败，就立即有新鲜单位能够上前应付威胁。但是，大部分情况下采用此类间隔的棋盘阵，会使得各步兵中队被渗透和攻击侧翼的可能性大大增加。李维曾说起过，后备兵接战时会去除间隙成一条连续的战线作战，而无疑前两线的成年兵和青年兵也会如此。一个步兵中队由两个百人队组成，分别为前列百人队（Prior）和后列百人队（Posterior），在前进和机动时后列百人队处在前列百人队背后，保留步兵中队

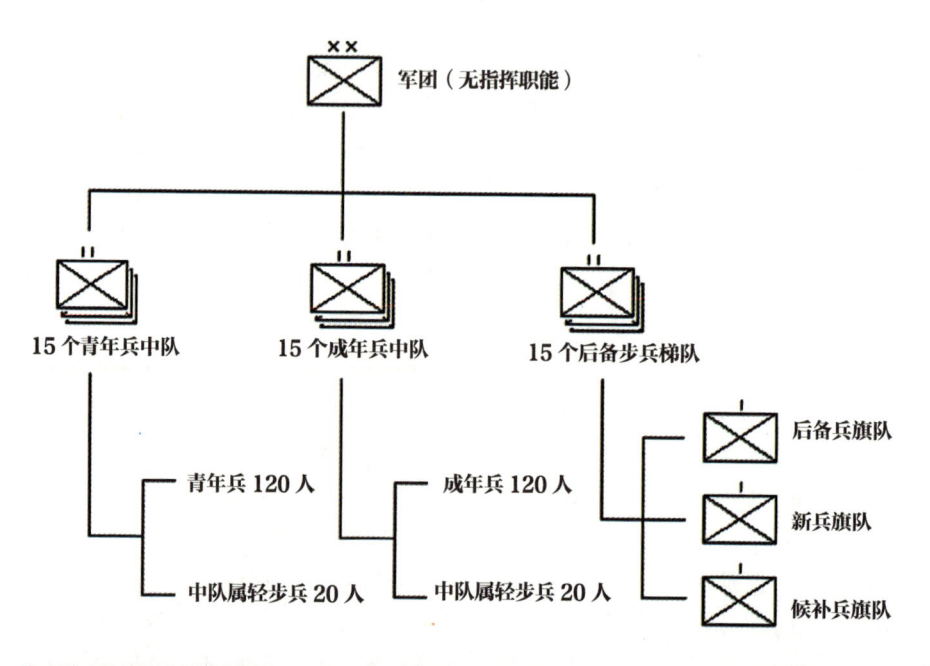

◎ 图为李维时期军团的指挥结构。李维时期的罗马军队缺少中层指挥，第三线的具体组织情况仍相对模糊。

第二章 帝国坚盾：罗马军团

间的缝隙，但当他们投入战斗时，后列百人队便会上前填补战线缺口，呈现一条连续的战线。当一条战线需要撤退时，后列百人队会首先退后留出空隙，预先占据后排的位置，然后供前列百人队后退。典型的每条战线的阵形纵深一般是 6 或 8 列。

当军团的前两列重步兵在公元前 3 世纪末期完全换用短剑和重投枪时，它的基本战术对比李维时期的军团则没有根本性的改变。青年兵和成年兵的装备和地位愈来愈接近，而后备兵仍执拗地维持了重装步兵式的武装，考虑到他们预备队的身份，这一安排或许更有利于实战，让他们能够作为预备队以长矛对抗可能的侧翼骑兵攻击。

在步兵中队内部，如波利比乌斯所说，罗马步兵采用了比其他所有重步兵都更为松散的队形。不仅每名士兵都占据了 3 英尺（约 90 厘米）的正面，在每一横列和纵列之间都还有 3 英尺的间隙。简而言之，一名军团士兵平均占据 6 英尺的正面，与希腊化体系中结阵步兵的松散队形差不多。波利比乌斯说这样的空间足以让士兵用盾牌保护自己，并且自由地挥剑战斗。这样的队形需要罗马军团士兵都是合格的剑士和单兵战斗的能手。事实也确实如此，例如李维提及过，军团士兵曾在灌木丛中被迫分散队形和凯尔特伊比利亚人开始单兵战斗，结果获胜；在打散队形与马其顿方阵士兵的战斗时，依托更重的装备带来优势，军团也取得了胜利。

但在更多情况下，军团士兵还是以密集队形进行结阵战斗，或许在冲锋前先投掷重投枪。成密集阵型的罗马步兵可以在真正意义上把敌军"逐退"，大而重的罗马盾牌方便用以推挤。面对诸如凯尔特长剑之类挥砍的武器，军团士兵会躲在自己的盾牌下，然后由下自上用自己的短剑戳刺。曾有罗马人认为长矛会是对抗凯尔特人长剑的好用的武器，能够获得攻击范围上的优势，并拦阻长剑的攻击。因此在公元前 223 年的一场战斗中，后备兵的长矛就被交给前列部队使用，但似乎结果并不理想，因为后来再也没有进行类似的实验。

波利比乌斯时期的罗马军团，面临的一个新挑战是马其顿式方阵。这种极度强调正面交战能力的作战样式，对追求贴身战斗的军团剑盾步兵而言是个从未有过的挑战，也让军团重步兵第一次接触到难以正面击溃的对手。事实上，在有限的实战战例中，马其顿方阵在队形完整、侧后安全的条件下，总能击溃即使是数量占优的罗马军团。波利比乌斯甚至认为马其顿方阵是平原地形上最强大的重步兵类型。

但是正同萨莫奈人能灵活地击败重装步兵时代的罗马军团一样，罗马人也往往能利用更好的机动性，和步兵中队体系的灵活性，在对抗方阵的战斗里获取非对称的优势。利用破碎地形渗透到方阵内部，或者迅速机动完成侧后包围，是军团对抗马其顿方阵的最主要手段。一旦进入贴身战斗，缺乏防护的方阵士兵便不再是军团剑盾手的对手了。

"龟甲阵"（Testudo）大致是在公元前 200 年出现的，这一队形的最原始用途是围攻作战或者巷战，用以在特殊地形内防止来自上方的投射武器打击。这一时期内罗马军团同样学会了如何对付战象。从皮洛士战争和第一次布匿战争开始，重步兵在战线内

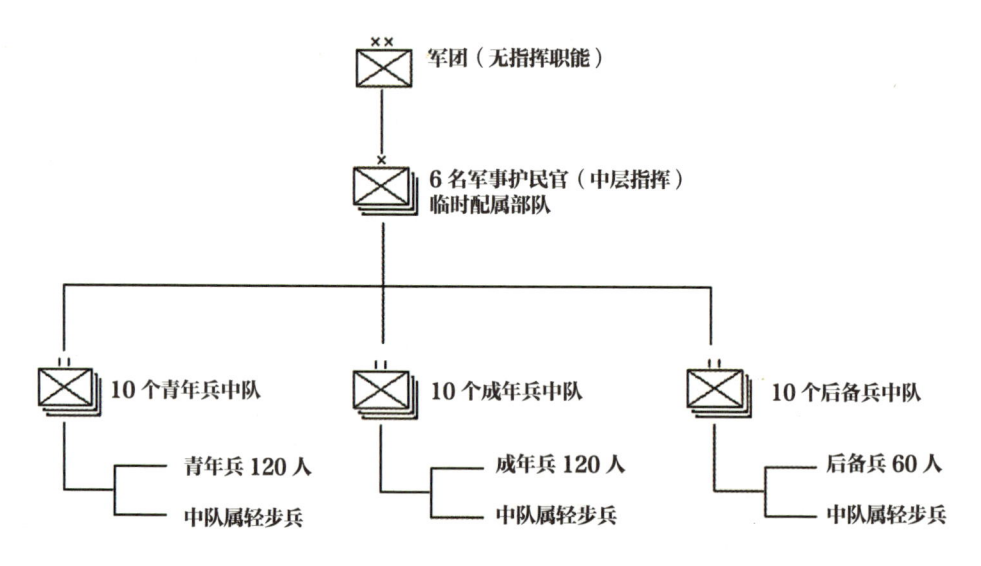

```
                    ××
                   ┌──┐
                   │⊠ │  军团（无指挥职能）
                   └──┘
                     │
                     × 
                   ┌──┐
                   │⊠ │  6 名军事护民官（中层指挥）
                   └──┘  临时配属部队
           ┌─────────┼─────────┐
         ┌──┐      ┌──┐      ┌──┐
         │⊠ │      │⊠ │      │⊠ │
         └──┘      └──┘      └──┘
      10 个青年兵中队  10 个成年兵中队   10 个后备兵中队
         │            │            │
       青年兵 120 人  成年兵 120 人   后备兵 60 人
       中队属轻步兵   中队属轻步兵    中队属轻步兵
```

◎ 图为波利比乌斯时期军团的指挥结构。波利比乌斯时期的三线阵更为简洁，军事护民官开始承担越来越重要的指挥职责。步兵中队的战术发展在这一时期达到巅峰，但中层指挥仍旧欠缺，使得步兵大队出现。

◎ 龟甲阵。

预留通道，轻步兵则分散射击，成为应付战象的普遍规律。值得一提的是，罗马人最常遇见的战象是非洲丛林象，这些象体型偏小，而迦太基指挥官们在对战象的运用上普遍存在一些问题，战象往往缺乏轻步兵的有效配合，这使得罗马人大多能轻松地解决象群的威胁。

罗马的轻装步兵本来是单纯的游击部队，屏护重步兵的展开，以游击战斗开始一场会战，然后从重步兵列间撤退，在后备兵之前重组，最后作为预备队或是转到侧翼投入战斗。然而到公元前 2 世纪时，他们改良的训练和装备已经足以胜任与敌军的轻装游击部队进行近战并驱赶他们。在彼得纳会战前，他们在附近的山地就被赋予这样的任务。

罗马轻装步兵的标枪骚扰凯尔特人时尤其有效，他们的装备也足以胜任与凯尔特武士的单兵肉搏。尽管凯尔特步兵一次集中的冲击可以扫除罗马轻装步兵，但后者并不那么容易被结阵的步兵抓到。罗马轻步兵也执行支援骑兵作战的任务，公元前 211 年在卡普阿城外，为了抵消反叛的坎帕尼亚人在骑兵方面的优势，轻装步兵们骑乘到了骑兵的后座，在遇敌时下马投掷标枪，随后被打得措手不及的坎帕尼亚骑兵被罗马骑兵击溃了。

罗马骑兵的运用和轻装步兵很类似，在重步兵战线展开时承担骚扰和掩护的作用，随后回到侧翼或者战线后预备队的位置上。有时罗马公民骑兵会单独组成一翼，意大利同盟骑兵组成另一翼，或者所有意大利的骑兵一翼，外籍骑兵比如努米底亚人形成一翼。骑兵会试图击败敌对的骑兵，然后攻击敌军步兵的侧后。罗马骑兵是冲击骑兵，喜欢用长矛或剑直冲到底，古典时代的骑兵没有马镫和健全的鞍具，因此有时会需要下马肉搏。但罗马骑兵在这方面确实比其他骑兵更趋向于下马战斗，偏向静态化的作战习惯也与之相符。在波利比乌斯的记录中，坎尼会战中双方的骑兵在罗马军队右翼就进行了下马战斗。

马略及屋大维时期的军团

马略改革除了从根本上完成了军团的职业化建设外，从战术角度来说，则主要是对波利比乌斯时期一些逐渐产生的改良，从制度上予以了确认和强化。比如步兵大队这一级单位的正规化，三线步兵装备和战法上的统一，以及辅助部队的正规化、独立化等。

恺撒无疑是这时期最出色的军事指挥官之一。在征战高卢和内战的一系列战役中，他大胆的用兵风格，将军团步兵战术运用到了极致。恺撒的步兵运用，非常强调步兵的多线灵活部署，实战中三线阵、两线阵甚至单线部署都屡次出现，具体地运用则视战场情况而定。恺撒的后备战线总是能够通过有效的机动来转移正面，执行多种多样的作战任务。

另外，针对敌军的骑兵优势，恺撒能够有效地利用军团步兵在近战中的优势，以及军团中灵活的中下层指挥体系予以应对。在法萨卢斯会战、塔普苏斯会战中，均有一些独立的步兵大队作为骑兵的战术预备队使用，专门用来伏击试图进行侧翼攻击的敌军骑兵。较为靠近对方骑兵的步兵战线，也会偏向于使用多线部署，以后备战线作为反骑兵的预备队。至于步兵中队的运用，则整体上继承了原有的体系，步兵中队的两个百人队将视情况同时投入（并列的横队部署），或者轮换使用（以棋盘格式交错部署，或者成纵队）。

原有的龟甲阵和纵队战术，在这一时期获得了更广泛的运用。龟甲阵不仅出现在围攻战斗里，也成为一个标准的反投射武器阵形出现在野战中。比如在对抗帕提亚

◎ "猪头"楔形阵。基于纵队战术基础上的楔形阵，结合了萨莫奈步兵战术的相关成果。

军队时，我们就屡次见到军团重步兵组成龟甲阵的记录。而萨莫奈人利用纵队强化标枪使用的办法，也被军团所继承，指挥官经常会以多个纵队对战线上的一点，发动向心的突击。以密集的标枪投射严重杀伤对手，然后从一点以纵队进行冲击和突破，这种阵形被称为步兵楔形阵（Cuneus），士兵则将它昵称为"猪头阵形"（Caput Porcinum），来形象地描述以集中的兵力和火力"拱"穿战线的作战方式。

军队的职业化、正规化的一个益处，是在修筑营地、工事等方面的进步。马略之后的罗马军队，非常擅长进行各种场合的围攻作战。恺撒不止一次地试图用比敌人少得多的部队，通过多重围攻线的修筑，利用工事和投射器械，将敌军围困在狭窄的地段内切断补给和联系。我们也明确地了解到，各种弩炮等投射武器在职业化的军团内获得了独立的编制，这些原始的"炮兵"成为军团作战非常倚重的一个单元。

轻装步兵和骑兵的独立编组，也为他们的使用带来了不同。大多数时候轻装部队和骑兵会独立地部署到两翼或者后方，当轻步兵需要依托主力战线进行游击战斗时，他们会从各步兵中队和大队的间隙中前进，并且仍旧保有自己的独立指挥体系。

在骑兵方面，骑兵中队依旧是最基础的作战单位，以骑兵中队组成的多排横队

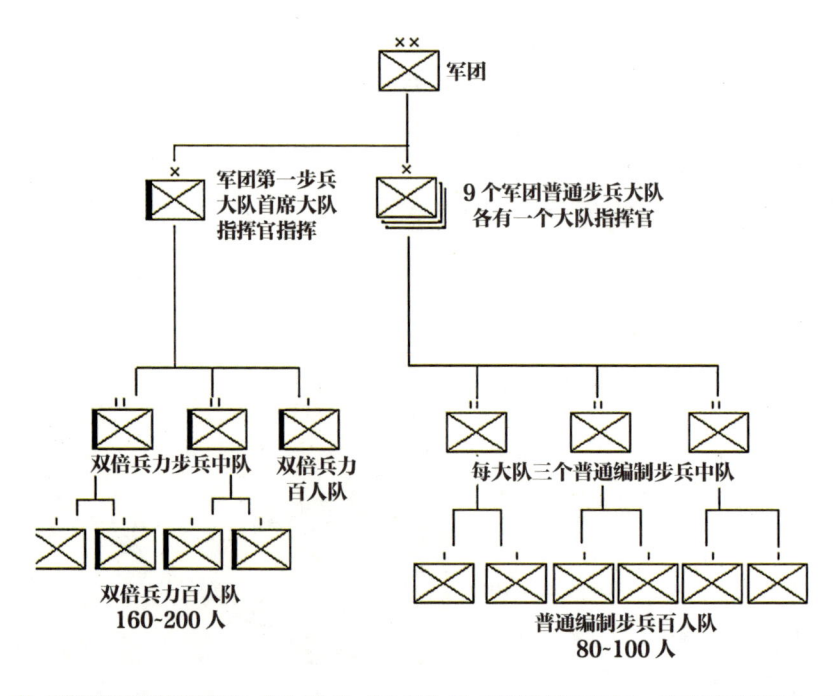

◎ 马略时期军团指挥结构图。步兵大队这一单位从第二次布匿战争时期出现后，其重要性逐渐提升，并在共和国晚期成为军团最重要的中层战术单位。

成为最常见的队形。另外，为了加强骑兵的冲击力，也出现了中队内组成的骑兵楔形阵形，不过与马其顿式的楔形阵形不同，罗马骑兵中队的楔形阵实际上是多列横队的一种变形，每排的人数依旧一样。

帝国中后期的军团

从公元2世纪逐渐开始的趋势，是军团中重新出现并不断增加的长枪兵，以及骑兵数量和地位的快速上升。这种由于骑兵发展导致的变化，也对原有的步兵战术产生了较为严重的影响。相对松散、灵活的步兵作战体系，逐渐向缺乏机动性的密集阵形改变了。相当多的史料甚至逐渐开始以马其顿的方阵来类比新的军团，用以描述他们的密集阵形和矛墙。弓箭手的运用在后期的军团中越来越多，甚至成为主战线的一部分，部署在后排进行火力支援。

尽管从小单位的战术运用上来说有所退步，但帝国中后期的军团大抵上还是保留了军团原有的线列战术。以公元376年著名的败仗阿德里安堡战役来说（Battle of Adrianople），当时的罗马野战部队仍旧以两条战线组成，组成战线的军团规模大抵上可与旧日的步兵大队相提并论。

在两翼，骑兵的重要性则越来越显著，骑兵的类型也有所增加，以轻型的标枪骑兵和骑射手进行骚扰和侧翼迂回，以包括超重型具装骑兵在内的枪骑兵进行正面的冲击，基本上是最为常见的做法。

擅长土工作业，以壕沟和其他障碍辅助防御，依旧是罗马军队的优点之一，在贝利撒留指挥的达拉之战中，数量不足的罗马军队就利用挖掘壕沟来对抗萨珊军队尤其是其骑兵的强大冲击力。

装备

重装步兵时代及更早时期

在罗马建城时期遗留下来的墓葬中，罗马士兵的装备与伊特鲁斯坎之间有密切的联系，甚至这些装备本身就极可能是由伊特鲁斯坎人制造并流出的。在大约公元前600年流传的物品上，我们可以看见充当祭品的罗马盾牌，其形制是迈锡尼式的，除此之外战士身着多彩的上衣，头戴尖顶的阿佩克斯头盔（Apex），或许以长矛为主要装备。以这种面貌，罗马军队迎来了重装步兵化的进程。

罗马及其拉丁盟友对重装步兵的引入，同样是源自伊特鲁斯坎人，正如狄奥多鲁斯所说："罗马人从伊特鲁斯坎人处习得了密集阵的做法，后者习惯于紧密排列成方阵作战。"重装步兵改革与塞尔维乌斯的社会改革密不可分，总体上说他们的装备和希腊重装步兵毫无区别。第一阶级的重装步兵完全是希腊式的，大型、凸面、金属包覆的圆盾（Aspis 或 Hoplon），金属胸甲、胫甲、长矛和头盔，是必须负担的装备。但余下阶级的装备则显得更具意大利特色，第二阶级的重装步兵无力装备胸甲，同时将大圆盾换成了较小的方形盾牌。第三阶级则进一步省略了胫甲。到第四阶级，他们几乎完全轻装，只装备了一支长矛和一支标枪，或许不配盾。最后的第五阶级，则只能充当业余的投石手了。重装步兵们也广泛地穿着短上衣和斗篷，相比希腊的重装步兵，意大利半岛的希腊式重装步兵有着更华丽的羽饰，这一习惯或许也出现在罗马的重装步兵军队里。

共和国中后期的军团

李维时期的军团装备情况至今还是一个谜，李维本人明确描述的，仅仅是候补兵和新兵的装备，这些劣质部队和早先的第四阶级步兵一样，几乎不披甲，以长矛和标枪作为装备。有的史学家认为，新兵是后来轻步兵的前身，而候补兵完全是非战斗人员，这一说法在理论上可能，却无法得到验证。

原有长矛（Hastae）的使用范围仍旧无法确定，除了后备兵明确使用长矛直至马略时期为之，青年兵和成年兵的长矛何时弃用，仍无法具体确定。而重投枪的引入，则明确以青年兵为先，成年兵其次。青年兵（Hastati）的名称是枪兵之意，这可能代表他们以标枪打破对手阵形，以长矛肉搏。1.35米长的重投枪在其枪柄和枪头间的连接部分，会在击中目标后弯曲，这使得对手很难将其从盾牌上拔下，从而达成以标枪逼迫对手弃盾的目的。

罗马长盾则明显以萨莫奈盾为原型，后者是一种小型的方盾，上宽下窄，罗马在引入后明显扩大了其尺寸。木制长盾的尺寸根据波利比乌斯的描述，达到了约1.4米高，0.75米宽，并在表面有金属加强钉和加强筋。盾牌背面书写有士兵的姓名和所属单位。

萨莫奈士兵普遍装备的胸甲板（Spongia）也是西地中海流行的形制。这种相对廉价和小型的胸甲呈三角形，在胸部有两个原型的金属甲片加强。这样的小型胸甲在罗马及其敌人的军队中被广泛装备，青年兵或许就会很普遍地使用到这种铠甲。

李维时期的成年兵和后备兵，由于其更好的经济状况，能够普遍地装备优质的肌肉型金属胸甲。到波利比乌斯的时期，他们则换装了新型的锁子甲，并在里面穿着皮制的短上衣。不过同一时期的各同盟军团，则依旧保持较轻型的装备，旧式的小型胸甲板使用很普遍。老式的肌肉型胸甲并没有被完全淘汰，并留下了不少实物，但已经不作为标

◎ 长盾。

◎ 一顶不包含护颊的蒙特弗蒂诺式头盔。

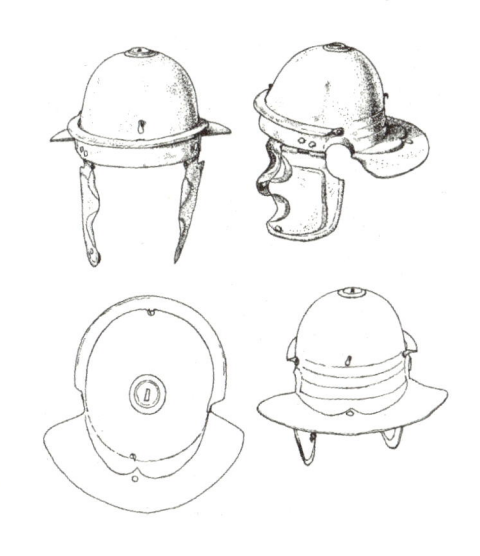

◎ 公元1世纪中期的帝国意大利C型头盔。

准的装备而流行了。而在胸甲之上的护肩部分,是希腊式的亚麻护肩甲和凯尔特式的肩甲,直至公元1世纪为止都广泛使用。

和萨莫奈人一样,罗马军团士兵只穿有单侧的胫甲,作为侧身对敌时左腿的保护,而到公元前2世纪初期,胫甲在罗马军队中已经被完全抛弃了。

帝国军团时代的装备变化

在帝国早期的军团装备变革中,最主要的变化出现在胸甲和头盔方面。著名的库鲁斯G型盔和环片式金属胸甲(Lorica Segmentata),都要到公元1世纪才出现。

在提比略(Tiberius)统治期间,环片甲正式出现,这与著名的条顿堡森林惨败不无关系,3个军团的成建制覆灭使得装备补充的需求一时大增,而老式的锁子甲在建造工时上耗费巨大。而在甲片现成的情况下,一副环片甲的组装只需要不到60工时。

环片甲的优势不仅在于方便保存和制造迅速,较轻的重量使它很受士兵欢迎。作为牺牲,环片甲的防御范围比起锁甲有所减少,而且由于古代的标准化限制,当一副环片甲的某些甲片损坏需要更换时,出自不同工匠的更换部件很难做到严丝合缝,这使得环片甲的修理无法像看上去那样沾到"模块化"的光。

头盔方面,公元前1世纪中期仍在大规模使用的蒙特弗蒂诺式头盔,逐渐被来自高卢的库鲁斯式(Coolus)头盔取代。在公元1世纪中期,强化护颈的库鲁斯G型或者叫高卢G型盔大量装备,有着相对尖顶的蒙特弗蒂诺式,更接近圆顶,并带有双重的护额。铁质的库鲁斯G型和一种与之类似的帝国意大利C型铜制头盔构成了军团头盔的主要类型。总的来说,这些头盔品质优良,但制作难度极大,公元1世纪中期的一座国家兵工厂据称月产量不过6顶头盔!公元1世纪同样出现了专门的辅助步

| 帝国强军：欧洲八大古战精锐

◎ 复原的帝国时期辅助部队头盔。　　◎ 帝国时期的骑兵头盔。

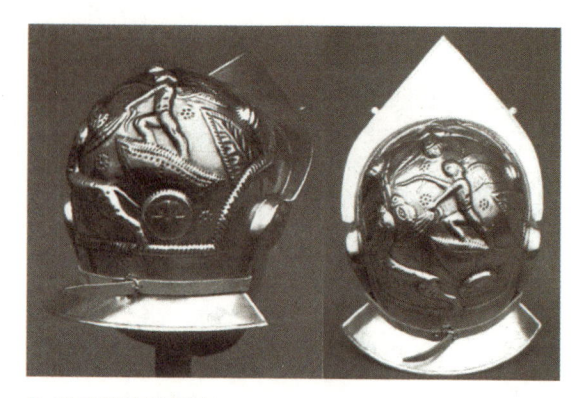

兵头盔和骑兵头盔，前者在军团步兵头盔的基础上简化而成，后者则提高了护额的高度，增加骑手的视野范围。

在武器方面，斯帕达（Spatha）长剑的出现或许是最重要的变化了，这种长剑兼具高卢长剑和西班牙短剑的特点，首先由来自高卢和日耳曼的辅助部队广泛使用。随后，斯帕达剑也逐渐被帝国的骑兵部队，以及所有帝国军团选为标准武器，并直至帝国覆亡。

罗马骑兵的装备类型沿用了共和国时期的标准，椭圆形或六角形的长盾，连同剑和若干2米以下的短矛成为标配。

随着罗马帝国军事体系的逐渐瓦解，帝国巅峰期的装备体系一并遭到破坏，环片甲大致在公元3世纪就不再使用，铜制为主的鳞甲和锁子甲再度成为主流。著名的罗马方形长盾被逐步废弃，椭圆的平面大盾和较细长的长方形平面盾开始使用，

◎ 公元2世纪末的斯帕达长剑复原。斯帕达剑对后世的欧洲剑产生了深远的影响。

材质也从压合的多层木板改成廉价的单层木板。军团士兵的头盔护颊、护颈均遭到简化，成为廉价而易于生产的类型。

而经典的重投枪，被称为"飞镖"（Spiculum）的轻型标枪取而代之，它具有相似的穿透能力和较轻的重量，也更易于用来直接刺击目标。军团中越来越大的长枪兵比例，使得更长的长矛也成为标配，这一武器不具备投掷功能，主要用于结阵对抗骑兵威胁。

实战运用

重装步兵时代及更早时期

这一时期的罗马军队，其最主要的对手是伊特鲁斯坎人的城市联盟。遗憾的是对于这一时期的战争，我们所知甚少，其中并没有太多能够用以分析的细节。战争的大概面貌易于想象，迟钝的重装步兵军队之间，难以进行短促有效的军事行动，但两个交战方执拗的敌意，却让这场战争能够长时间地进行下去。从掠夺乡间的行为，到漫长的围攻城市，罗马人以这种方式逐渐地消耗伊特鲁斯坎联盟的整体实力。

王政时期的罗马 - 伊特鲁斯坎战争，尚未发展到生死存亡层次的斗争，罗马人从南部的伊特鲁斯坎城市比如维爱等地，获得了不少土地。当罗马人驱逐国王并成为共和国后，战争的规模随之扩大。曾经在意大利中、北部称雄的伊特鲁斯坎人，在南方的罗马、北方的高卢人的连续压力下，逐渐变得弱小。大约公元前400年左右，波河河谷的伊特鲁斯坎城市在高卢人的入侵下被一个个清除，其中费尔斯纳（Felsina，后来的博洛尼亚）坚持到了大约公元前350年前后；而在南方，罗马共和国顽强而执拗地坚持着战争，维爱城的摧毁（公元前396年）是罗马人第一次决定性的胜利，这也代表了罗马及其在拉丁姆地区权势和独立地位的确定。此后，罗马共和国逐渐走上了扩张之路。

共和国时期的军团

李维时期罗马军团的主要运用，是公元前4世纪中期的三次萨莫奈战争。作为罗马历史上最早、也是最顽强的敌人之一，萨莫奈人或许是罗马军队最痛恨的死敌了，这样的态度也可以从罗马史学家们对萨莫奈历史的种种处理上有所体会。在早期共和国军团与萨莫奈军队的交战中，最大的困难在于如何应付复杂的地形。执政官并非专业军人，罗马军队本身缺乏足够高素质的骑兵和轻型步兵提供侦查，而萨莫奈军队所擅长的游击和伏击作战，则切中了军团的命门，过于倚重重步兵的罗马人多次陷入困境。

其中最著名的例子莫过于考狄昂山峡战役（Caudine Forks，公元前321年，第二次萨莫奈战争期间），罗马执政官提图斯·维图利乌斯·科韦纽斯（Titus Veturius Calvinus）和斯普里乌斯·波斯图缪斯（Spurius Postumius）带领他们的混合军队进入萨莫奈西部的考狄昂地区。李维说这只是在前去阿普利阿的行军途中，不过也有可能是罗马人针对土著考狄尼人的军事行动。在考狄昂地区首府，考狄乌姆城附近，有一条叫作考狄昂山峡的狭隘通路。总体地形是两条林木覆盖的隘路间有一小片平原，尽管中间稍稍平缓，但仍然被陡峭的山体所阻隔开。萨莫奈军队的指挥官盖维乌斯·庞提乌斯（Gavius Pontius）把部队隐藏在中间的平原森林中，并且以巨石等障碍堵塞了隘路。

当罗马军队在隘路中前进时却发现他们的路径被堵塞了，他们只得在混乱中掉头原路返回，此时才发现入口也刚被堵住。他们陷入慌乱，不知所措，只得在一处水源附近扎营待机。接下来几天内他们几度试图突围，都告失败，最终由于补给告罄选择向萨莫奈人投降。所有俘虏都经历了知名的"轭门之辱"。

但在正面交战中，罗马军队却对萨莫奈人获得了一些优势。萨莫奈人的军队主体是中型的步兵，尽管他们的铠甲和盾牌同样品质优越，但为了追求山地的机动性，却选用了较小的尺寸，当在平原正面作战时，这使得罗马人成为更重装的一方。萨莫奈人以步兵大队作为基本的战术单位，重视冲锋前投掷标枪的战术，这些都成为

未来军团学习的做法。但另一方面，战术组织出色的萨莫奈军队在预备队战术上却没有太多的发展，每个萨莫奈的战术单位，可能采用接近纵队形式的大纵深队形，却缺乏辅助战线和预备队的保护。这一方面给予了他们较高的战术机动性，并且让他们的冲击能力非常出众，却严重影响了战斗的持久性，和对抗骑兵侧翼攻击的应对能力。

罗马人对萨莫奈人的评价证实了这种战术上的特质，他们认为萨莫奈人在战斗最开始的冲击是极难抵挡的，显然这要归功于大量的标枪投掷，和纵队队形的全力冲锋。但一旦进入长时间战斗，罗马三线阵就能够更好地应付战况，另外萨莫奈军队较弱的骑兵，使得罗马及其坎帕尼亚盟友的优势骑兵，能够轻松地攻击脆弱的各萨莫奈纵队侧翼。可以说，这一时期罗马军队最大的亮点，在于较早地（相对于地中海世界其他步兵体系）强调其预备队战术的运用。

对于罗马军团中的预备队表现，不得不提公元前340年的苏伊萨（Suessa）会战，这场战争在第一次萨莫奈战争后发生。萨莫奈和罗马以和约结束了第一次战争，划分了意大利中部的势力范围，却因此招致了一些中小政治势力，包括罗马所倚重的拉丁同盟在内的不满，后者结盟对抗罗马—萨莫奈联盟。苏伊萨会战中，4个罗马军团（由于拉丁同盟的叛乱，并没有同等数目同盟军团的配合）和人数相近的萨莫奈军队一起，对抗罗马化战术和武装的拉丁同盟军队。

两军的战术、装备和兵员素质十分接近，使得苏伊萨会战十分激烈而漫长。双方的重步兵队伍进行了一段漫长而不分胜负的交战，最后，首先败退的是罗马方的第一排青年兵。罗马执政官普布利乌斯·德西乌斯·穆斯（Publius Decius Mus）带领第二线的成年兵加入战斗，结果在与拉丁同盟成年兵的交战中再次战败，本人被杀。另一名执政官提图斯·曼利乌斯·托奎图斯（Titus Manlius Torquatus）此时以新兵（Roraii）和候补兵（Accensi）组成劣质的第三战线，却将精锐的后备兵组成额外的第四战线保留实力。同样耗尽了前两线兵力的拉丁同盟，相信罗马军队已经山穷水尽了，于是他们投入了自己的后备兵发动决定性的进攻。

第三线的接触中，拉丁同盟的后备兵以摧枯拉朽之势摧毁了罗马的对手，但也因此耗尽了自身并不出众的体力（这些较老的兵员在作战技巧上比较擅长，但因年龄因素体力较差）。这时，曼利乌斯再投入埋伏已久的后备兵，发动决定性的反突击，这个行动反而将拉丁同盟精疲力竭的三线部队击溃，罗马人艰难地获得了胜利。

以较为出色的预备队运用和轮换体系为基础，得到了萨莫奈军队的不少成功经验后，罗马军队在公元前4世纪至公元前3世纪平稳发展，并在第二次布匿战争期间迎来一个飞速发展期。汉尼拔神乎其神的用兵，以及迦太基军队在骑兵上的明显优势，将萨莫奈战争期间罗马军队侦察差劲、易受伏击的缺点展现得淋漓尽致，更造成了罗马军队在特雷比亚河与特拉西梅诺湖的惨败。

而大西庇阿等一批罗马指挥官的迅速崛起，则为军团战术的改良提供了坚实的基础。在原来的三线阵、预备队战术和步兵中队体系基础上，大西庇阿在公元前206年的伊利帕会战（Battle of Ilipa）中的指挥艺术尤其值得称道，甚至可以被视为第二次布匿战争中步兵运用的顶峰水平。

吉斯戈之子哈斯德鲁巴在伊比利亚西部招募新兵，拼凑了一支有5-7万名步兵、4500名骑兵和32头战象的军队，向东进发寻求和西庇阿会战。在伊利帕附近，西庇阿带领4.5万名步兵和3000名骑兵等待着，这包括了一部分当地的西班牙盟友。两支军队的宿营地接近，前哨游击战斗持续了数天。每天早上，哈斯德鲁巴都把自己的北非步兵部署在中央，西班牙人部署在两翼，战象位于战线前方；西庇阿也每天把罗马人排列在中央，把西班牙盟军安排在两翼。每天两人这样列阵，然后谁也不进军，日落时就返回营寨。当这种行为成为习惯后，大西庇阿悄悄开始改变他的部署。

一天早上，西庇阿让全部人饱餐一顿并在日出前就全副武装，然后让轻步兵和骑兵突袭迦太基营地，主力同时出营排列，但是西班牙人换到中央，而把罗马人放在两翼。哈斯德鲁巴没来得及让部队吃早饭就开始按往常习惯列阵，双方的轻步兵开始前哨战。西庇阿一直等待到中午，当饥饿开始让迦太基军队困扰时，他突然停止游击作战，全军开始前进。

侧翼的罗马人快速前进，所有的步兵百人队和骑兵中队都未按"棋盘式"部署，而是交错了一下成为纵队，然后直接冲向对方的战线。在这里我们可以看到，三线的各一个步兵中队组成一个整体的大纵队，这或许代表此前诞生不久的军团步兵大队制度，已经成为罗马步兵战术的一个常态。当接触后，单个步兵大队的纵队迅速展开成为横队，骑兵和轻步兵立即从纵队中绕到侧面迂回对方侧翼。哈斯德鲁巴来不及作出反应，他的战象首先遭到轻步兵的射击而发狂，遭到践踏的西班牙人随之陷入了崩溃。中央的北非步兵只是在暴雨的掩护下才躲过被围的噩运。

伊利帕会战险些成为一次坎尼式的、以少围多的经典战例，大西庇阿的客观条件甚至不如在坎尼的汉尼拔，他的骑兵实力占不到优势。罗马军队出色的侧翼行动是以高效的步兵行动为基础的。伊利帕会战中步兵大队的组织革新，连同对步兵中队的高效指挥，成为波利比乌斯时期罗马军团的精华所在。这样的发展成果，将会

在与古典时期另一大步兵劲旅——马其顿方阵的交战中，得到考验和证明。

公元前199年8月底的班尼萨（Banitza）隘口之战，是第二次马其顿战争初期的一次小规模战斗，这次战斗相当明确地展示了罗马军团相对于马其顿方阵的地形适应性优势。准备利用北部路径进入马其顿本土的罗马军团，在马其顿国王腓力五世有效的坚壁清野战术面前几乎陷入了绝境。苏尔比西乌斯（Sulpicius）带领的罗马军队在缺乏补给的情况下，试图强行突破这一隘口。在被森林覆盖的破碎地形上，腓力五世完全无法部署他的方阵主力，只得以有限的克里特轻盾兵防守战线。结果在数量和装备上均占优势的军团，轻松地逐退了克里特人，腓力五世被迫放弃了这一险要。尽管战役本身不是决定性的，苏尔比西乌斯也无力从班尼萨直接进入马其顿本土（他的军力仅与腓力五世相当，在长时间的补给缺乏后，他的部队士气受损严重），

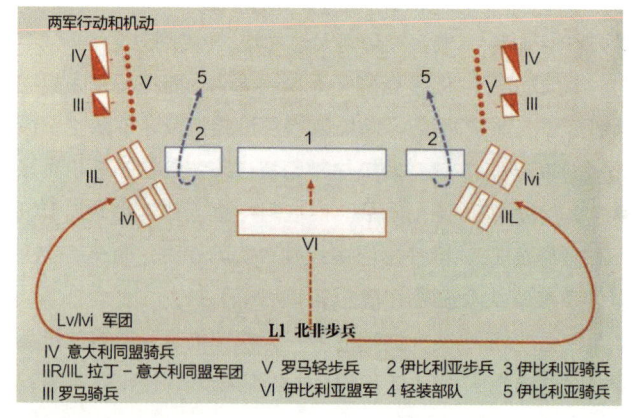

◎ 大西庇阿在伊利帕会战中的机动。

第二章 帝国坚盾：罗马军团

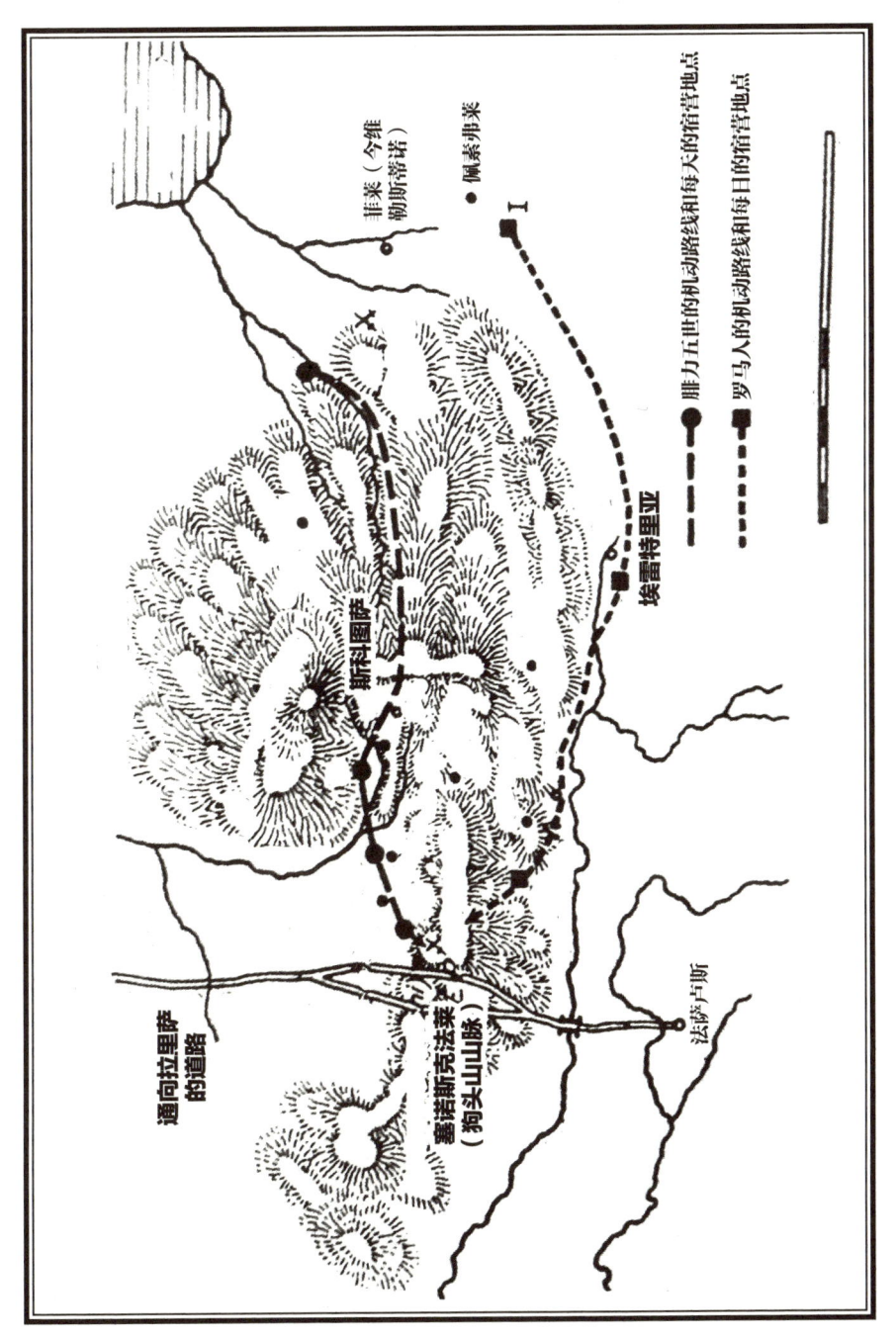

◎ 狗头山会战的双方机动。

War History · 57

但这次行动却使得腓力五世大半年的成功防御功亏一篑。

公元前197年6月,著名的狗头山会战(Battle of Cynoscephalae)则是军团对方阵最经典的战例之一。在这场由前哨战引发的会战中,在复杂的地形条件下,两位出色的战术指挥官使尽浑身解数,最终罗马军团艰难而漂亮地赢下了战役和整个第二次马其顿战争。赢得会战的关键点,就在于罗马军团灵活的指挥体系,和步兵中队相比马其顿方阵天然的战术机动性优势,这也是罗马军团战术的一大精髓所在。

在上半年的和平斡旋完全失败后,马其顿王国的战略形势已经岌岌可危。新的罗马执政官弗拉米尼乌斯(Flaminius)在上一年的6月赢得了阿乌斯河谷之战(Battle of Aous),成功从南部路径突破色萨利。腓力五世在失去地利的同时,也失去了依靠游击战耗尽罗马军队补给的希望。进入色萨利的弗拉米尼乌斯一边与马其顿军队周旋,一边设法让几乎全部希腊城市加入反马其顿的阵营。因此,面临财政衰竭的腓力五世,唯一的选择就是在战场上决定性地摧毁弗拉米尼乌斯的军队了。

分处色萨利的狗头山山脉南北两线,罗马军队(2个军团、2个同盟军团,加上希腊盟军,总计2.6万人)和马其顿军队(2.35万名步兵和2000名骑兵)都以山脉和大雾天气隐藏自己的行踪,同时向西行军。在连续三天失去对方的踪迹后,两位指挥官在第四天都试图以轻装部队占领行军方向侧翼的制高点,这就导致了两军之间的前哨战。

10个罗马骑兵中队和1000名轻装步兵在向北攀登的同时,意外遭遇了向南登山的马其顿前哨,两军立即大打出手。在双方的步骑兵结束第一轮互相冲击后,马其顿人占据了上风,并将罗马人赶下了山脊。两军的前哨立即各自向主力求援,优势的马其顿部队从棱线继续追击退却的罗马先头部队。

得知战况的弗拉米尼乌斯做出了反应,由两位埃托利亚军官和两位罗马军事护民官带领,500名骑兵和2000名步兵首先赶到增援。在他们的反击下,数量占据优势的罗马人重获上风,并逐渐将战线向棱线推进。而腓力五世也进行了增援,他将剩

◎ 共和国晚期和屋大维统治期间的军团形象。1为共和国晚期的军团士兵,2、3为奥古斯都时代晚期至提比略时期的军团士兵。

下的骑兵和除色雷斯人以外的所有雇佣军步兵由三位军官带领投入战场。马其顿和色萨利骑兵发动了猛烈的冲锋，结果除了埃托利亚骑兵设法稳住了战线外，其他的联军单位全线溃败，马其顿军队基本控制住了棱线。

在前哨战规模扩大的同时，腓力五世和弗拉米尼乌斯都决心进行会战。弗拉米尼乌斯希望利用有利于罗马军团的山地地形，摧毁马其顿活跃的野战主力，从而结束战争；而腓力五世虽然不愿在这种地形下部署方阵，但前哨战的优势让他决心利用居高临下的优势，迅速以主力进攻。双方现在各自将重步兵主力从营地带出，以纵队行军走向战场。在全速前进的同时，忙于从纵队展开为横队。

两军主力的行动都首先从右翼展开，弗拉米尼乌斯带领一个罗马-同盟联合军团在右翼展开，向狗头山南坡的马其顿雇佣军发动冲击，这次进攻获得了一些非洲战象的支持，雇佣军被迅速地击退了。而在他的左翼，另一个联合军团仍未来得及展开队形，当面的腓力五世已经将他的一半方阵和精锐的轻盾团部署完成。在将方阵的纵深加深了一倍，减少宽度为左翼友军腾出布阵空间，并增强右翼冲击力后，腓力带领32排纵深的加厚方阵从棱线上一拥而下。尚在苦苦攀登的左翼军团未能承受住这个冲击，立即溃不成军并无法重组。

在失去左翼后，弗拉米尼乌斯针锋相对，他发现当面的马其顿左翼方阵尚未完成自己的布阵就失去了雇佣军的掩护，便以战象为先导，冲击了部署在棱线上的马其顿左翼。马其顿方阵的队形被战象冲垮，随之被各军团步兵中队大肆屠杀，这部分的马其顿方阵同样溃散，并逃出了战场。

现在战场形势显得十分简洁了，两军各自以较强的右翼发动进攻，并摧毁了敌军的左翼。现在腓力的右翼向南、弗拉米尼乌斯的右翼向北，两军在战场的两侧平行、反向进军，谁能够先转头攻击对方的侧面，谁就能获得胜利。就在这时，一位不知名的军事护民官决定了战争的结果，他准确地判断了战场的形势，在弗拉米尼乌斯来得及下令之前，他就带领自己周围的20个步兵中队私自转向左侧。猝不及防的马其顿右翼方阵遭遇了来自左后方的猛击，筋疲力尽、受到惊吓的方阵迅速崩溃，意识到部队无法重整，腓力五世放弃了会战，他收拢所有能够集中的部队，设法向北退出了战场。于是，依赖着中层指挥的相对高效和基层战术单位的灵活性，罗马人赢下了决定性的狗头山会战。

帝国时期的军团

以高素质的重步兵为核心，根据战场环境和对手的特点，灵活地搭配包括轻步兵、骑兵在内的各式辅助部队，用型号广泛的投射器械加强，这一共和国时期形成的体系基本沿用到了帝国时期。骑兵比重和地位的逐渐上升，也未能使之彻底取代重步兵的地位，后期的罗马军队基本以骑兵和步兵并重。大抵来说，罗马军队尽管在装备和训练上不断下滑，但在正面战场上仍是一支有效的作战力量，在外族入侵的浪潮中，他们大多时候能够应付各种威胁。也由于这个原因，他们为数不多的、纯粹的军事失败更显得为人所熟知，罗马帝国后期最知名的军事失败，或许就是阿德里安堡会战了。

公元378年8月9日早晨6点，瓦伦斯皇帝和麾下的东罗马军队最后一次开拔。军队离开阿德里安堡后向北行军，行军持续了大约8个小时。在烈日炎炎的午后，瓦伦斯和身后的罗马军队终于来到了西哥特军队的车阵营地前。总数达到约3万人的西哥特军队中，几乎全部骑兵都随着其指挥官阿拉特亚斯（Alathues）、沙弗拉克斯（Saphrax）远离营地，坐镇营地的主将菲列德根（Fritigern）急忙召唤骑兵返还，同时组织步兵防御营地。

大约下午14:00至14:30时，东罗马军队开始了布阵。位于行军纵队前方的罗马骑兵，此时展开横队组成了掩护幕，他们在步兵左翼掩护着主力布阵，后者按照习惯组成前后两列，其中前列大部分是辅助军团，后列则以正规军团为主（尽管这两者的装备和素质并没有太多区别）。落在行军序列后头的另一半骑兵，正匆匆忙忙地离开道路，赶上来在原有骑兵的左侧布阵。这支军队包括了东罗马帝国直属的两支直卫军（Praesentalis）和皇帝御前的警卫骑兵（Scholae）各一部，总数可能在1.5万人至2万人之间，其中大约三分之一是骑兵。现在局势如下：战场的右翼是东罗马在前后两线部署的步兵，他们的右侧有少数骑兵支持。而大部分骑兵则在步兵左面展开，依到达先后分为了左右两部。

为了争取骑兵返还的时间，菲列德根提出合谈的要求，于是信使在两军间往来，双方要求派出人质并为人质的具体人选扯皮，结果就在瓦伦斯处理合谈时，战斗突然拉开了帷幕。左侧骑兵右翼中的一群骑弓手突然涌出了战线，并在车阵前方开始射击，这些部队中至少有一部分是来自警卫骑兵下属的禁卫具装骑射手队（Scutarii Sagittarii）。

按道理来说，这些骑射手应当如往常一样，以一击脱离的战术骚扰敌军，并充当大军的耳目，但不知为何，警卫骑射手队和同僚们陷入了肉搏战。格鲁森尼人（Greuthungi）和阿兰人的骑射手遭到了东

◎ 公元3世纪中后期的军团士兵。帝国末期的军团士兵，其装备和战法与其蛮族对手越来越相似，军团本身已成为由蛮族组成的军队。

罗马骑射手的攻击,或许作为一支精锐单位,警卫骑射手队认为自己具装化的装备足以在近战中取得优势。但随着战斗的进行,越来越多附近的西哥特部队卷入了战斗,罗马骑射手们发现局势失控了。

就当东罗马骑射手们狼狈不堪地脱离重组时,更糟糕的事情发生了,阿拉特亚斯和沙弗拉克斯的骑兵主力,在一部分阿兰骑射手的伴随下到达了战场,他们猛烈地冲锋,一路追杀慌乱的东罗马骑兵。后退的骑兵们一头撞进了本方的战线,西哥特人顺势追来,将东罗马的骑兵右翼击败,并开始了肆无忌惮的追杀。

败退的东罗马骑兵试图获取自己主力的支持,匆忙间列阵的左翼骑兵随之发动反击,他们一度遏止了西哥特骑兵的进攻,并反而将后者赶回了车阵处。但是仅仅这样并不够,相当多的罗马骑兵和败退的禁卫骑射手队一起彻底溃散而逃出了战场。仍在反冲击的罗马骑兵,以及步兵战线上靠左端的单位一起冲向了车阵,却被菲列德根的步兵主力迎击。

结果,轮到罗马左翼的步骑混合部队寡不敌众了,他们被西哥特的步兵和骑兵击败,然后陷入了全面的混乱和溃散。仅剩还有战斗意志的东罗马骑兵绝望地试图维持战线,但阿兰人和西哥特人的骑兵还是一举冲破了阻碍,来到了罗马步兵战线(余下的中央和右翼)暴露的左侧缺口。

现在,余下的东罗马步兵退无可退了,体力枯竭、忍饥挨饿的他们正在陷入正面的步兵交战里。蛮族化成分严重的东罗马军队和敌人一样在冲锋前发出战吼(War Cry),然后以如雨的标枪为前奏,冲向西哥特步兵。激烈的战斗中,东罗马士兵逐渐被数量上占优的敌人所压倒,他们的长矛大多在战斗中折断,继而挥舞着长剑拼死战斗。而在他们的周围,敌军骑兵的侧后攻势如一阵阴云一般席卷而来,这使得士兵陷入了困惑,随后是战斗意志的丧失。

在大部分步兵单位陷入崩溃的同时,步兵战线上仍有少数单位坚持作战,第一只禁卫军下属的两个宫廷禁卫军团,"禁卫长枪兵团"(Lanciarii Palatini)和"禁卫钉锤兵团"(Matiarii Palatini)的千余残兵在继续战斗。瓦伦斯从这里逃亡,出去避难的同时,试图召唤战线后的预备队来援,却没有得到回应。这两个军团遭到包围,并且战斗到了最后一人。瓦伦斯皇帝身中一箭,在残余士兵的拼死护卫下逃到了附近的一座屋子,西哥特士兵围困了那里,并将所有人烧死在其中。

阿德里安堡会战以东罗马军队的毁灭而告终,这支军队损失了大约三分之二的实力。仅从直接后果而言,阿德里安堡会战并不是决定性的:会战原本就毫无必要,西罗马帝国的援军正在路上,瓦伦斯原本应该等援军到达再开战端。之后,东罗马帝国设法重建了军队,并依托城市继续进行了4年的战争,最终双方签订了和约,整支西哥特人军队被获准在帝国境内定居,并承担军事义务。

过时的观点认为这一战是重骑兵占据绝对优势地位的革命性一战,但20世纪的研究成果就已经证明,西哥特投入此战的骑兵实力尚不如它的对手,这是一场典型的步兵胜利。就东罗马军队而言，这个战例的意义，不过是展现公元4世纪罗马军团的面貌，以及军团指挥官们战术上的无奈：两线部署的军团，未能利用后备战线的预备队做出任何针对性部署，这是由于他们正面巨大的压力所致，罗马军队对"蛮族"拥有步兵素质绝对优势的时代，早已一去不返了。

第三章
维京传奇
中世纪诺曼骑士

作者 / gwb

无物可阻挡（诺曼）拉丁骑士之冲锋，巴比伦城墙亦会被其凿破。

——拜占庭公主安娜·科穆宁

西罗马帝国轰然倒地之后，相当长一段时间里，欧洲大陆特别是西欧都没有什么值得一提的武装力量。但"维京时期"（公元8世纪到11世纪间，维京人对欧洲沿海地区和英国诸岛开始了持续侵扰，其足迹遍及从欧洲大陆至北极的广阔疆域，欧洲这一时期被称为"维京时期"）之后，一群法兰克化的维京人（诺曼人）延续了祖先的足迹继续向外征服。他们青出于蓝而胜于蓝，成为欧洲中世纪早期的一个重要力量。

诺曼人仍保留了其海盗祖先维京人的许多特质：极度不安的鲁莽气质、近乎愚勇的好战精神，以及与无耻不忠俱来的诡计多端，但他们通过改信基督教、改用法语，以及学习法兰克式骑兵战术，从而成了当时欧洲首屈一指的武装力量——诺曼骑士。

◎ 维京骑兵。

诺曼骑士在随后扩张至欧洲其他地区的行动中，创下惊人冒险作战的纪录，常常仅以一小撮人征服数倍的敌人。无与伦比的快速越野渡海能力、野蛮暴力的战斗方式，以及对金钱使用的特殊观念是诺曼骑士的显著特质。

诺曼人的历史

事实上，诺曼人的先祖维京人，意为"来自峡湾的人"，泛指生活于公元800年至1066年之间所有的斯堪的纳维亚人。他们从事广泛的海外贸易和殖民扩张。他们既是开拓者又是侵略者，既是伟大的探险家又是无恶不作的强盗，既是勤劳的商人又是冷酷的征服者。由于北欧本土资源紧张，人口、土地等生存压力很大，各个小国之间为了抢夺资源而征战不休。当地人为了生存和发展，也渴望穿越大海进行探险，与外国进行贸易，寻找新的居住地，这就形成了他们天生的冒险天性和探索精神。

维京人作为殖民者，在向冰岛移民的途中还向奥克尼群岛、设得兰群岛、法罗群岛等地移民。冰岛人还相继在格陵兰岛上建立了两个移民区。据传说和考古发掘，维京人到达过北美洲海岸，并在纽芬兰岛上短暂停留过。

维京人对东欧历史即俄罗斯的历史进程也有很大影响。维京人曾经控制着波罗的海沿岸，并沿着河流深入东欧，前往拜占庭。大约在9世纪中叶，斯堪的纳维亚

第三章 维京传奇：中世纪诺曼骑士

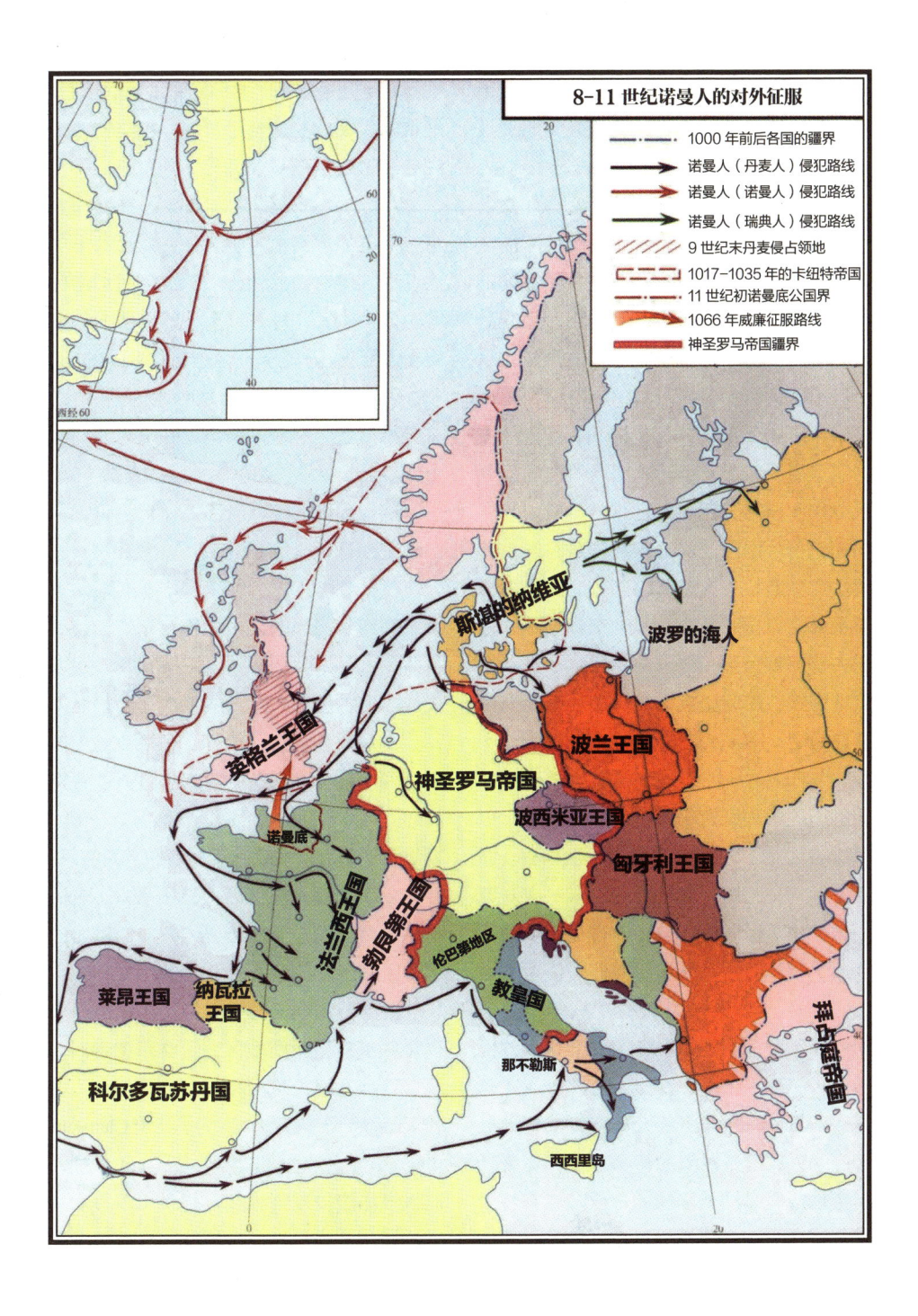

8-11世纪诺曼人的对外征服

- ───── 1000年前后各国的疆界
- ──▶ 诺曼人（丹麦人）侵犯路线
- ──▶ 诺曼人（诺曼人）侵犯路线
- ──▶ 诺曼人（瑞典人）侵犯路线
- ////// 9世纪末丹麦侵占领地
- ⌐ ⌐ 1017-1035年的卡纽特帝国
- ─·─ 11世纪初诺曼底公国界
- ⇒ 1066年威廉征服路线
- ───── 神圣罗马帝国疆界

斯堪的纳维亚
波罗的海人
英格兰王国
波兰王国
神圣罗马帝国
波西米亚王国
诺曼底
匈牙利王国
法兰西王国
勃艮第王国
伦巴第地区
莱昂王国
纳瓦拉王国
教皇国
拜占庭帝国
科尔多瓦苏丹国
那不勒斯
西西里岛

War History · 65

半岛的维京人来到罗斯。他们被称作瓦良格人,也被称作罗斯人,罗斯的名称就是根据他们而来的。这些瓦良格人有的来经商,有的被招募为雇佣军,保卫城市和商路,以对付佩切涅格人的侵袭。但这些外来人很快就去掉了通商伙伴或雇佣军的职能,而变成了统治者。9、10世纪在罗斯地区出现了一系列瓦良格公国:诺夫哥罗德的留立克公国、白湖的西纽斯公国、伊兹波尔斯克的特鲁沃尔公国、基辅的阿斯科里德公国。到10世纪初,瓦良格武装商人还占据了黑海沿岸,以至于黑海当时被阿拉伯人称作罗斯海,因为只有这些罗斯人才在黑海航行。据《往年纪事》记载,维京人留里克受斯拉夫人邀请来到东欧的诺夫哥罗德解决斯拉夫人内乱,他率领亲兵队在诺夫哥罗德登上王公宝座,建立了第一个罗斯王国,即留里克王朝。之后王朝首都迁往基辅,开始了基辅罗斯公国时期。

维京人对于西欧尤其是英格兰和法兰西的历史进程则有更深远的影响。最早见于历史记载中的维京海盗是《盎格鲁－撒克逊编年史》里写到公元789年一次对英国的袭击,当时他们被当地官员误认为是商人,这些海盗杀死了要向他们征税的官员。第二次记录是在公元793年。以后的两百年间,不列颠群岛饱受维京人的侵袭。维京人还控制了大片英格兰的土地(丹麦法区)。阿尔弗雷德大帝曾经成功地抵御维京人,但是丹麦的斯韦恩王和克努特大帝也曾拥有过英格兰的王位。克努特大帝甚至建立起了包括今丹麦、挪威、英格兰、苏格兰大部和瑞典南部的大帝国。他的帝国也被称为"北海帝国",是历史上唯一一个几乎统一了北海沿岸地区的帝王。维京时代在此时达到了顶峰。克努特大帝死后,北海帝国分崩离析。

797年,丹麦维京人首次入侵查理大帝统治下的加洛林帝国,并在以后数十年内多次入侵帝国的领土。不过当时加洛林帝国如日中天,丹麦维京人的入侵大都被查理大帝及其子路易一世击退。不过在834年,丹麦维京人还是成功大举入侵,抢劫了金融商业中心多雷斯港,并溯易北河北上,沿途的鲁昂、图尔等地陆续遭劫。840年,查理大帝的继承者路易一世去世,加洛林王朝开始衰落和分裂,这为维京人的入侵提供了契机。9世纪后期,他们对法国北部和西部沿岸的袭击规模日渐扩大且次数渐多。885年,维京人对巴黎的围攻虽以失败告终,但是维京人成功地在法国北部建立一系列定居点。911年,法兰克国王傻瓜查理三世与维京首领罗洛签订《埃普特河畔圣克莱尔条约》,割让塞纳河口一带。罗洛和他的维京人以及其后裔们学习法语,并接受了法国人的生活习惯和宗教。这批维京人就成为最早的诺曼人,他们所居住的地区就称为诺曼底。

罗洛所管理的塞纳河谷现在被称为上诺曼底或东诺曼底地区,包含布雷勒河、厄普特河、阿夫尔河和迪沃河流域。《埃普特河畔圣克莱尔条约》(St.Clair-sur-Epte)让法兰克国王成为其名义上的领袖,而且罗洛皈依基督教并且提供军事援助。这片新领地也作为一种缓冲,来避免进一步的劫掠。罗洛很快就将领土扩张到下诺

第三章 维京传奇：中世纪诺曼骑士

曼底或西诺曼底地区。在924年，他获得了贝辛、赛斯和埃克斯姆等领地，而他的儿子也是他的继承人——长剑威廉，在933年获得了科唐坦和阿夫朗尚。维京人的定居地很快就得到了新的名称——诺曼底（意为"北方人的土地"），诺曼底公国就此建立。

公国所包含的范围大约是加洛林王朝的诺伊斯特里亚省，略小于古罗马帝国时代的第二阿奎塔尼行省。这个省份中首屈一指的大都市——鲁昂，成了新兴的诺曼底公国最重要的城市。在这片土地上，斯堪的纳维亚人是新定居者，高卢—罗马人是当地原居民，而原统治阶层是日耳曼系的法兰克人领主。在进入上诺曼底后不久，诺曼人就接受了法兰西文化，并说起了现在在学术上被称为古法语的语言，下诺曼底的斯堪的纳维亚文化也在缓慢消失。不过，两种文化的融合并不顺利，双方冲突频发。在这种状态导致了一次下诺曼底的大规模领主叛乱后，年轻的威廉一世公爵和法兰西国王亨利一世在1047年的瓦尔斯沙丘（Val-és-Dunes）战役中粉碎了叛乱。此后，威廉一世将公爵治所建立在西部的卡昂，以更紧密地监视他的领主们。

在瓦尔斯沙丘的胜利后，法国国王意识到诺曼底公爵已经过于强大而不好控制。因此，他同诺曼底南部的安茹人结盟。安茹一直是诺曼底在南边的竞争对手，而且双方对边界一直充满争议。在1054年和1057年，国王亨利一世同安茹的杰弗里伯爵一同进军诺曼底。结果，联军在莫蒂默和瓦拉维尔两次被打败，这使得威廉在与法王的斗争中进一步占据了优势。

诺曼底公国世系：

诺曼底伯爵（911-996年）

罗洛：911-927年

"长剑"威廉一世：927-942年

理查一世：942-997年

诺曼底公爵（996-1087年）

"好人"理查二世：996-1027年

理查三世：1027年

罗伯特一世：1027-1035年

"征服者"威廉：1035-1087年

诺曼底公爵威廉一世因其私生子的出身，而被他的敌人称之为"杂种"。1066年，威廉公爵率领一支由诺曼人、布列塔尼人、佛兰芒人和法国人组成的军队入侵英格兰。在黑斯廷斯战役中，威廉一世战胜了哈罗德国王的英国军队，成为英格兰国王。这就是著名的诺曼征服，他也因此得名为"征服者威廉"。

作为一个外来政权，威廉在初期遭到了英格兰人的坚强抵抗。威廉在残酷镇压了各地反抗的同时，也铲除了各地的地方势力，为他实行集权统治做好了准备。到了1071年，英格兰各地抵抗基本平息。威廉下令没收原英格兰贵族的地产，将其七分之一留给自己，其他的分封给随他来的诺曼贵族，并仿照诺曼底公国的制度改组了英格兰的中央行政机构和司法机构。同时威廉抵制罗马教皇的压力，顽强地保留了对英格兰各主教的任命权。英格兰就此形成了当时西欧国家中最为强大的王权。威廉对英格兰内政方面影响最大的举措是他临终前两年所完成的两件事。一是1086年的"索尔兹伯里盟誓"，威廉要求各级封建领主都必须向他本人行臣服礼，确立了"我的附庸的附庸还是我的附庸"的原则；另一个则是《土地赋税调查书》（或称《温彻斯特书》），为掌握全国的土地、财产和收入状况，为征收赋税提供依据，确保王室收入，他派人到全国各地清查。由于他派出的调查员个个如凶神恶煞，调查内容又极其细致，使被调查者如履薄冰，好像在接受上帝使者的末日审判一样，所以这一调查结果又被称为《末日审判书》。

1087年，威廉为了镇压长子罗伯特二世在诺曼底地区发动的反叛而返回法国。当年七月，他在芒特（Mantes）落马受伤，两个月后在鲁昂的圣格维斯（St. Gervais）修道院去世。死时他的第三个儿子威廉二世陪在他身旁。威廉一世去世后被埋葬在诺曼底卡昂的圣埃蒂安修道院（Abbaye de St. Etienne）。

威廉·鲁弗斯（威廉二世）在1087年继承了英格兰王位，而他的哥哥罗伯特继承了诺曼底公国。这使得在英吉利海峡两岸都裂土分茅的贵族进退维谷。因为年轻的威廉和罗伯特生性不合，使得贵族们担心他们不能同时取悦双方，因而很可能因为取悦一方领主而得罪另外一方（甚至得罪双方）。当时看来仅有的解决方案莫过于再一次统一英格兰和诺曼底。为了实现这一目标，贵族们在征服者威廉同父异母的兄弟，巴约的厄德（法语为Odon de Bayeux，巴约主教和英格兰肯特伯爵）的领导下，开始反对威廉并投向罗伯特。

叛乱于1088年爆发。威廉凭借手中的金钱和要建立更好政府的许诺获得了英格兰人民的支持，从而击退了叛乱。罗伯特此后再也没能踏上英格兰的土地。1090年，威廉二世进攻诺曼底，摧毁了罗伯特的抵抗并强迫罗伯特放弃了自己的一部分领地。之后，两人达成合议，威廉归还了罗伯特在法国的失地。

之后的威廉二世一直忙于制约和限制诺曼贵族权力，以及扩张领土。比如威廉二世先强迫苏格兰向他称臣，1092年又出兵攻占了苏格兰边界城镇卡莱尔和坎布里亚，在1093年11月13日的阿尔维克战斗中，还杀死了苏格兰国王马尔科姆和他的儿子，甚至掌控了苏格兰王位的继承；1095年，威廉二世击败并逮捕了不驯服的诺森比亚伯爵罗伯特·莫泊莱；1097年到1099年，他占领了法国缅因省的北部地区。

在威廉二世于1100年8月的一次狩猎中意外身亡之前，他还在准备攻占法国西南部的阿基坦地区。

之后，威廉二世的弟弟亨利由伦敦主教莫里斯（因为坎特伯雷大主教安塞姆被威廉二世放逐了）和约克大主教托马斯在当年于威斯敏斯特教堂加冕而登上了王位。为了统治的合法化，亨利在加冕时提出各种承诺，比如宣布自己将为饱经蹂躏的国家重新带回秩序，以及放弃威廉二世对教会和神职人员的压迫政策。也是在同年，31岁的亨利和苏格兰的马尔科姆三世的女儿玛蒂尔达结婚。玛蒂尔达是苏格兰国王马尔科姆和埃德加王子的姐姐玛格丽特之女，因此她在母系上具有古老的英国王室血统。

第三章 维京传奇：中世纪诺曼骑士

这场婚姻实现了王室血统的融合，英格兰人和诺曼人都为之欢欣鼓舞，诺曼征服后王室中又有了高贵的古英王血脉，反过来增加了亨利一世统治的合法性。

1101年初，亨利一世的政权已经稳固，但是许多盎格鲁-诺曼的贵族仍然支持诺曼底的罗伯特或两头下注。7月，罗伯特已经拥有一支军队和舰队，并准备入侵亨利一世的英格兰。于是亨利围攻罗伯特的亲信雷纳夫·弗朗巴尔的封地，并在坎特伯雷大主教安瑟姆的支持下，剥夺了弗朗巴尔的主教职位。接着为了应对入侵，亨利动员了军队和舰队在罗伯特可能的登陆地点巡逻。罗伯特则在7月20日突然率几百人在朴次茅斯登陆，很快许多英国贵族的加入就壮大了他的军队。然而，罗伯特没有及时进军温彻斯特而是停了下来，这给了亨利向西部进军和阻拦罗伯特入侵的时间。两军在奥尔顿相遇开始了和平谈判。兄弟二人随后签订了和约：罗伯特认可亨利为王，亨利放弃除了敦方特以外的诺曼底西部领土，同意给罗伯特一笔每年2000磅的年金，和约还规定两人中如果任意一人死时没有男性继承者则由另一方继承其土地，而弗朗巴尔也重新成为主教，兄弟俩还表示将一同捍卫在诺曼底的领土。之后，罗伯特在英格兰待了几个月。和约虽然签订，但亨利还是对那些在入侵时敌对他的贵族们进行了严厉的惩罚，迫使一些贵族流亡诺曼底。

1103年，亨利一世声称罗伯特破坏条约并渡海来到敦方特，诺曼底各地的大小贵族纷纷来到这里和亨利国王联盟。在法王腓力被说服保持中立后，亨利占领了诺曼底西部，而且进军贝叶。诺曼底就此陷入了分裂和混乱。

很快贝叶城因为拒绝投降，而被围攻并烧毁，之后惊恐万分的卡昂城投降，亨利一世得以进军法莱斯。接下来，亨利国王转而和罗伯特进行和平谈判，但是双方的和谈没有结果，于是亨利在圣诞节回国。

1106年，亨利再次入侵，并成功地把罗伯特公爵围困在城堡中。在谈判失败后，坦什布赖之战爆发。一个小时的激烈战斗后，罗伯特公爵战败被俘，诺曼底其他地方相继投降。亨利最终监禁了他的哥哥，但是因为无法合法地剥夺他哥哥的公爵头衔，他只能宣称作为英格兰国王的自己是公国的"监护者"。

为了诺曼底的主权，亨利又在1115年同法王路易六世开战。亨利最初的战斗很艰难而且国内政局因此不稳，但是在1119年的布莱缪之战中，亨利击败了路易的军队后，从而逼迫对方停战。双方最终在1120年签订和平协议：威廉·阿德林（亨利的继承人）承认路易的王权，反过来，路易承认威廉为诺曼底公爵。

1120年，一场灾难发生在亨利的继承人身上，他的儿子威廉·阿德林死于海难。亨利一世遂指定女儿——神圣罗马帝国皇帝亨利五世的遗孀玛蒂尔达，及其后夫安茹的若弗鲁瓦为继承者。亨利死后的1135年，王位实际落入他的外甥布卢瓦伯爵斯蒂芬手中。因此，他的女儿玛蒂尔达和他的外甥斯蒂芬之间的内战爆发了。后者在厌恶女人统治的贵族们的支持下成为国王。

苏格兰趁着内战也来进攻英格兰。苏格兰的大卫一世在1138年的诺思阿勒尔顿战役中被斯蒂芬击败。1141年4月，斯蒂芬在林肯一战中被亨利一世的两个私生子格洛斯特伯爵罗伯特和切斯特伯爵拉努尔夫所打败，被玛蒂尔达关押在布里斯托尔。但斯蒂芬的王后布洛涅的玛蒂尔达继续集结军队作战，俘虏了玛蒂尔达的很多得力战将，其中也包括格洛斯特伯爵，玛蒂尔达被迫释放斯蒂芬以换回格洛斯特伯爵。11月，斯蒂芬重登王位。1142年12月，斯蒂芬的军队在牛津包围了玛蒂尔达，后者趁雪天穿着白衣服才逃到由她的支持者布莱恩·菲茨康特控制的沃林福德城堡。1153年，玛蒂尔达与第二任丈夫若弗鲁瓦所生的儿子——安茹伯爵亨利二世，率领军队在英格兰登陆。经过几场战斗，他与斯蒂芬达成协议，斯蒂芬继续担任国王，死后由亨利二世继承王位。次年斯蒂芬死去，亨利二世即位，金雀花王朝开始。

这场战争让领主们意识到同时向诺曼底公爵和英国国王效忠是多么困难。在斯蒂芬死后的1154年，玛蒂尔达的儿子亨利二世登上了王位。亨利二世已经从他的父亲那里继承了安茹领地，这标志着金雀花王朝的开始。英格兰现在是安茹王国的一部分，这个王国从苏格兰的边界到比利牛斯山脉。当然，这个国家的主体依旧是盎格鲁－诺曼领地。然而，无论是英国还是诺曼底的领主们都被迫放弃跨越海峡的双重财产。

之后法王与英王一直努力争夺诺曼底公爵领地，双方对塞纳河谷的维克桑领地的争夺曾经十分激烈，但是一直没能分出胜负。1189年，被称为"狮心王"的理查一世登基，他成功地保卫了诺曼底，但是也为此耗尽了军事和财政资源。在1199年，他的兄弟约翰继承了一个更为困难的局面：安茹王国的军队被分散在一个庞大的国度中；约翰无法像他加入了十字军的哥哥那样得到诺曼骑士阶层的尊重；诺曼底贵族也被巴黎越来越灿烂的文化，以及诗歌和宫廷爱情吸引，许多人也反感安茹王朝的控制。约翰很快发现自己被一些主要的男爵所抛弃。法王则声称自己作为公爵的合法君主应该有权进入任何他想要进入的堡垒，而且他甚至能行使诺曼底公爵的权力来进入城堡。于是，战斗开始零星地发生。

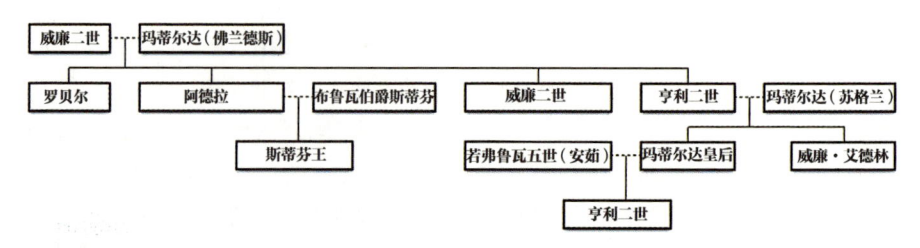

◎ 诺曼王朝世系。

到了1202年，腓力发起了一系列大型战役，布列塔尼、普瓦图、图赖讷、安茹和缅因相继陷落。诺曼底则在1204年最后陷落，此时距离查理三世割让塞纳河口一带已经过去了将近300年。

虽然，英国人后来在百年战争中再一次统治过这一地区，但是1204年法国人的这次胜利，可以说是让诺曼底再次回归法国文化圈。而对于那些当事者而言，法王重新统治诺曼底引发了种种不同的后果。许多盎格鲁-诺曼贵族在海峡两侧都有领地，一些人向两位国王都表示效忠，但是大部分人待在英格兰。但许多年后，仍有诺曼骑士留在剩下的安茹领地内。

富有活力的诺曼骑士其实并没有停步于诺曼底和英格兰。在征服英格兰的同时，其他的诺曼骑士在意大利南部和西西里岛建立了自己的国家。早在1017年，诺曼雇佣军已经在意大利掀起了一场对拜占庭人的叛乱，而且在1029年左右开始定居。到了1047年，诺曼骑士罗伯特·吉斯卡尔和他们的追随者开始了对意大利的侵略。1059年，教皇承认了他们在阿普利亚和卡拉布里的领地，并希望诺曼人抗衡北方德意志皇帝的军事压力。到了1071年4月，罗伯特夺取了拜占庭帝国在南意大利统治的中心——港口城市巴里，将拜占庭的势力逐出了意大利。

诺曼骑士对西西里的入侵从1060年开始，整整进行了31年。整个西西里岛最终于1127年被统一，3年后西西里被承认是一个王国。

大约在1134年，诺曼骑士利用齐尔王朝统治者内部纷争成功入侵突尼斯。从1148年到1160年，诺曼人统治着从突尼斯到苏尔特湾的广大地区。之后，虽然曾试图袭击希腊本土和征服塞萨洛尼基，但西西里-诺曼王国还是因内部不合而分裂了。1194年，德意志霍亨斯陶芬王朝的亨利六世入侵了西西里，清除了诺曼人的势力。

在第一次十字军东征中，也有大量的诺曼人加入。其中的领导者有诺曼底公爵罗伯特和塔兰托的博希蒙德，后者带领着由南意大利战士组成的队伍。博希蒙德在叙利亚建立了安条克公国。这个公国位于贸易路线上而成为最富有的十字军国家。该公国最后的城镇拉塔基亚于1287年落入穆斯林手中。

诺曼人的封建制度

诺曼人是个好战而且等级森严的民族。在11世纪期间，虽然同男爵们的矛盾一直存在而且定期发生冲突，公爵还是权势日隆。在公爵的统治下，日益封建化的诺曼社会得到了发展，而且封建制度相应地为军队提供了骑兵、步兵、弓箭手和弩手。当封建军队不能满足战争的需要时，雇佣兵就会被大量雇佣。由诺曼人等级森严的军事制度，衍生出贵族纹章和骑士准则。到12世纪中期，骑兵已经转化成贵族化的骑士阶层。当然，从爱尔兰到安条克的诺曼人领土上，军事、政治和社会体制还都有所区别。

具体来说，在11世纪初，诺曼人在本质上依旧是维京人。他们欢迎斯堪的纳维亚盟友的劫掠船队。但另一方面，一个重要的维京制度——公民大会（即"Thing"）已经在诺曼人中消失。

总体上，早期诺曼底的军事能力比邻国弱小，比如诺曼军队在规模上要比安茹的小，而且纪律性更差。

到了11世纪中期，随着诺曼底封建化的进步，诺曼人的力量也因此增长。所谓封建制度从本质上讲，是通过关于家臣身份、忠诚和崇敬的庄严誓言将统治者和被统治者、国王和公爵、本地领主和下层骑士捆绑在一起，联合成一个国家的一种手段。这在过去被认为是一种"光荣的"安排，而且是订立了强者应该保护弱者，弱者供养强者的契约。

总体上，受青睐的家臣有可能被赐予一块封地，以及封地上的居民。这样他就成为他领主的封臣。这样的封地一般足以负担一个封臣（通常是骑士）的军事装备，也就是典型的锁子甲采邑（Fief de Haubert）——锁子甲能让他作为精锐的重装骑兵而从军队中被分辨出来。

中世纪的记载术语是出了名的不确切，尽管不一定拥有武器，但是似乎武士们（Milites）是真正的封臣，而领俸者（Stipendiarii）的义务要少一些，而且主要为报酬而战。不过两者都被认为是骑士的早期形式。采邑封臣的农民也有相应的军事义务，但是一般的征召农民的军事地位在不断下降。这并不是说这样的步兵想从战场上消失。事实上，努曼步兵似乎已经变得更为专业化，而不再是由非经训练的农民简单地组成。诺曼人的封建制度在11世纪中期基本形成，但还不像1066年后在英格兰推行的体系那样有条理。当时，诺曼人的一个特色阶层就是下属封臣（Vavassor），这个并不清晰的军事阶层和土地所有权的形式介于骑士和农民之间，这可能是前封建时代的遗存。

在欧洲其他许多地方，军事阶层不断增长的实力会导致私斗和政治混乱。在诺曼底，这种情况伴随着公爵势力的增长也随之出现了。比如在1030年和1040年，公爵的权力——特别是在城堡的建造上——就曾受到过挫折。这种情况直到威廉公爵——后来的征服者威廉——在1066年入侵英格兰前才得到了解决。

最初，威廉和他的军事贵族们进行合作。后来在1047年，他在瓦尔斯沙丘之战消灭了那些仍然违抗他的人。在接下来的几年里，公爵富有侵略性而且好战，这很符合他的骑士和贵族的胃口。事实上，他是个优秀的统帅，冷静果断而且能得到普通士兵的尊重。威廉出色的组织能力在1066年组建军队和舰队中得到了很好的体现。公爵自己的大型庄园（领地）确保他能为自己的支持者提供采邑和财富，并将他们派遣作为关键的城堡和军队的指挥官。然而，威廉公爵还是没有能控制城堡的建

第三章 维京传奇：中世纪诺曼骑士

造，因此不得不说服他的男爵们并和他们合作。最后，他赢得了进入任何城堡的权力，因此能避免当地领主虚伪地以他的名义建造更多的防御工事。无论经济举措是否被无视，威廉对他最喜欢的城市卡昂的努力建设确保了在下诺曼底的公爵权力的加强。

威廉统治下的好战贵族是新兴阶层的人，他们同法兰西的旧贵族们不同。后者通常声称是加洛林时代的后裔，但是很少有诺曼人家庭的历史能追溯到1010年。同时，军事阶层也在以惊人的速度增加。大部分骑士很穷，而且渴望土地，对土地的渴望成了简单的生存问题。到1066年，诺曼底已经向外输出超过一代的战士了。

其实即便在威廉已经十分强大的1066年，公爵依旧不得不同他的男爵们商议，赢得他们有时并不情愿的对自己入侵英格兰的支持。此外，外交准备也很重要。尽管威廉公爵现在似乎是独立的，但威廉公爵依旧是法兰西的封臣。而且，他还要让大多数欧洲统治者相信他有权获得英格兰的王冠。这其中更重要的是，他赢得了教皇的支持。

威廉公爵和教会的联盟反映了诺曼人领导层和教会的长期合作关系。教会帮助诺曼底联合起来，许多教会领袖来自诺曼贵族，

而其他的则是退伍的战士。世俗贵族，特别是在那些靠近易受攻击边界附近的骑士们热心地建立修道院。

另外，拥有大量土地的骑士和没有土地的骑士之间的社会地位区别并不大。骑士身份本身没有什么地位，仅仅表明这个人是个专业的战士。这个身份通常仅仅作为一种统计数据出现，比如，在1066年前，在圣佩雷沙特尔教堂的许可证中记述，一个村庄里有"1个教堂，3支犁地队伍，12个农民，5个自由骑士和1个磨坊"。骑士身份也不涉及什么隆重仪式或炫耀行径，但要想获得骑士身份则需要艰苦训练和战斗的洗礼。

◎ 早期的诺曼底：教会和国家的紧密联盟是诺曼底的一个巨大的优势。教会的力量在于对那些未受教育但虔诚的军事精英的影响力，教会对艺术和礼仪场合的垄断则加强了这种影响。这位诺曼主教正在同一个诺曼士兵以及佛兰芒守卫交谈。

帝国强军：欧洲八大古战精锐

诺曼人的军队

诺曼骑士

诺曼骑士十分著名，他们击败过同时代的许多地方的骑兵和步兵。诺曼骑士在同时代的军队中是冲击部队。最初的骑兵战斗战术很粗糙，基本是将骑兵在各自领主的号旗下集结成队伍，向敌人冲击。这样的集群（Conrois）大概由 25 到 50 人组成，而且骑枪的用法各异。就像贝叶挂毯中展现的那样，很少有协调一致的行动，而且夹枪也不是主流。也许直到 11 世纪晚期，夹枪才成了惯例，因此安娜·科穆宁（拜占庭公主）称第一次十字军中的骑士能够在巴比伦城的城墙上刺出一个洞。这样的作战方式需要骑兵集群排成稳固阵线，要膝盖对膝盖，相距很近。以至于据说在第三次十字军中的诺曼骑士队列中，扔到他们中间的苹果都不会落地。

夹枪冲锋开始时小跑前进，只有在最后一刻才发动冲锋，以防马匹疲倦或队形混乱。骑枪在一开始是竖举，只有在接近敌人时才平举，以期正面击中敌人或他的盾，而且骑枪要抓牢并保持臂下夹持。中世纪晚期关于马上比武的书籍中建议道：不要盯住迎面而来的枪尖，这会让你退缩或闭眼，反而要将注意力集中到不断接近的目标身上。对冲之后，就要拔出副武器进行混战肉搏。马上比武的书籍中还提到，在混战中骑士应该继续奋力向前攻击和挤压，而不是转向——这不仅浪费时间也浪费体力，这些建议或许同样适用于更早的时代。

第一次冲锋十分重要，因为一旦被抵挡住，攻击就会渐渐消止。为此，畏惧诺曼骑士的拜占庭人有时会扔铁蒺藜来伤残马匹或用轻型四轮马车作为障碍物，试图破坏他们的队列。对抗坚固的步兵线时，马上骑士更多处于劣势。虽然可以步行战斗，但安娜·科穆宁还是提到长盾和马刺可能成为下马骑士的劣势。因此此时骑兵有可能成队列轮番上前投掷标枪，这在贝叶挂毯中也有所体现。这种战术可能是学自布列塔尼人，而在对抗步兵方阵时可能比夹枪冲锋有效。之后，骑士们会拔剑向因此产生的任何薄弱点发动冲击。无论如何选择，骑士都会陷入长时间的副武器格斗，直到接近体能和力量的极限。

在对抗步骑结合的敌人时，一般来说可以用诈败计诱出敌人。不过这样的诡计在当时是备受争议的。常见的反对理由是这会在军队中引发恐慌，或被敌人猜出。

◎ 贝叶挂毯中的诺曼骑士形象。

第三章 维京传奇：中世纪诺曼骑士

◎ 训练夹枪冲锋的诺曼骑兵。

◎ 早期的诺曼骑士：他头戴星型盔，这种早期样式的头盔在11世纪还在使用，而且沿用到13世纪。他的锁子甲在两侧被分开，这种风格更适合步行，但是在整个11世纪到12世纪中较少出现。他的盾牌是传统的圆形盾牌，而不是这时才开始出现的鸢形盾牌。他的剑朝下下拿着。它是锻造的，而且带有茶壶形的剑柄头以及木头和皮革制成的剑鞘。他的铁制马刺是西北欧的骑士用的圆柱形。

◎ 诺曼征服时代的诺曼骑士：他的锁子甲被拆分成前后两部分以便于行动，而且锁子甲有头罩护面。他的盾牌是鸢形盾牌，来格挡身体左侧。在马上时，端平盾牌能保护一部分的马身。剑被放在锁子甲下，剑鞘口从臀部的缝隙伸出。武器通常被扣在腰带上。他的镀锡马刺有一个锥形的尖刺来驱赶他的马匹。

War History · 75

帝国强军：欧洲八大古战精锐

◎ 12世纪末的诺曼骑士：虽然一些骑士看起来依旧和那些在黑斯廷斯战役中的差不多，但改变已经发生。锁子甲下摆已经缩短到膝盖以上，来便于休息。袖子被拉长，形成带有掌布的锁子甲手套。系带被绳子串起来，来将锁子甲固定住。锁子甲紧身裤将大腿包住而且被系紧在腰带上，在里面的布质的紧身裤也是这样穿的。膝盖下的系带能避免锁子甲下垂。外套穿在锁子甲外面而且在腰部系住。头盔是圆柱形的平顶盔而且带有坚固的、有通气孔的护面。马刺依旧是用来刺的，但是马刺臂被弯曲，来适应距骨。盾牌相对小了点而且顶部被削平。最新样式的剑带有轻微的锥度，更短更饱满。它带有圆盘形剑柄圆头，这是下一个世纪最常见的类型。

批评者则认为：这不过是编年史家掩盖真正退却的说法。其实，诈败在数个世纪以来一直是骑兵战术的一部分。可以确定布列塔尼人从9世纪起就开始使用这种战术，而诺曼人很可能就是受了他们的影响。在记录中，诺曼骑士在1053年的阿奎斯（Arques）和1071年的卡萨尔（Cassel）利用诈败的战术获得了巨大的成功。在1060年，他们在西西里的墨西拿也使用了这一战术。总体上，这种方法最适合小集群使用。一支或多支部队协同行动，许多人与他们熟识而共同受训的同伴一起战斗，这样袍泽之情和团队精神能减少可能出现的混乱。

鉴于战马不披甲而骑手的四肢和脸部也部分暴露，敌人的箭矢会给诺曼骑士带来一些麻烦。战术上就有必要避免正面对敌而尽可能从侧翼进攻。特别是面对东方的骑射手时，较重装的诺曼骑士的密集冲锋很难对抗那些不结阵且依靠快马骑射袭扰军阵侧翼的敌人。这就意味着需要将这些敌人驱赶到己方可以发动骑兵冲锋的位置。博希蒙德的战术是，保留一支马上骑士预备队来反击对己方冲锋骑士侧翼的进攻。他也很好地利用了步兵屏障，以保证骑兵可以等待最佳的冲击时机。此外，长枪兵也可以保护进行远程压制的弓箭手和弩手。这样，军队的各部分可以互补，并保有有效的应敌措施。

也有人认为诺曼骑士在突破阵线并追杀败军后就很难重新聚集起来。事实上，他们能停下来，即使在骑枪使用方式各异而非协调一致冲锋的时代也是如此。这也证明了诺曼骑士在战场上的纪律性和秩序。

在更广大的战略层面上，一般被认为冲动的诺曼人其实在战争中特别谨慎。他们通常会耐心观望，仔细侦查也十分常见。另一方面，只有骑兵参战的战役很少，至少在法兰西是如此的。步兵的角色很重要，而且11世纪的骑士也要训练步行战斗，而他们也愿意步行战斗。然而，涉及步行骑兵（Milites Pedites）即下马骑士的资料很少同普通步兵有关。

诺曼步兵

在诺曼人中，弓箭手是十分重要的。威廉公爵自己就是著名的射手。他们对英格兰的征服使得英伦三岛上弓箭的使用大幅增加。两个不同阶层的弓箭手出现在贝叶挂毯上，在主要画面中的那些人衣着华丽，甚至穿着盔甲，而在下面长条中的另一些人衣衫褴褛。也许前者是专业的弓箭手，而后者是一般的征召兵（Arriere Ban）——这个词很少被使用，而且是古日耳曼语中对所有自由民征召兵的称呼的遗存。在贝叶挂毯的末尾，一个穿着马刺的诺曼弓箭手骑马追击撒克逊人。这可能是个艺术错误，但也可能是证明诺曼人的马上射手的存在或者表明专业射手是快速移动的骑马步兵的证据。在黑斯廷斯的诺曼弓箭手是受过训练的熟练射手，能够将致命的箭雨覆盖到敌人中的一小块区域中。贝叶挂毯中的一些短弓有可能是南欧的复合弓，也许由加入威廉公爵的雇佣兵使用。其他证据表明弩也被使用了，即使在贝叶挂毯上没有描绘它们。但它们已经在法兰西广为人知，而且不久之后就在诺曼人中变得常见。

诺曼步兵不是像诺曼骑士那样受人瞩目的部队，但他们也不绝是乌合之众。在任何地方，他们都能利用河流、森林、丘陵或沼泽等自然屏障保护自己的侧翼。在空旷地区，他们会采用圆形队列或长方形队列来行军，形状则取决于当地的传统。在1174年的鲁昂，由于一个防御沟要被填满，步兵组成200米宽的队列前进。他们似乎总共有5000到6000人，组成12列深的3个军团。携带弓箭、长矛或标枪的轻步兵在一些领域中也有出现，他们的角色是充当散兵或保护主力的侧翼。有时，他们也作为有自主权的军事单位去行动。

弩的设计改进是11到13世纪战争中的一个重要元素。从亨利一世的统治时起，这种武器在诺曼底地区就变得十分流行。同简易的欧洲弓相比，弩更容易精确射击，射程更远，弹道平坦而且穿透力更大。它们唯一的缺点是装填时间。这一缺点也困扰着后来更强大的弩，使得它们不得不通过绞盘或曲柄来张弦——更早的弩基本上是手动张弦的。帮助上弦的镫形支架出现在11世纪，而带有上弦钩子的皮带也许出

◎ 贝叶挂毯中的诺曼骑士和弓箭手的形象。

现在 12 世纪晚期。早期的弩又大又重，弓弦的拉锯甚至达到 90 厘米（35 英寸），15 世纪的钢臂弩的拉锯只有 20 厘米（8 英寸）左右。另外，当时的诺曼人通过在意大利南部、西西里和中东的战争历程中，已经明白角质、木材、鲸骨和肌腱制成的复合弓体积更小，威力却更强大。

佣兵和附庸部队

在诺曼军队中，雇佣兵的重要性在不断上升。相对于大多数封建战士，他们证明自己不仅受到过更好的训练，而且装备更精良，也更加可靠。在记载中有着各种各样的佣兵群体，其中有来自今比利时的有着极高声誉的布拉邦松人。布拉邦松人中一般是守卫阶层的人，也许是骑士率领的下层城镇居民组成的弩手和长矛兵，但是到 1202 年，他们和其他的佛兰德斯佣兵中也包括有骑着全副武装马匹的骑兵。在这个时代，弩手是需求量最大的佣兵。雇佣兵不仅被派往大型战役中，也被派去守卫城堡。

根据西班牙北部的记载，在亨利二世时代，诺曼人的佣兵中还有一些穆斯林部队，这些人也许来自战俘或者来自诺曼人的西西里岛。诺曼底和安茹被法兰西人夺取后，这些地区的人们依旧作为雇佣军被英格兰的约翰国王所招募，后者成了特别受欢迎、技术熟练的工程师。

附庸部队也是诺曼人军队的重要一部分。一些威尔士人和苏格兰人部队可以被视为附庸军队，而来自布列塔尼和缅因的部队则是明显的附庸军队。到了 1120 年，布列塔尼人被认为是最出色的骑兵，但是十分不善于步战。在 1106 年的廷切布雷战役中，除了布列塔尼人和缅因人，亨利一世所有的军队下马作战。在 1141 年的林肯之战中，布列塔尼人同样拒绝步战。然而，在 12 世纪期间，布列塔尼军事风格渐渐弱化，直至消失。

诺曼人特质中极具特色的是，他们完全不受拘束的性格及迅速且成功的模仿力与适应力。前项特质有助于诺曼人在类似自然选择的过程中培养出特别能干的残忍的统治者。后项特质则确保诺曼底、英格兰、西西里和黎凡特等地的许多早期诺曼统治者得以创建安定长久的政治组织，使他们成为当时西欧最强大且最成功的世俗统治者之一。

13 世纪后，诺曼人不再作为一个独立的群体存在。他们融入了他们所征服的地区和人民，成了英国人、法国人、意大利人的一部分。但曾经的诺曼骑士则成了封建化的西欧各国的武士模板，而且影响了之后的骑士文化。诺曼人也将西欧各国带入了"城堡时代"，林立的城堡宣告了封建制度在西欧的确立。

第四章
蒙古克星
马穆鲁克骑兵[1]

作者 / 龙语者

两个马穆鲁克兵可以对付三个法国兵,因为他们有好马,擅长骑马并且武器完备。

——拿破仑

---

1. 马穆鲁克骑兵虽然不是欧洲军队,但他们曾经却是中世纪欧洲军队的试金石。

公元 10 世纪，巴格达曾经的辉煌逐渐暗淡。随着阿拉伯帝国军事贵族们的互相攻伐，曾经叱咤中亚、西亚、北非、西班牙的阿拉伯帝国分裂之势愈演愈烈，比如割据伊比利亚半岛的后倭马亚王朝为人们所熟知。当时另一个重要割据势力则在西北非。公元 909 年，也门什叶派伊斯玛仪支派宣教师艾布·阿卜杜拉·侯赛因在北非当地柏柏尔人的支持下，以伊斯玛仪派的伊玛目赛义德·伊本·侯赛因为哈里发，建立了法蒂玛王朝。因其服饰、旗帜多用绿色，在中国史书上他们被称为"绿衣大食"（大食就是阿拉伯的意思）。

法蒂玛王朝的"早期征服"非常顺利。在第四代哈里发时代，大将邵海尔于公元 969 年率领十万多人东征埃及并占领了该地区，次年开始重新营造开罗，并于公元 973 年迁都至此。这里良好的地理条件很快让新兴的法蒂玛王朝受益匪浅，并因为王朝四周并没有高强度的敌人，使得其并顺利扩张。

同时代统治小亚细亚东部、叙利亚的阿拉伯同宗哈姆丹王朝正在与其宿敌东罗马帝国进行连续不断的战争，成了法蒂玛王朝的挡箭牌。加之北非诸港口的商业贸易，以及开罗平原上的粮食很快让王朝在 10 世纪后期达到兴盛。

马穆鲁克骑兵

有趣的是，正是这个地区的"低强度军事冲突"，导致法蒂玛王朝并未有太大军事压力，实际军事力量始终停留在"装备低劣但人数众多"的阶段。法蒂玛王朝的军事成员主力是支持者北非柏柏尔人，还有北非黑人努比亚人，两者主要提供的都是轻步兵军役服务。

不过到了公元 975 年，同时发生在叙利亚北部和黎巴嫩南部省西顿的两个事件彻底地改变了这一切。第一个事件是，当时正处于东罗马帝国的"征服者时代"，两代皇帝尼基夫鲁斯二世与约翰一世都是才华横溢的名将，将阿拉伯哈姆丹王朝打得几乎败亡。力不能支的哈姆丹王朝把反败而胜的希望投在了南方法蒂玛王朝身上，法蒂玛也尝试性地在安条克与约翰一世强大而精锐的军队交锋，结果在拜占庭训练有素的重步兵与超重装骑兵面前惨遭失败。

另一个事件是，同年在西顿，一支人数极少的突厥古拉姆骑兵（古拉姆为宫廷奴隶，以突厥人为主）背叛了他们的苏丹，叛逃者逃入西顿。缺吃少穿的突厥人劫掠了一些村庄，法蒂玛王朝派遣大量由柏柏尔人轻步兵组成的军队前来镇压。惊慌的突厥骑兵在逃命的时候被人多势众的法蒂玛军逼到了河边。

突厥人虽少，却都是装备精良、训练有素的骑兵。根据记载，这批宫廷古拉姆

◎ 从上到下分别是守备步兵、雇佣弓骑兵和古拉姆骑兵。

骑兵甚至人马俱甲。结果被逼入绝境的突厥人背水一战，竟然将人数占绝对优势的柏柏尔人步兵冲得落花流水。虽然法蒂玛王朝之后派遣了更多的军队击败了突厥人，但这次"治安战"也足够让这个埃及强国感到颜面无光。

以上两个事件很可能深深地刺激了法蒂玛王庭。这个拥有整个东北非广大农业领地，以及叙利亚南部商业都市的强盛王朝，开始将财富用在军事上。他们大量吸纳突厥人，让其以优秀骑兵的方式进入法蒂玛王朝服务，同时也重用突厥人将领，比如10世纪末法蒂玛王朝名将曼杜塔肯本人就是古拉姆奴隶出身。在此影响下，当时以大马士革为中心的"突厥"军官团逐渐能与"柏柏尔"军官团分庭抗礼了。

王朝基础军事的改革也在同时进行。公元991年，法蒂玛王朝的开罗阅兵式被记载拥有人马俱甲的重骑兵。而根据同时代史料记载，他们的柏柏尔步兵也今非昔比，拥有了较好的装甲，采用与东罗马人类似的步兵队形与战术，能组成严密的阵型。同时，拥有众多优良战马，被称为"没有任何骑兵能追得上"的贝都因高速轻骑兵也大量加入到他们的军事体系中去。

虽然在拜占庭帝国巴西尔二世在位期间，法蒂玛的新式军队仍两次败于拜占庭人重装骑兵与瓦兰吉禁军之手，但是其相对于旧式北非军事系统来说仍是巨大的进步。从那时起，"古拉姆系统"成了北非军事举足轻重的力量，不过相对而言，突厥古拉姆进入北非法蒂玛王朝的军事系统

War History · 81

帝国强军：欧洲八大古战精锐

要较其他阿拉伯王国更晚一些。

到了11世纪后期，法蒂玛王朝开始衰落，大权旁落于突厥军人之手，宫廷政变频繁，哈里发与其他阿拉伯王国一样成为傀儡。祸不单行的是，西方十字军也在这个时候向埃及入侵。

号称"圣王"的西亚赞吉王朝苏丹努尔丁这个时候向埃及派遣了他的得力助手萨拉丁，萨拉丁到埃及后逐渐控制了法蒂玛宫廷。不过，这个努尔丁的得力助手从此自立为王。1171年萨拉丁推翻了法蒂玛王朝，在北非建立了阿育布王朝。

萨拉丁的阿育布王朝接管了法蒂玛王朝的军事。由于信仰与派系的问题，他除了重整旧法蒂玛王朝的军队，还带来了以"库尔德人古拉姆"（萨拉丁自己就是库尔德人）为核心的新力量。有资料表明，在萨拉丁统治时期，阿育布王朝的贝都因骑兵、柏柏尔步兵、努比亚部队渐渐衰落居于辅助地位。甚至突厥系的土库曼骑兵地位也有所下降，但仍在萨拉丁军队中担任"前卫"的任务（一部分信仰基督教的土库曼骑兵在同期拜占庭军队中也担任相似的任务）。萨拉丁军队真正的核心就是他的"库尔德古拉姆"与"突厥古拉姆"军队，这些军队拥有非常好的纪律、良好的训练及优良的装备。而这些古拉姆骑兵也有了一个新的名称，这个名称在6个世纪后依然在欧亚大陆上当做传奇来被人津津乐道，这就是——马穆鲁克。

绝大多数马穆鲁克都是从克里米亚和俄罗斯南部大平原的突厥部落招募

◎ 阿尤布王朝的军队（12世纪晚期至13世纪早期）。1为萨拉丁，2为塔瓦士贵族骑兵，3为卫兵。

第四章 蒙古克星：马穆鲁克骑兵

的。无论是"古拉姆"或是"马穆鲁克"，都是一个含义：奴隶士兵。但他们与炮灰版本的奴隶兵不同，他们是精英，是被主人非常信任与重视的，他们常被当作家人而不是奴隶。就如同法蒂玛王朝的肱骨大臣曼杜塔肯，也是古拉姆奴隶出身。有的马穆鲁克也会因为战功荣升军官，甚至是高级军官。

或许受到军制先进的拜占庭帝国影响，在小亚细亚，那些苏丹宫廷中高阶的古拉姆骑兵相比马穆鲁克，更喜欢服重型近战骑兵役，同时代的马穆鲁克则喜欢服重型弓骑兵役。也许是因为他们的盔甲厚重，马穆鲁克并不太擅长使用南俄平原或小亚细亚上轻型弓骑兵的"回马箭"战术。他们讲究的是重型弓骑兵的静止瞄准射击方式，在定点射击时，他们的箭术非常出色，命中率很高，同时也具备较强的肉搏能力。

至公元1181年左右，资料表明萨拉丁军中马穆鲁克数量是6976名"古拉姆"（这包括了库尔德人古拉姆）以及1553名花剌子模古拉姆。这在当时是一支可观的力量。不过，在1179年，当他们面对著名的耶路撒冷麻风病国王鲍德温四世时，表现却并不够出色。马穆鲁克由于四处劫掠而遭到年仅16岁的鲍德温与圣殿骑士们的突袭而大败，只能保护着他们的主公萨拉丁逃亡。但到了1187年，萨拉丁率领他们一雪前耻，在哈丁战役（Battle of Hattin）将十字军引入缺少水源的包围圈，全歼整个耶路撒冷王国的主力部队并俘虏了他们的居伊国王。

随后，马穆鲁克骑兵的训练系统从阿育布王朝晚期以来到马穆鲁克王朝早期一直都在缓慢发展着。到了阿育布王朝晚期，正式出现了那些等级森严、训练有素，既可以弓箭远射也可以用矛、剑肉搏的马穆鲁克骑兵。1250年，埃及阿育布王朝马穆鲁克骑兵铺天盖地的箭雨和雷霆万钧的冲锋，让法国国王路易九世等人的西欧十字军遭受了前所未有的失败和耻辱。

此战标志着，马穆鲁克军队已经脱胎换骨，不仅是重型弓骑兵部队，更是一支综合各方面技能的劲旅，甚至很可能是13世纪中后期整个西亚最精锐的穆斯林部队。马穆鲁克的战术和训练方法大概是从阿育布王朝的艾尔塔尔苏斯苏丹时代，以及稍晚些时候出现的马穆鲁克骑兵手册开始确立的。艾尔塔尔苏斯就曾建议他的马穆鲁克对付敌人骑兵要先射击坐骑，等到敌人骑兵靠得相当近，再瞄准放箭以保证笃定命中。如果敌人的骑兵手持骑枪或射击型武器的话，尽量不要盲目靠近敌人，保持与敌人的距离进行对射或者至少拿起剑和盾注意保护自己，通常敌军中的重型枪骑兵都是威胁最大的，出现这些骑兵的话，就要首先把他们干掉。

当时马穆鲁克的防护装备非常精良，其中最精锐的一些重骑兵使用类似于拜占庭军队的那种以大片金属甲叶交叠的重型扎甲，战马也仿制拜占庭军队使用马铠。其中相当于苏丹马穆鲁克禁军，被称为"卡萨基亚卫队"的重装骑兵更是连人带马被重型铠甲所全面保护。卡萨基亚卫队的人数在500-1200人左右，除了在战斗中，他们在礼仪和外交层面发挥的作用也比一般马穆鲁克的作用更大。苏丹等级之下的"埃米尔"（伊斯兰国

| 帝国强军：欧洲八大古战精锐

家对王公贵族、酋长或地方长官的称谓。阿拉伯语原意为"统帅"、"长官"）麾下的马穆鲁克骑兵相对工资也会低一些，马匹一般也不披甲，但人员保护也较为完备。除重型扎甲以外，12世纪普遍流行于穆斯林世界的锁甲在13世纪的马穆鲁克军团中也很常见。总体来说，用软甲填充后的锁甲在面对刀剑砍劈时表现还是优秀的。

骑矛在马穆鲁克骑兵的武器中非常重要，重要性甚至超过在传言中更被人们津津乐道的突厥式弯刀。古拉姆骑兵，或者说是这些早期的马穆鲁克骑兵更喜欢用拜占庭式的骑矛，因为长度适中而不易在冲锋与格斗中折断。另一种非常受重视的武器就是钉头锤，这同样也是拜占庭重骑兵、蒙古骑兵都非常喜爱并且效果极佳的破甲武器。

◎ 马穆鲁克骑兵（1300-1350）。1为卡萨基亚卫队，2为埃米尔的马穆鲁克骑兵，3为埃尔塔自由民骑兵。

第四章 蒙古克星：马穆鲁克骑兵

马穆鲁克王朝

伟大的萨拉丁塑造的古拉姆骑兵军团最后演变成为马穆鲁克骑兵军团，从而成为当时最令人畏惧的骑兵。但伟大如他也无法预测之后的变故。

萨拉丁去世后，阿育布王朝继续延续。至公元1249年，阿育布苏丹谢利赫去世，他的那位美得被人称为"得到她的拥抱就会更年轻"的宠妃珊札成为摄政女王。这名传奇女性被封为穆斯林女苏丹，并与马穆鲁克军团首领伊兹丁结婚，变阿育布王朝为马穆鲁克王朝。在之后又一段血腥的宫廷政变与谋杀后，马穆鲁克王朝军事大权逐渐掌握在同为马穆鲁克军官的古突兹与拜巴尔的手中，埃及王朝的军队空前强大。

在阿育布王朝至马穆鲁克王朝初期这段时间，强力的马穆鲁克军团在对十字军的作战中占据了非常大的优势，1244年马穆鲁克骑兵军团用恐怖的箭雨覆盖直接阻止了十字军骑士们在加沙的冲锋。而在1250年的战斗中，马穆鲁克名将拜巴尔带领他的骑兵们，不仅击败了第七次东征的十字军，甚至俘虏了率领十字军的法国国王路易九世。但马穆鲁克骑兵们真正的考验还并未到来。

公元1256年，蒙古第三次西征开始。蒙古大汗的四弟旭烈兀率领大军首先捣毁了群山中阿拉木图城堡的哈萨辛总部鹰巢，传奇的刺客们不敌蒙古大军，被尽数杀死。接着，公元1258年旭烈兀攻克了西亚最大的都市巴格达，并展开了惨绝人寰的大屠杀与破坏，无数文献毁于一旦。1260年旭烈兀恐怖的大军则继续前进，1月份攻克重镇阿勒颇，再直奔叙利亚大马士革，3月份攻克大马士革。一些亚美尼亚重型骑兵也加入蒙古大军，似乎世界上没有任何什么能抵挡蒙古大军的脚步。

旭烈兀也这么认为，他写了一封极其傲慢的信要求在开罗的马穆鲁克首领古突兹投降，但他现在低估了这些埃及军事精英的抵抗精神。古突兹将蒙古使者的头颅挂在了开罗的城门上，并联合了另一名马穆鲁克首领拜巴尔，他们都决心坚决抵抗蒙古大军的入侵。大量的军队被召集起来，马穆鲁克们似乎成为当时穆斯林世界的唯一希望。

就在这时，一个重要的事件打破了当时的局势。蒙古大汗蒙哥逝世，旭烈兀于是率大军东进返回抢夺蒙古汗位，西征军仅留下了两个万人队，由悍将怯的不花率领。埃及的马穆鲁克们敏锐地意识到这是个绝好的机会，在得到旭烈兀的主力东去的消息后，古突兹迅速集结在开罗的军队，并进入巴勒斯坦。8月，怯的不花的大军也向南开来，两个万人队渡过了约旦河，而马穆鲁克军队则到达了耶斯列谷的艾因贾鲁特。

1260年9月3日，两军在艾因贾鲁特展开决战。根据一部分记载，怯的不花的蒙古万人队并不满员，但西征军一贯战无不胜与所向披靡让这支蒙古军队士气非常

War History · 85

高涨,并极度轻视他们的任何对手。他们中间除了蒙古军队惯常的蒙古重骑兵与轻装弓骑兵的组合外,还有 500 名迫于蒙古势力的亚美尼亚重骑兵以及另一些格鲁吉亚骑兵。所以他们在人数并不占据优势的情况下,依然主动发动攻击。

古突兹的马穆鲁克军队约有 2 万人,也有自己的问题。他们还不像后来马穆鲁克王朝兴盛时代那样,可以提供大量的重装马穆鲁克骑兵与下马骑兵。当时的马穆鲁克军队除了一部分马穆鲁克重骑兵精英之外,也有大量的土库曼轻骑兵及步兵。但马穆鲁克军的最大优势则是对该地区地形的熟悉,因此,古突兹率领主力军队隐藏在高地中,另一名将拜巴尔率领的则是数量较小的骑兵。

拜巴尔的骑兵与蒙古军队周旋了数个小时,执行了土库曼人常见的打—跑—打战术,逐步将蒙古军队引入包围圈。怯的不花之前连战连捷,已经习惯了敌人在他们的面前逃窜,没有怀疑继续追击。当蒙古人进入高地的伏击圈,古突兹的马穆鲁克骑兵主力出现,包围了蒙古军队。

高地上的马穆鲁克骑兵很快发挥了他们重型弓骑兵"定点射击"的优势,惯常以箭雨袭击对手的蒙古骑兵反而被占有地利的埃及军队用铺天盖地的箭矢射得人仰马翻。虽然遭到重大损失,但久经沙场的怯的不花并没有因此慌张,蒙古骑兵也依然保持着高昂的士气与铁一般的纪律。蒙古骑兵立即集中起来,包括军中的亚美尼亚重骑兵,对马穆鲁克军队发起猛烈突击。在蒙古骑兵凶猛的冲击下,包围者也遭到了非常惨重的损失,之前蒙古骑兵战无不胜的阴云一直笼罩在这些埃及精英骑兵的心中。特别是马穆鲁克的左翼,在蒙古骑兵的冲击之下几乎崩溃。讽刺的是,以往相对马穆鲁克骑兵,蒙古骑兵在移动射术上应该更胜一筹,而近战搏击则逊色于马穆鲁克,现在则完全反过来,蒙古军队在箭雨下遭到重大损失,反而依靠凶猛的冲锋和肉搏让马穆鲁克军队几乎崩溃。

古突兹看在眼中,直接扔掉了他的头盔,让所有的士兵都能看到自己的位置。他疯狂地大喊道:"为了伊斯兰!"然后驱马猛冲蒙古骑兵军阵,带头冲杀。他的个人勇气鼓舞了整个马穆鲁克军队,也跟随主帅奋勇厮杀。

古突兹稳住全军阵脚,并率领军队向自己的左翼移动,让那些在之前损失惨重的左翼单位跟随自己。逐步稳定军心的马穆鲁克在和蒙古骑兵的搏斗中发挥了自小训练的肉搏战特长。马穆鲁克使用钉锤和重型骑矛压制对手,使蒙古骑兵在骑兵间血腥的贴身战中纷纷落马。蒙古骑兵的攻

◎ 1220 年中东的蒙古骑兵。1 为蒙古重装弓骑兵,2 为蒙古轻装弓骑兵,3 为波斯步兵弓箭手。

第四章 蒙古克星：马穆鲁克骑兵

势就这样被马穆鲁克骑兵逐步逼了回去。白热化的战斗中，蒙古主帅怯的不花阵亡落马（另一种说法是被俘后被杀）。

失去主帅的蒙古军队仍保持着他们骄傲和倔强的斗志，企图先撤到比森附近地区重新整队再谋反击。古突兹和拜巴尔的马穆鲁克军队则紧追不舍，在这个地区再次爆发激烈的骑兵对战，不过这时候，士气和信心已经转向马穆鲁克这一边，他们有信心在这场战斗中彻底瓦解对手。最终，怯的不花的蒙古军队几乎全军覆没。在战斗结束的那一刻，马穆鲁克骑兵们做到当时世界上谁也没有做到过的事情——在大规模的野战中击败蒙古人。

艾因贾鲁特会战使得马穆鲁克军队名声大噪，但英雄之间却起了内讧。艾因贾鲁特会战的第一英雄古突兹被二号人物拜巴尔伙同几个埃米尔暗杀，但事实证明残酷的谋杀者也是一代雄主。他率领马穆鲁克军队在 1260 年的第一次霍姆斯之役和与 1271 年的埃尔比斯坦之役中，两度重挫蒙古军势，收复叙利亚全境，转而将蒙古人赶回东部。拜巴尔也用另一种方式证明了他是古突兹最优秀的继承者——他率领大军，不断围攻十字军在叙利亚占据的城市和要塞，并进行了毫无怜悯的杀戮和掠夺。1268 年拜巴尔攻克了著名古城安条克城。

不可能有任何史料会对拜巴尔的人品做任何赞誉，在对待政治对手与敌人的手段上，这位马穆鲁克苏丹的残忍、狡诈、凶狠和无情都是空前的。但也不得不承认，马穆鲁克统治下的埃及成为空前的强国也正是从他的统治开始。之前马穆鲁克仅是一支能征善战的军队，在他之后却是一个强大的王朝。

拜巴尔年轻时代就拥有非常丰富的军事经验。在他还作为一个阿育布王朝马穆鲁克指挥官时，1244 年他参加了击败加沙十字军的军事行动，1250 年他在曼苏拉城还设计引诱十字军进城再包围他们，结果杀死了大多数被包围的圣殿骑士。他在即位之后不但将十字军的领土再次压缩，而且能够有效抵御并排除蒙古的入侵，还制服了北非的基督教政权马库利亚王国，并通过一系列建设和改造，使马穆鲁克成为该地区首屈一指的伊斯兰国家。

拜巴尔不仅仅是一位军事胜利者，这位苏丹还强化了马穆鲁克陆军的规模与训练，甚至重建了埃及王国的海军，甚至委托武器库建造了大量的军舰和商船以支持他的军事行动。在一些国家基础项目上，他也有非常浓厚的兴趣，他开凿了许多河渠，修缮了大量港湾。拜巴尔还建立一个高效的情报驿传系统，开罗和大马士革之

◎ 马穆鲁克骑兵画像。

间的情报互通,只要四天时间就能互相传递到。每个驿站都有很多驿马,随时备用。拜伯尔斯奖励各种公共工程,美化了许多清真寺,建立了许多宗教基金和慈善基金,并且关注医院,给予阿拉伯医学家在研究上的大力支持。

拜巴尔死后,马穆鲁克苏丹继承者们一如既往地继承着扩张的势头。强悍的马穆鲁克苏丹夸拉温即位后,继续维持着对十字军的攻击态势。1290年8月,因一些来自意大利的十字军在阿克城附近杀害了大量穆斯林商人。夸拉温以此为借口,集中了包括马穆鲁克在内的庞大的军队,有一些记载说,整个军阵的人数包括圣战志愿者在内达到了20万人。这支军队还携带着成百数量的各种攻城器械,包括巨大的被称为"艾尔曼苏里"的大型石弩,被称为"狂怒"的轻型但很有效的石弩,还有被称为"黑公牛"的投石机。整支大军从大马士革、哈玛、的黎波里、卡拉克一起聚集在十字军控制的最后堡垒——阿克城下。

在攻击开始之前,夸拉温去世了,但他的儿子克哈利尔继续围攻阿克城。从4月6日开始,"艾尔曼苏里"、"狂怒"、"黑公牛"就对阿克城的城墙展开了维持八天的狂轰滥炸。随着两军的零星冲突,穆斯林军队不停地向城墙逼近,尽管十字军的增援部队从塞浦路斯的基地不断赶来增援,但仍是实力不足。4月15日,十字军以圣殿骑士为主力的军队对马穆鲁克军队展开反突击,但猛烈冲锋的圣殿骑士被马穆鲁克骑兵用精准的定点射击和优秀的近战搏杀击退,一些圣殿骑士的战马还被穆斯林营地间的绳索缠住,大量的十字军被杀死。之后医院骑士团也发动了一次夜间突击,同样以惨败而收场。

5月18日,克哈利尔发动总攻命令,阿克城被攻破。一些居民和骑士团乘船向西逃去,另一些十字军躲入城堡继续抵抗。在血腥的战斗后,阿克城被完全占领了。之后,克哈利尔的军队由阿克北上。将残余十字军零星实力全部消灭,十字军在中东200年的历史随之结束。消息传到开罗,整个埃及都为之振奋。

之后的1303年,马穆鲁克军队又在叙利亚再次击败了蒙古军队,使得蒙古的威胁几乎完全被化解。马穆鲁克在叙利亚最危险的两个敌人——蒙古人和十字军,一个被大幅度削弱,另一个则完全被摧毁。这时马穆鲁克王朝已经进入了一个新的时代,稳定的国土使得王朝能够训练更庞大更精锐的马穆鲁克军队。埃及王国的实力则蒸蒸日上,逐步在13世纪下旬至14世纪达到顶峰。

马穆鲁克与中世纪欧洲军事精英最大的不同是前者致力于城市生活(而不是城堡)。甚至到了14世纪,黑死病爆发时代,马穆鲁克仍然依附于他们的城市军营。今天很多埃及的老城区还存有马穆鲁克王朝时代的精美圆顶和尖塔。这些是虔诚的马穆鲁克士兵捐助而建的宗教建筑。有趣的是,他们信仰虔诚,但却不守常规和传统——马穆鲁克喜欢精美的展示,奢华的服饰,并且醉心于一些涉及私生活娱乐的享受。在异性方面,因为很少的马穆鲁克人会学阿拉伯语,他们通常娶突厥奴隶来

第四章 蒙古克星：马穆鲁克骑兵

源的女孩或其他马穆鲁克的女儿为妻妾。

很多人对马穆鲁克有一个很重要的误解，认为马穆鲁克军队是一支由阉人组成的奴隶军团。这个论调基本是错误的，因为绝大部分马穆鲁克都是正常男性，能结婚生子。只有很少一部分来自非洲的马穆鲁克是阉人身份。非洲相对于东欧与小亚细亚地区，一直是另一个奴隶的来源，但只是偶尔发挥军事作用。非洲的阉人是马穆鲁克系统中突出的一部分，他们有一个独立的军团。这些阉人以他们特殊的身份，行走在位于开罗要塞中的苏丹军事学院和苏丹后宫中，在前者那里他们教习年轻的马穆鲁克进行军事理论学习和训练，在后者那里则用特殊身份避嫌苏丹人数众多的妃子，来教习苏丹的孩子们。

◎ 马穆鲁克骑兵。

◎ 阿克城的攻防战油画。

马穆鲁克军队兴盛时期的规模，虽然不像他们的敌人时常想象的这么大，但也极其庞大。在13世纪下半叶的拜巴尔统治时期，马穆鲁克军队人数大大增加，大约共计有4万人，他们中的4000人为马穆鲁克。20年后，著名的夸拉温苏丹有6000至7000名马穆鲁克。他的儿子在攻击阿克城时投入了7万名专业骑兵与15万名训练不佳的志愿者步兵。苏丹盖拉温在1313年对蒙古军队的战役，动员了100个埃米尔中的22名，而根据之后的调查资料，当时仍有2.4万名马穆鲁克留在埃及，其中1.24万人是埃米尔的马穆鲁克。另外，其他省份还有1.3万名马穆鲁克军人外加9000的埃尔塔自由民军队，这还不算辅助军的人数。总的辅助人数已经不可靠，但人数必然十分庞大，他们中不仅有阿拉伯贝都因人和土库曼的部落，还有半游牧的阿拉伯人，库尔德人以及各族安置的村民。

13世纪的马穆鲁克军队从他们最强大的敌人——蒙古军队那里学习了很多，这些包括了蒙古军事组织的许多方面：战术，武器装备甚至是战争思想。但有趣的是，他们几乎没有从欧洲学到什么，以至于马穆鲁克王朝直到灭亡时也没有引入欧洲在15世纪晚期逐步普及的板甲。当然在13世纪马穆鲁克的科技水平和训练水准，相比13世纪的十字军确实要更胜一筹。这些穆斯林骑兵展示了他们良好的纪律性，特别是在失败后的号召力与凝聚力。虽然马穆鲁克基本上依靠传统的穆斯林和中亚突厥人的战法，但在其他方面，马穆鲁克军队有着更高效的组织性。虽然军队仍然被划分为不同的部分，他们也拥有不平等的地位，但马穆鲁克和自由民军队没有很明显的区别。

在这个王朝的顶峰时代，马穆鲁克重骑兵军团中还配属步兵。不过，辅助军与缺乏训练的志愿者步兵当然不能依靠，一些地方自由民组成的步兵虽然是称职的，但也谈不上精锐。马穆鲁克王朝的主力步兵还是马穆鲁克骑兵，只不过是下马作战的马穆鲁克骑兵。他们在少年时代就开始的训练中，除了要学习如何在马背上使用刀、剑、矛、锤、弓等各种兵器以外，还要刻苦练习下马步战的本领。因此，他们上马就是马穆鲁克骑兵，下马就是最优秀的步兵。

这种模式在中世纪具备极强的作战优势，但对于优秀战马的需求量也是惊人的。马穆鲁克的军马绝大多数都在叙利亚长大，另一小部分在埃及。王朝虽然本身拥有不错的马匹资源，但庞大的需求量依然要靠进口来武装自己。马穆鲁克仍不得不大量进口阿拉伯和北非的马匹，而最好的马来自印度。根据资料猜测，那些印度马是卡提阿瓦马或是马瓦里马，后者的可能性更

◎ 卡提阿瓦马。

第四章 蒙古克星：马穆鲁克骑兵

◎ 1为马穆鲁克青年军骑射手，2为马穆鲁克重型骑兵，3为蒙古瓦达菲恩自由民部队。

大，因为马瓦里马在12世纪就存在并被当作优秀的军马对待，而卡提阿瓦马于14世纪才普及。两种马的耳朵均很可爱地向内卷曲。

那些来自印度的优秀战马，用来装备上文提到过的苏丹马穆鲁克中最精锐的卡萨基亚卫队。另外，马穆鲁克军中也有一小部分蒙古马，但因为印度战马和叙利亚战马个头更大，更能适应重型弓骑兵战术而比蒙古马受欢迎。而且根据来自埃及的资料，在叙利亚这种气候和地理条件下，因为缺乏广阔的牧场，这些高大而习惯食用饲料的马反而比喜爱草场的蒙古小型马更易饲养。

除了最精英的马穆鲁克可以拥有多匹战马，大多数马穆鲁克骑兵只有一匹战马，不过在战争时期他们会有一至两匹用于背负辎重的骆驼。这种状态和全盛时代的10-11世纪拜占庭帝国相仿，当时的拜占庭骑兵也是精英重骑兵拥有多匹战马，而普通的快速重骑兵"突骑兵"只有一匹战马，但是会有骡子等牲畜来背负辎重。

相对于马穆鲁克自身提供的重型骑兵，王朝也雇佣轻骑兵，驻守叙利亚、巴勒斯坦、黎巴嫩边界的那些突厥、库尔德人轻骑兵中经常还能见到中亚游牧传统的跑一打一跑式的骑射技艺，与马穆鲁克军团擅长的定点射击相得益彰。阿拉伯贝都因人则常加入叙利亚、西奈半岛地区以及埃及地区的边防军。这些惯于使用轻型快速阿拉伯战马和竹矛的牧民也提供了大量的优秀轻骑兵。

在击败叙利亚地带的蒙古军队后，一支由蒙古的游民组成的被称为瓦菲达恩（Wafidiyah）的新军队建立了。伟大的苏丹拜巴尔就负责这个正式的组织军事机构，蒙古游民当时成了自由军的主要来源。埃及马穆鲁克苏丹不得不承认，这些过去可怕的对手确实是令人尊敬与素质优良的战士。蒙古游民们熟练掌握着复合弓和马术，并且愿意遵守纪律。他们共有3000人在叙利亚被训练成熟练的勇士。当然虽然他们如此受欢迎，他们还是不能保持自己独立的军事单位，而是分散在苏丹和其他埃米尔的马穆鲁克军团中。

瓦菲达恩不是唯一以难民身份加入马穆鲁克军队的。此外，也有库尔德人、呼罗珊人与土库曼人逃离被蒙古可汗统治的波斯、伊朗、伊拉克和安纳托利亚地区，而加入到马穆鲁克军队。他们中的许多人被送去保卫叙利亚和巴勒斯坦的海岸，但很快被当地的阿拉伯人口所吸收。此外，也有十字军骑士（比如约翰三世阿苏夫的一个儿子）进入马穆鲁克军中服役并获得伊克塔地产去回报。另一些欧洲人可能像马穆鲁克的封建诸侯被那样留下。1302年，这些欧洲人融入了穆斯林人口。

马穆鲁克军团除了以上几种部队，还有一些少量的"特种"部队。他们将东罗马传统的秘密武器"希腊火"继承并衍生出了其他许多变种，如卡鲁拉（Qarura）火弹，里面装满了拿法火焰投掷罐，可以用手投掷或用工程器械抛出。之后使用火药的火炮也出现在马穆鲁克阵中，这些火药武器大约在1300年以后陆续出现，主要用在固定地点的防御上。

马穆鲁克全盛时期

我们再来看下全盛时期马穆鲁克的军事训练和战术。军事检阅在马穆鲁克军事训练中扮演了重要的角色。拜巴尔苏丹曾在一天之内检查了他所有的军队，以便没有人能从另一个人那里借装备来搪塞。每一个埃米尔经过他们的头领时，均穿着全部盔甲（因此会承受闷热和粉尘的痛苦），然后还穿着全部盔甲参与到训练中去。

在这样一支专业军队中，每一名战士的基础技能都非常扎实。骑兵不仅需要战斗，还能使用谋略进行躲避和假撤退，并且还能重返战场。步行的马穆鲁克骑兵必须能够忍受长途行军，当意识到有威胁性的攻击后能接应其他人，并对抗敌人的步兵，还要能搜查、疏散潜在的威胁。精锐的马穆鲁克战士还知道如何徒步战斗并建造自己的防御工事。

一些流行的错误形象是，穆斯林骑兵无法承受欧洲骑兵的冲锋。但显然马穆鲁克不是这样的。只要他们的指挥官认为有必要，马穆鲁克就会面对敌人冲锋站着，定点射击，然后依靠自己优秀的近战技艺来肉搏。不过，这样的静态策略大多记载在与蒙古的作战而非十字军中。另一个马穆鲁克对抗蒙古的典型战术是在夏季烧毁幼发拉底河南岸的草场，因为蒙古成群的小型马想要找到食物，更依赖于广阔的草场，而马穆鲁克的马匹则更依赖于饲料，

第四章 蒙古克星：马穆鲁克骑兵

因而受到的影响小得多。马穆鲁克也会进行掠夺战术，而且常常是在夜间。他们针对的是那些剩下来的十字军领主的领土，这种战术迫使那些欧洲王公们向他们臣服并停战。另外，每次马穆鲁克出动多支军队进行袭击时，袭击的目的都是秘密的。指挥官在行军过程中才能打开他们的命令信函，才会知道自己究竟是主攻方向还是辅助军团，这样的话连最明智的敌人也不得不分散他们的兵力。

马穆鲁克战争的场景，既充满着侠义精神，也充斥着野蛮的残酷。两个军阵之间，勇士们之间公平的单打独斗在1291年阿克里马穆鲁克围攻十字军的攻城战中被记录下来。不过在击败了十字军主力后，马穆鲁克们也会在战马的马鞍上悬挂着一些敌人的头颅。

马穆鲁克军队指挥官对于很多细节都很注重，如果发动一次猛烈的突袭，指挥官会尽量保证风与太阳在他们的身后，太阳在身后不会影响冲锋骑兵们的视线，而跟随强劲的风向有助于冲锋。如果有大风或尘土刮在军队的脸上，马穆鲁克的骑兵会下马步行作战。马穆鲁克指挥官认为，对一场战斗来说，最佳的防卫位置是小山的背后。那里可以防止意外的攻击，而如果从那儿发动的伏击，敌人也很难防御。不过，马穆鲁克军队的核

◎ 马穆鲁克军乐手（1450-1500）。1为马穆鲁克鼓手，2为马穆鲁克王朝苏丹，3为一名外出的埃及女子。

心要被设置在高地上,以便让指挥官可以看见战场上的全景。马穆鲁克基本的战斗队形和过去一样,仍是传统的:一个中心与两翼。如果敌人在数量上处于劣势,他们就会被马穆鲁克军队包围。除非马穆鲁克指挥官没有采用两翼扩展的分散阵型。

马穆鲁克部队长久以来一直有这样的习惯,用一支包括步兵部队的军队防守左翼,而将最精锐最具攻击性的骑兵放置在右翼。在1260年的艾因贾鲁会战中,他们就是这样攻击并追赶崩溃的蒙古骑兵至山顶然后消灭他们的。这些马穆鲁克的成功战术也被附近阿克的十字军传到了意大利南部,在那里,同样的方法仅仅8年之后就被安茹查理在塔里亚柯佐战役中使用。

马穆鲁克其他战术策略包括箭雨覆盖。在1244年他们依靠这招阻止了一支十字军骑兵在加沙的冲锋,随后就是在1260年的艾因贾鲁特会战和1281年的霍姆斯会战中,箭雨覆盖也发挥出了重要的作用。

另外就是肉搏战术,当马穆鲁克骑兵对蒙古人冲击时,他们会尽量寻求近战,这样他们就可以发挥平时刻苦训练的优势,使用他们的重矛、剑与钉锤以获得胜利。当马穆鲁克到达敌军阵线时,他们还会用选择的优秀骑兵弓箭手射杀敌人的旗手或鼓手,使敌军无法进行战场联络。

军事科学也在这个军事化的国家被认真对待。几个世纪以来阿拉伯人和波斯人所写的书籍军事理论都在埃及军队中流行,但真正的特点是——马穆鲁克王朝由下级军官撰写的实用军事论文开始出现,显示了马穆鲁克军队中基层军官的素质水平。

马穆鲁克王朝另一个特点是关注间谍与情报,重视政治与军事谋略中的保密工作,并喜欢精心设计诡计。苏丹自己的马穆鲁克大多居住在开罗巨大的要塞中,而绝大多数的埃米尔和他们的军队也驻扎在开罗附近。因此,苏丹往往通过马穆鲁克来监控他的高级军官或官员。

另外,在军队的管理层面上,因为苏丹的马穆鲁克在整个马穆鲁克系统中往往保持着最精英的状态,因此新苏丹喜欢招募前苏丹留下来的马穆鲁克。不过对于前苏丹留下来的马穆鲁克,现任苏丹往往是打散建制后重新招募。这些苏丹的马穆鲁克在13世纪是当之无愧的军队主力。作为回报,他们也能得到最好的伊克塔封地,因此苏丹的马穆鲁克也显示出极大的忠诚和团队精神。但后果是,他们总是下一任苏丹"清洗"的对象,然后被再打散再招募。

前文提到过的卡萨基亚卫队形成了苏丹自己的马穆鲁克精英,作为苏丹的卫队、初级秘书,以及政治任务的礼仪官。只有他们被允许在所有的场合带剑。

马穆鲁克之间还是充满袍泽情的,这群人被招募、训练,随后一起服役。但是需要注意的是,这是一个基于利己主义、依靠金钱造就的实用主义关系。如果一个头领死亡或被解职,其下属成员只是寻找一个新的领袖而谈不上对以往头领有多少的忠诚,所以几乎没有证据表明马穆鲁克家族之间会有族斗。也就是说,野心勃勃的马穆鲁克埃米尔也不得不防范着他们追随者的野心——事实上,马穆鲁克社会比起当时的英格兰和法国效忠式的关系更近

第四章 蒙古克星：马穆鲁克骑兵

似 20 世纪的生意人之间的关系。

总体上，当时的马穆鲁克王朝是一个标准的军事化国家。马穆鲁克提供了政府和军队的基础，马穆鲁克军官中的"持剑者"掌管着军事事务，而其中的"持笔者"发挥着重要的行政作用。无论是哪种，他们的身份都一直与西方式的"奴隶"完全不同，虽非自由人却很高贵，在开罗生活的他们不会觉得比任何自由民要低等。

伊斯兰社会对于奴隶制比起西欧有不同的态度，奴隶不仅会得到良好的对待，而且他们的地位往往也很荣耀。更何况马穆鲁克和普通奴隶是不一样的，他们会有更高的生活标准。作为一个在中亚生活的马穆鲁克突厥人，在开罗并没有什么阻力。奴隶商人是他们的第一个主人，评估他们的潜力并将他们带到诸如开罗城市中的巨型要塞那里进行售卖。价格一直是变化的，但在15世纪，他们普遍值 50 至 70 迪纳尔，而当时一匹比较好的战马才值到 15 至 17 迪纳尔。

这些被认为有潜力的年轻奴隶，会作为学生被分别派往 10 个泰拜尔盖学院学习宗教、文学和军事，一直到他们成年为止。而他们要想获得自由并成为苏丹自己的马穆鲁克（注意这里的自由是相对的，他们的身份虽然已经不是奴隶，但在程序上依然是自己苏丹的奴隶），往往需要十年刻苦的学习和军事训练。

◎ *最后的马穆鲁克军队（1500-1517）。1为卡萨基亚卫队，2为前苏丹招募的马穆鲁克，3为北非苏丹火枪兵。*

马穆鲁克的军事训练是非常严格的，但最终这些学生们会在训练课程结束后得到他们的毕业证书、一套军服、战马、弓、箭、箭囊，成为一名合格的马穆鲁克骑兵。现代证据表明，至少在13世纪后期，这套态度和风格类似西点军校的培训系统已经培训出了军官。比如，在上文提到1291年那场克哈利尔率领的穆斯林军队围攻阿克城的战斗中，当时伤亡的83人中有13名军官（实际中军官阵亡率则更高）。一直到15世纪马穆鲁克衰落的时候，他们仍要经过这套军事学院流程，虽然当时培训已经完全在敷衍了。

著名的梅丹马哈训练场的马穆鲁克训练手册详细地反映了当时学院训练场的情况，而训练场的状态和数量反应这个国家的军事准备概况。早期的马穆鲁克时期训练场只在开罗零星分布，在阿育布王朝统治后期，梅丹马哈训练场已经建立，由当时的马穆鲁克军队中的"巴赫里军团"所建。这个训练场坐落在尼罗河岸，主要用于马球的训练。

著名的拜巴尔统治时期，它被置换为新的训练场，增加了台阶和观众席。之后拜巴尔又新建了一个靠近要塞的骑兵训练场，内有环形跑马场，还用石柱来标记长距离的弓箭竞赛。梅丹马哈训练场的鼎盛时期被石墙所保护，内有水车，饮水喷泉，种植着棕榈树和其他树木，附近还有为马匹育种的马厩。

1260年后，著名的统治者拜巴尔在每日中午至晚上的祈祷前，会亲自在梅丹马哈中训练。事实上，马穆鲁克的训练几乎是埃及王国每一个大城市中最吸引观众的运动。这种训练是体能和军事技能的一个训练系统。包括骑枪训练、马球训练、马弓弓箭训练、地面弓箭训练、标枪训练、弹弓射击训练、击剑训练、钉锤训练、摔跤训练、宗教学习、猎杀训练、赛马训练。

在所有训练中，射箭技能依然被那个时代的马穆鲁克认为是最重要的军事技能，他们认为这样可以保护自己的战马，因为在与蒙古人作战时马穆鲁克需要储备更大量的马匹资源，所以马穆鲁克特别注意保护战马。马穆鲁克骑兵静态射击时具备非常高的准确度，基本上马穆鲁克骑兵射手们能轻易射中75米之外的一个95厘米大小的目标。在射速上，马穆鲁克骑兵甚至比阿尔库金战役中的英国长弓手射得更快。晚期马穆鲁克的训练手册也包括训练在马上和步行时使用弩，这些武器适合于轻型

◎ 马穆鲁克的招募（1230-1300）。1为马穆鲁克埃米尔，2为奴隶商人，3为突厥奴隶。

第四章 蒙古克星：马穆鲁克骑兵

或是没有经验的骑兵。经常被人传说的马穆鲁克击剑训练其实排在马上弓箭训练和骑枪训练之后，被认为是一种次要战术。

狩猎训练更类似中世纪国家的一场军事演习。马穆鲁克在13世纪喜欢如蒙古人那样组织大规模的狩猎训练，一个由巨大的骑兵组成的圆环阵包围并逐步屠杀被包围在里面的动物。马穆鲁克还有一些很可能来源于蒙古，不同于欧洲骑士的训练方式。比如马穆鲁克要在行进的马上训练穿上和脱下自己的盔甲。对于重型骑兵来说，这显然不是一件容易的事情。此外，他们还要照顾保养自己的武器、盔甲和战马。

在长期的军事学院生涯结束后，马穆鲁克将得到学院发行的第一套装备，之后这个马穆鲁克就得靠自己搞装备，或从自己的长官那里得到新的装备。最完备优良的铠甲往往先提供给苏丹的精锐部队，但富有的埃米尔辅助单位也可以通过购买，装备得同苏丹马穆鲁克一样精良。比如在1280年，4000名阿拉伯穆拉部落进入马穆鲁克服务，不同于马穆鲁克骑兵穿着的重型扎甲，他们穿着是卡扎汗式链甲（混合了布质软垫，和大量装饰的链甲）。显然是从市场上统一购置的。当时大多数武器和盔甲都是大型城市制造的，其中既有埃及的大型城市，也有他们西方对手的大型城市。盔甲作为热门的货物被时常倒手于市场。所以那些阿拉伯骑兵可以去市场购买他们需要的装备。

各种编年史描述了当一次军事行动开始准备的时候，这样的武器集市会非常拥挤和繁忙。就如同上文所说，武器甚至从意大利进口。西方教皇屡次禁止这种贸易但却无法阻止。同时马穆鲁克从敌人那里缴获的武器也被反复使用或赠送给盟友作为礼物。例如，有记载在13世纪末，缴获的蒙古盔甲被赠送至遥远的也门南部。

马穆鲁克军事训练手册展示了马穆鲁克应该携带哪些装备，但这些盔甲的价格始终是在高度浮动中。在1299年，蒙古入侵的时候，重型金属扎甲的胸甲从10迪拉姆（秋季时两只羊的价格）暴增至100迪拉姆。到了14世纪，这种金属扎甲主要作为额外保护覆盖在链甲外面。当时棉质软甲衬垫也开始出现，其放置在盔甲里面，也可以穿在外面。中世纪晚期这种软甲则包含了铁片，一般被现代称为"铁甲衣"（相当于中国的布面甲），并取代了卡扎汗链甲。装备较轻的马穆鲁克用一种"铁片环绕"式的头巾来保护头部，更重装的马穆鲁克则戴着拥有链甲护颈、滑动护鼻，带有晚

◎ *15世纪晚期的马穆鲁克头盔。*

期穆斯林风格的整体式铁盔。

在中世纪晚期，复合弓演变成一个惊人有效的武器，变得更可靠，拥有更大的射程和穿透力，它给予马穆鲁克比他们十字军敌人更强大的火力。这个时代的马穆鲁克也使用弩，一些颇为先进的弩——用轮子和绞盘的绞盘弩并不仅仅用于攻城和海战，也可以用于野战。13世纪还有吹箭，但只用于狩猎。后来，马穆鲁克也拥有了早期的手持火枪。

晚期马穆鲁克作战手册的作者还有一个声明：用拿法——也就是希腊火，在艾因加鲁特击败蒙古人是不确实的消息。这场战役的胜利最主要是靠骑兵获得的，而拿法这些武器甚至根本没有发挥出作用。事实上马穆鲁克在野战中确实很少使用这种的武器。唯一大规模的使用是在1299年对付蒙古军队，马穆鲁克使用了500名拿法掷油兵，但蒙古军队根本不进入射程，拿法就这样白白烧完了。这说明实际上这些"特种部队"即使在马穆鲁克王朝兴盛时期，也不是能起到真正重要作用的。

马穆鲁克军队的主要收入分为地产与薪水两部分。马穆鲁克军中辅助军和没有受过训练的志愿军是没有伊克塔地产的。拥有伊克塔地产的军人由三部分构成。这三支专业军队分别是苏丹自己的马穆鲁克、埃米尔们的马穆鲁克，和自由人被称为埃尔塔（Halqa）的军队。

先说苏丹马穆鲁克和埃米尔马穆鲁克的情况，相对于苏丹的马穆鲁克来说，埃米尔们的马穆鲁克一般处于劣势地位，因为后者没有经过最好的军事学院训练。不过个别埃米尔也经营自己的训练场所。在埃米尔死后，他的马穆鲁克会被分散给其他的埃米尔或者被纳入埃尔塔自由民军队。因此他们的地产显然不如苏丹马穆鲁克。

由苏丹委派的高级军事指挥机构给予所有的军官伊克塔土地或者苏丹的另外地产补助。虽然伊克塔不是个人资产，可以由苏丹随时取回，但这样的收入持有人，在维持适当装备的情况下，一般能免征任何税收，这和拜占庭帝国8-11世纪的军区骑兵相仿。伊克塔主要是指农庄，但一些高级的军官可以掌握整个城镇的各个行业。一般情况下，苏丹会命令一名官员详细调查所有的伊克塔土地。这种方式被用来减少或控制某些军事团体，诸如埃尔塔的权力，以及祛除旧的，特别是那些不能再为王朝服军役者，这些人被看作是不应该再拥有伊克塔地产的人，原先丰厚的地产收入会被养老金来代替。

至于苏丹马穆鲁克和埃米尔马穆鲁克的薪水待遇情况基本是这样的：在拜巴尔

◎ 马穆鲁克王朝的步兵和海军（1400-1450）。1为马格里布水兵，2为自由民步兵，3为埃及海军军官。

统治期间，他增加了马穆鲁克的薪水，并且给的比前代王朝更多。除了来自于伊克塔的地产，军官们在一场战役开始前或是新统治者即位的时候还会得到一笔奖金。部队会收到每月的薪金，以及如下补贴：每半年或一年一发的补贴服装费用、每日都有的肉补、每周两次的战马饲料津贴。对于每月的薪水，苏丹的马穆鲁克要比埃尔塔自由民军队高得多。在15世纪早期，低阶战士可以拿到每月3迪纳尔，而军官可以拿到每月7迪纳尔，再外加他们的伊克塔地产的价值，高级军官每月能得到570迪纳尔。当然这套复杂的系统最终还是被打破了。在16世纪初的粮食危机中，即使是叙利亚的马穆鲁克卫戍部队也不得不出卖自己的装备来买食物。

当马穆鲁克步入老年的时候，他们可以因为病痛、伤痛或年龄而要求退休。一个可以光荣退役的马穆鲁克甚至可以保留自己的埃米尔军衔，并被作为辅助军团在开罗服务。但由于马穆鲁克之间的政治斗争，很少有人在职业生涯中能安定的退休。绝大多数马穆鲁克都会参与这样或那样的派系，所以会被流放一次甚至更多。如果不是这样而是因政治派系斗争失败被"放逐"的话，条件就差得多了，被流放者会被派遣驻守沿海港口或者远征阿拉伯地区——这意味着恶劣的地理环境和很少的战利品。有意思的是，虽然这些被流放者屡屡得到羞辱，但在重大战役中他们会被赋予持旗作战的光荣。

除了苏丹马穆鲁克和埃米尔马穆鲁克，马穆鲁克王朝军队的第三部分是自由民军队埃尔塔，这包括一些著名的单位诸如"人民之子"。埃尔塔军官通常不能升级为埃米尔长官，仅在叙利亚有几个高级埃尔塔军官。他们的地产自然也要少得多。在阿育布王朝统治下，埃尔塔仍是一支精锐，在早期的马穆鲁克苏丹时代也留下一些声望。但从13世纪晚期之后，给予埃尔塔的地产价值就开始大幅度下滑，其军事素质也随地产价值一同暴跌。到了14世纪，甚至普通市民能通过买卖的方式进入埃尔塔。在14世纪结束时，他们不再是一个合适的军事力量，在15世纪中叶，5000人规模的埃尔塔军中仅有1000名步兵适合服役，而且他们被描述缺乏控制和纪律。

不过叙利亚那里的埃尔塔自由民军队的情况则非常不一样。在这里埃尔塔军队没有降级成为当地的民兵，仍属于常备军，所以他们的伊克塔地产仍然相当大。不过这些所谓大部分"好"的地产也比苏丹马穆鲁克地产差得多，往往远离主要坚固的据点。

此外，马穆鲁克军队中贝都因人的地产往往是最差的，在战役中每月他们也只能收到一个半的迪纳尔。这也导致贝都因酋长虽然指挥着非常庞大的辅助军，却不接受马穆鲁克指挥官的命令。另外，贝都因人拥有较快的马匹，因此也经常担任通信服务。

◎ 马穆鲁克弯刀。

马穆鲁克的衰落

到了公元1382年，马穆鲁克中大部分突厥巴赫里马穆鲁克被置换为切尔克斯马穆鲁克。后者主要是欧洲人，大都从俄罗斯高加索地区的基督郊区而来。他们逐渐增多，渐渐对占主导地位的突厥人造成了威胁。直到最后，切尔克斯马穆鲁克成了马穆鲁克真正的主力。此后切尔斯克马穆鲁克经常召集他们的整个家族来分享他们的好运气，这使得大量缺乏军事训练的外国人仅仅凭借家庭的关系就涌入埃及，有时候还身居高位。

在晚期15世纪切尔克斯苏丹统治时期，前马穆鲁克统治者的马穆鲁克部队，会被派往艰苦的战役同时得到较低的薪水。现任马穆鲁克苏丹的核心军队往往由一些经验不足的军官组成，尽管他们声望较低，战斗力也不够强，但他们更为忠诚。

马穆鲁克的军事制度带给这个王朝一个无法破解的问题。他们虽然拥有强悍的军队，但因为苏丹与各埃米尔的互相掣肘，并不断发生内部政变，这个王朝也很难做到有效扩张。因此到了14世纪早期，马穆鲁克王朝显示出了第一个衰退的迹象，一系列的瘟疫在埃及和南俄的招募点打击了马穆鲁克的人力资源。14世纪后期，在突厥马穆鲁克与高加索马穆鲁克（从高加索地区和东南欧其他地区，也就是前面提到的切尔克斯马穆鲁克）之间的竞争酿成了各种内战。帖木儿入侵大马士革也曾造成了严重的破坏。入侵所导致的马穆鲁克内部争斗也进一步雪上加霜。很多不良情况开始显现，诸如较短的军事训练，不服从和忠诚度的削弱，使得马穆鲁克王朝衰落了。但即便如此，在之后的16世纪，马穆鲁克王朝面对谢里姆一世指挥的奥斯曼军队时依然是一支强大的势力。

训练是艰苦的，战争也是危险的，但最大的威胁却是瘟疫。马穆鲁克在晚期遭到瘟疫的打击，1459-1460年间，将近三分之一的马穆鲁克死亡。这让王朝不得不发展当地有免疫力的埃及人加入马穆鲁克，许多年轻的钦察人也纷纷进入了马穆鲁克新兵营充数。有趣的是，这倒是带来了中亚地区性别平等的传统。

瘟疫与军事人员素质的下降在15世纪可谓严重打击了马穆鲁克王朝的军事实力，除此以外，由于西班牙与葡萄牙等海洋强国的崛起，也使得埃及王国在香料贸易上

◎ 在叙利亚阿勒颇的一名马穆鲁克。

第四章 蒙古克星：马穆鲁克骑兵

的损失日益严重。过去最重视军事训练和军事装备发展的军国王朝现在反而在武器装备的进步上逐渐停滞不前。骄傲的传统让他们不愿意采用新的技术。武器上虽然有一些零星的改进，诸如中世纪晚期马穆鲁克骑兵们穿着垫着铁片的铁甲衣取代了链甲，开始戴着拥有链甲护颈的铁盔、滑动的护鼻等等。但直到15世纪，马穆鲁克还没使用板甲片加强的锁子甲，更严重的是，马穆鲁克在火药武器上的进展与不断扩张的奥斯曼军队相比可谓是停滞不前。

虽然14世纪火枪和火炮开始出现在马穆鲁克军中，但马穆鲁克们一直只是小范围使用，并没有普及开来。这让马穆鲁克在1516年与奥斯曼军队在达比克荒原的决战中饱尝苦果。

1516年8月24日，在叙利亚阿勒颇以北44公里处，自信的马穆鲁克苏丹带领着他的军队与他们的新敌人——奥斯曼军队交战。

悠久而强悍的骑兵传统让马穆鲁克苏丹无比自信，他从开罗出发时伴随着热闹的游行、音乐、赞歌和欢庆，仿佛还未作战他们就已经获得了胜利。也许他们的确有资本庆祝，因为苏丹率领着自己的马穆鲁克骑兵——也就是最精锐的马穆鲁克骑兵5000人，而且有15个"千夫长"级别的埃米尔带着自己的军队加入了苏丹的军队。有资料表明马穆鲁克全军包括各种民兵与志愿者达到了8万人，而他们的对手奥斯曼人，全军兵力则是6.5万人。

谢里姆一世的奥斯曼军队与马穆鲁克有相似的奴隶兵制度，却有着比马穆鲁克更加完善而现代化的征募、训练与军备体制。奥斯曼被称为卡皮斯库鲁的禁军骑兵，以及作为精锐的重装骑兵的西帕希骑兵足以与马穆鲁克骑兵相抗衡；而奥斯曼的步兵则优秀得多。相对于他们一直没有专业化步兵的对手，奥斯曼步兵中无论是滑膛枪手还是苏丹亲兵，军事素质对马穆鲁克自由民步兵简直是压倒性优势。更何况奥斯曼军队拥有专业化的炮兵部队，他们在此战中拥有50门大炮。

在奥斯曼令人恐惧的炮击声中，马穆鲁克军中的大批杂牌军与民兵很快就溃不成军，真正给奥斯曼军队造成威胁的仅有苏丹中的皇家马穆鲁克。这些最精锐的骑兵在苏丹的带领下猛冲奥斯曼军阵，而这个时代，早期的滑膛枪还不能完全阻止精锐骑兵的冲锋。皇家马穆鲁克排山倒海的冲锋造成了奥斯曼军中大量伤亡，让谢里姆一世一度想让军队后撤。但最终，专业化的军队让奥斯曼人最终赢得了这关键的一天。奥斯曼的专业步兵最终挡住了孤军

◎ 1为奥斯曼的巴尔干步兵，2为奥斯曼西帕希重骑兵，3为奥斯曼重步兵。

War History · 101

深入的皇家马穆鲁克骑兵，后者完全溃败，而马穆鲁克的苏丹也遭到斩首。在这一天，战争之神从骑兵转向了大炮。此战马穆鲁克军队损失高达7.2万人，而奥斯曼军队也付出了13000人的代价。

马穆鲁克王朝仓促即位的新苏丹土曼·贝伊二世重新集结军队对抗南下的谢里姆一世。相对于之前那位过分自信而送命的苏丹，勇敢的土曼·贝伊充分了解了16世纪火药武器的恐怖，于是从各种防御工事中集结装备火器的部队。但冰冻三尺非一日之寒，苏丹只集结了非常少的火枪部队。公元1517年，他最终决定在开罗城外的瑞达利亚，依靠一个强有力的防御体系来抵抗奥斯曼的军队。

苏丹把射石炮放置在壕沟和栅栏后面，从而想把野战变成守城战。他还使用了30辆（有其他资料显示是100辆）安装轻型火枪的牛车，以及骆驼火枪兵，但奥斯曼军队无论是火炮数量、质量以及炮兵质量都更胜一筹。在这场火器间的射击角斗中，奥斯曼的重型火炮取得了完胜。

一名马穆鲁克埃米尔的背叛加剧了土曼·贝伊二世失败。谢里姆得到了这个叛徒带给他的重要消息，于是命令军队绕道利达尼亚之后的红山发起冲击，从侧后包抄了马穆鲁克的炮台。

勇敢的苏丹土曼·贝伊二世只有带领着自己仅存的马穆鲁克亲卫队孤独地冲锋。他们绝望式的冲锋竟然冲破了奥斯曼军队的防御，并杀进了谢里姆一世的帐篷附近。无畏的马穆鲁克骑兵们甚至阵斩了奥斯曼帝国的宰相息南·巴夏。对马穆鲁克的英勇连谢里姆一世都给予了充分肯定，他说：“我们赢了，但我们却失去了息南·巴夏。”但这也是马穆鲁克能做到的极致了，接下来马穆鲁克被奥斯曼军队四面包围并溃退。就这样，马穆鲁克在开罗城前又遭到了决定性失败，战局已无可挽回。

第二天，土耳其苏丹谢里姆一世队伍严整地进入埃及首都。不屈的马穆鲁克苏丹土曼·贝伊带领残余势力又持续抵抗了8周。这位苏丹最终被奥斯曼军队抓住，并被吊死在开罗的中央广场。他的死正式宣告了曾经称霸一时的马穆鲁克王朝的终结。在未来4个世纪里，埃及与叙利亚都成了奥斯曼土耳其帝国广阔疆土的一部分。

◎ 1为耶里尼新军军官，2为奥斯曼滑膛枪火枪手，3为耶里尼新军海军。

第四章 蒙古克星：马穆鲁克骑兵

◎ 1为波斯尼亚步兵，2为奥斯曼统治下的马穆鲁克西帕西骑兵，3为游僧。

马穆鲁克王朝已经终结，但为数众多变节的马穆鲁克势力仍然残存了下来，这些埃米尔开始效忠他们的新主人——奥斯曼苏丹。而对实质统治埃及毫无兴趣的谢利姆一世，对埃及的行政系统并没有做实质上的改变。因此拥有本土优势的马穆鲁克又再度快速崛起，完全不了解埃及政治的奥斯曼地方提督往往很快就在政治舞台中被边缘化，马穆鲁克再度成为埃及实质的统治阶层。因此当时的埃及几乎不像是奥斯曼帝国的直接领土，反倒有些像是一个"马穆鲁克藩属"。

之后马穆鲁克的军事改革仍在缓慢进行。然而，马穆鲁克于军事上的变革完全是建立在与贝都因人或是苏丹火枪民兵作战的经验上，骑兵的基本战术仍维持在其一贯的中世纪式冲锋，他们也依然没有建立起自己的制式化步兵。马穆鲁克的军事发展比起蓬勃发展的欧洲，没有更接近反而差距拉得更大，这注定了埃及马穆鲁克将无法独立面对专业化与制式化的欧洲军队。公元1798年7月21日，伟大的拿破仑进军至开罗北方的艾巴贝，与当地马穆鲁克军队展开了一场与其说是战役不如说是屠杀的"金字塔战役"。但有趣的是，军神的眼光就是有独到之处，马穆鲁克缺乏的是军队制式化和现代化的训练素质，却并不缺乏个人战斗素质，因此拿破仑决定将让这些马穆鲁克接受法国军队的现代化军事训练并加入了法军，学习了现代化的骑兵线列冲锋。

到达法国的马穆鲁克只有250人，但他们的文化影响却是巨大的，这批传奇的异国骑兵第一次在巴黎阅兵就获得了众人好奇的关注与期望。之后拿破仑将此批马穆鲁克交由让·拉普将军负责指挥。在著名的三皇会战——奥斯特利茨会战中，学习了现代化的骑兵线列冲锋的马穆鲁克依靠勇敢的冲锋粉碎了俄军的反攻，并由于优异的表现而被授予标准军号。不过，马穆鲁克骑兵在这个时代已成为拿破仑现代化军队的点缀，而不再是一个中世纪王朝的支柱，他们的历史也随着这戏剧性的结尾画上了最终的句号。

◎ 加入拿破仑后的法军，使用线列冲锋的马穆鲁克骑兵。

第五章
遮天箭雨
英格兰长弓兵

作者 / IP

大约两个世纪以来，长弓实际上成了威尔士人和英格兰人唯一的主要武器系统，因而，他们拥有了西方世界最好的轻步兵。

——阿彻·琼斯《西方战争艺术》

1415年10月24日夜，阿金库尔。

英王亨利五世和他麾下的远征军正陷入绝境。自哈夫勒尔围城战以来，在士兵中流行开来的痢疾和给养不足的问题一直困扰着英国军队；因为伤病、疲劳和逃兵造成的减员总计超过了三分之一，加之行军时连遇秋季暴雨，士兵的士气十分低落。

亨利已经放弃了向巴黎进军的计划，但他也不打算从哈夫勒尔乘船回国。他打算突破法军的拦截，从加莱返回英国。在英军艰苦跋涉的同时，法国大军正从法国北部各处蜂拥而至。当英军赶到阿金库尔时，法军已经集结了总数超过3万人的军队，在阿金库尔北面严阵以待，阻断了通往加莱的道路。当晚天降大雨，英军宿营地的前方就是人声鼎沸的法军营地，踌躇满志的法国贵族们正谈论着第二天即将到来的决战——在骄傲的贵族们眼里，人多势众、装备精良、战意高昂的法军无疑胜券在握。

亨利的军队精疲力竭，饥寒交迫。但亨利并未绝望，他麾下仍有5000名可堪一战的英格兰长弓手。他们多是下层民众，没有盔甲，手持在法国贵族眼里看来十分低贱的长弓与短剑，因为持续的长途行军和在荒地中露宿而显得疲惫憔悴。亨利知道，只要部署得当，他的长弓手将会左右这场战役的胜负——就像前代英王爱德华三世和黑太子在克雷西和普瓦捷时那样。

让我们将目光转向这场战役发生时的欧洲大陆。14-15世纪的欧洲，正是中世纪逐渐步入尾声的时代。此时的西欧不仅饱受饥荒和瘟疫的威胁，战乱更是永无休止。

宗教、文化间的纷争，国家之间的对立与冲突，乃至不堪忍受压迫的农民的反抗，都会引致战争。

在诺曼底公爵威廉渡海征服英格兰之后，作为法国国王属臣的诺曼底公爵成了英国国王；英法两国的国王之间原本平等的关系也随之发生改变，并在接下来的数百年间变得愈发错综复杂，导致两国因为在王位继承和领土分配问题上存在着的严重的意见分歧而兵戎相见。这场战争历时超过120年，也就是闻名世界的"百年战争"。

在百年战争期间，西欧最强大的两个国家英国和法国都召集了盟友们的帮助。英国方面先后得到了弗兰德斯、布列塔尼、勃艮第等公国的支援，法国一方则陆续召集来自波西米亚、弗兰芒、热那亚等地的士兵。不论这些盟军的参战到底是为了金钱、地位、权力还是出于忠诚，他们的参战无疑使这场旷日持久的战争更加艰难而激烈。

在这场持续了一个多世纪的战争中，涌现出许多留名青史的将领、战役和事迹，双方的武器装备、国家体制、战术思想也都在不断发生改变。其中武器装备上发生的改变最为直观也最为深刻；在重骑兵、下马骑士、弩手、长矛手这些纷繁复杂的名字中，英格兰长弓手无疑是其中一个声名卓著而不可忽视的存在。英格兰长弓代表了中世纪弓弩类武器的巅峰——在14-15世纪的两百多年中，它使来自偏僻海岛、数量上经常处于劣势的英军能够以寡敌众，成为一支令人生畏的强大武装力量。

第五章 遮天箭雨：英格兰长弓兵

简单而有效：英格兰长弓与长弓手

综述

在英法百年战争中，英国大规模地将长弓手应用于战争，而英格兰长弓手主要使用长弓作为武器。英格兰长弓源于威尔士，并在传到英格兰人手中后发扬光大。实际上，英格兰长弓是一类弓的总称，有着不同的分支种类，也因种类不同有着作战、打猎、训练等不同的功用。同时，长弓只是中世纪时期种类繁多的弓弩中的一种，亦并不是仅有英国人使用；中世纪的许多欧洲国家都将长弓运用于战争中，但相对于长弓，更易于使用的十字弩在欧洲大陆更为流行。

英格兰人选中长弓作为军队制式装备的原因十分简单。长弓射出的箭矢威力虽强，但在当时的军用单兵弓弩中远不能算遥遥领先。但长弓的优点却是最适合英军需求的——首先长弓作为武器，成本相对低廉；其次，长弓的制作过程虽然严谨，但并不复杂，适于大量制造；而最重要的是，长弓同时具备可观的杀伤力，长射程与高射速，如果以现代的单兵武器标准来看，长弓这种武器的"火力"无疑十分强大，可说是远胜当时其他任何一种单兵投射武器。

英格兰长弓作为武器声名卓著，在整个百年战争的过程中，却没有一篇系统论述长弓的著作面世。在战争结束后的1544年，一位名为罗杰·阿舍姆的人首次将他掌握的长弓资料编集成书，但他是一名学者，而不是长弓手，对长弓在战场上的实际运用情况了解相对有限。而第一位用文字形式对长弓进行科学而有条理的论述的职业军事家出现时间相对更晚。伊丽莎白时代的1590年，长弓支持派的代表人物约翰·史密斯爵士，反对国会将长弓排除在军队制式装备以外（即后来的《终止长弓法令》）的决定，并将他的观点编著成了论文用于辩论。他的努力并未成功，在大辩论结束后，1595年颁布的《终止长弓法令》宣告长弓在与火枪的竞争中最终落败。

◎ 一名持弓的英格兰长弓手。画中同时可见被描绘的倒下的法国骑士。

然而，虽然这些关于长弓的论著无疑为后人在研究长弓时提供了不少相对翔实而系统的资料，但长弓的实际性能到底如何，在现代考古成功复原中世纪的英格兰长弓之前，并没有一个统一的可信度较高的结论。可喜的是，在20世纪60年代，人们在亨利八世的战舰"玛丽·露丝（Mary Rose）"号的残骸里（于1545年7月19日起航不久后沉没）找到了装满基本完好的长弓的箱子，这些长弓成为400多年后人们研究长弓最主要的实物来源，也使生活在现代的人们有机会领略中世纪英格兰长弓的风采。

弓与箭

英式作战用长弓，即战弓的弓背由一整根完整的木料弯制而成。由于弓背是一张弓中最重要的部分，选料和工艺的标准相当严格。制弓选用的木材最好的选择是坚硬而富有弹性的优质紫杉木，因为紫杉木材数量有限，榆木、榛木、白蜡木或橡木等材质坚硬的木材也是常见的制弓材料。英国进口木材的主要来源是地中海沿岸地区，包括西班牙、意大利、希腊克里特岛等地。一般认为其中西班牙卡斯蒂利亚的紫杉木质量较为优良，而在14世纪后期和15世纪，英国为保证弓料的可靠供应，甚至制定了用紫杉木充当关税的相关法律。到了15世纪中叶，威尼斯成了英格兰长弓木料的最大集散地。皇家兵器库和伦敦塔兵器库向欧洲大陆发出数额巨大的木料订单，英国商人们在这段时期以威尼斯为中

据点贮存和海运优质木料。除了通过进口获取木料，英格兰本岛出产的紫杉木材同样也被用于长弓的制作，但得到的评价普遍不高。

长弓成品总长一般为5英尺7英寸到6英尺2英寸（约1.7~1.9米）之间，少部分长达7英尺。根据记载，一般长弓木料的基本要求为"三指宽、七英尺长、质地均匀平直、没有结节的木材"。制弓木料通常来自树干中部靠近树心的部分；被制弓匠称为"腹部"的靠近树心部分的芯材柔韧性高而耐压，与之相对地，被称为"背部"的靠近树皮部分的边材材质抗拉性能较好，分别可以满足弓背内侧和外侧的弹性与硬度要求。除了材质，弓背的形状也十分重要：英格兰长弓弓背的横截面并非宽而扁的片状弧面，而是长宽比近似的圆柱形，而弓背内侧几乎为平面，这是为了在提升拉力的同时保护弓背相对脆弱的两侧。另一方面，弓背在弯曲时，理想状况下应当呈一个等半径圆弧，为了满足这个需求，弓背的厚度和宽度必须从中段向两端逐渐减小。这就需要制弓匠运用精细的切削工艺来达成这一目标。能否准确而有效率地将木料加工成理想的形状，是判断一个制弓匠是否熟练的重要标准。

让弓背逐步适应弯曲的过程被制弓匠称为"驯弓"。长弓与一般的复合弓不同，呈简单的圆弧形，制弓最重要的工序就是将弓身弯曲到适当的程度。英国匠人不用火烤的方式驯弓，因为火烤容易降低弓背的弹性；在弯曲弓背时匠人使用专门的托架，以多次弯折到位的方式弯曲弓身，避

免弓背折断或是失去张力。弓背的弧线是否流畅均匀是评判一张弓好坏的最重要的标准，为此制弓匠需要对弯折度和拉力进行多次微调。当达到适合的满弓开度，弓背表面平整、两端对称、形成均匀弧线时，驯弓过程就完成了。由于长弓的拉重较大，仅仅在弓背的两段刻出木质弦槽可能无法承受拉力，所以一般长弓两端会套上牛角或其他材质的基座再加工出弦槽，这也是英格兰长弓的一个突出特征。

英国匠人用于制作英格兰长弓弓弦的主要材料是大麻纤维。因为肌腱和皮革制作的弓弦会受到水的严重影响，而植物纤维受到的影响较小。相对的，在搓制弓弦时，需要用胶将纤维黏合在一起。在制成后，匠人与长弓手需要注意避免弓弦过于干燥，因为如果黏合纤维的胶质因为干燥而变硬，弓弦就很容易断裂。大麻纤维制成的弓弦被证明是可靠而强韧的。根据记载，八分之一英寸（约 0.3 厘米）宽的弓弦已经足够应付所有情况，甚至那些力量超乎常人的弓手也没有使用特制的加粗弓弦的必要。根据罗杰·阿舍姆的说法，英格兰以外地区的制弓匠也使用亚麻、丝绸等其他材料制作弓弦，但他并没有举出用于验证的实例。到 18 世纪时，匠人们普遍开始使用胶合的亚麻纤维制作弓弦，从那时起直到二战，位于欧洲大陆的比利时地区成了质量最好的弓弦的出产地。

与制弓相辅，在使用中，木质弓背与弓弦都需要得到妥善保护。约翰·史密斯爵士也在他的论著中专门指出："……在过去，木制长弓弓身得到特殊保养……受到良好保养的长弓使用寿命远远超过现今的长弓，而且弓身甚少出现断折……"对一个合格的长弓手来说，对长弓的保养也是日常生活中的一个重要组成部分。给弓背涂油和上蜡是一种常见的保护手段；罗杰·阿舍姆曾经如此记载："长弓手每天都必须用涂蜡的羊毛软布擦拭自己的弓……这不仅使弓显得整洁而鲜亮，同时也能在弓背表面形成光滑坚硬的保护层……如此一来天气的变化和湿气都无法影响到弓。"约翰·史密斯对长弓的保养的描述验证了这样的说法。他提到"弓手通常把蜡，树脂，牛脂

◎ *正在挂弦的英格兰长弓手。*

混合在一起加热,用羊毛布涂抹在弓身上,这可以有效地抵御酷热、严寒和潮湿"。他还提到长弓手们总是随身携带数根保养得当的弓弦——在不需要张弓的时候,长弓手会将弓弦从弓上取下并妥善保管。百年战争时期,英军中的长弓手喜欢将弓弦和备用弓弦放在帽子中,准备作战时再挂弦。对于熟练的长弓手,只需要不到一分钟的时间便能完成挂弦和绑扎,将长弓调整到待发状态。

长弓用箭分很多种。根据英国学者普莱斯特维奇的描述,箭支长约一码(约35英寸,合90厘米),头部装有铁箭镞,箭杆粗而直以平稳飞行。在1484年制弓业者行会的条例中提到,16便士可定购100根质量最好,兼具高强度高重量的箭杆。箭杆应当"以最高的标准打磨光洁,剥掉树皮并涂以清漆"。箭杆使用轻材质制作的箭叫飞箭,射程长,一般专门用于远射;作战时长弓使用的通常是白蜡木、桦木等重材制作箭杆的重箭,箭杆直径约为二分之一英寸(约1.3厘米)。虽然重箭因自重较大而射程较近,但穿透力和杀伤力也相应更强。箭羽由3片羽毛(通常是鹅毛)组成,呈120度夹角胶合于箭尾7~9英寸处,并用细绳绑扎牢固以免在快速飞行中脱落。长弓手通常每24支箭绑成一扎。长弓手会随身带一扎或半扎(24支或12支)箭插在腰带上以备急用,另外两扎(48支)装在布制箭袋中背在身后。接战时,长弓手还会把箭取出插在面前的地上以便取用。1513年亨利八世北上的时候带了26辆弹药车,装了24万支箭。

◎ 傅华萨编年史中普瓦捷会战附图,可以看到长弓手腰中的箭和地上的箭袋。

制作长弓选料仔细,工艺严谨,但制弓过程本身并不复杂,亦不像佩剑、铠甲一样必须量身定做。对于熟练的制弓匠,只要材料充足,平均花费2小时就能制作出一张长弓。长弓简便的制作工艺,让长弓作为制式装备的快速大量生产成为可能,甚至长弓手也可以自行制作长弓;相对的,十字弩的生产则需要多个工种的熟练配合以及复杂的设备。

长弓做工简单并不意味着粗制滥造,英格兰的长弓制造业规范程度相当高,制弓匠人也有着相应较高的收入和地位。鉴于长弓作为武器的特殊性,英军对长弓制定的质量标准十分严格,制弓匠人们一刻不敢放松对长弓品质的要求。在百年战争期间,应制弓匠要求,英国官方通过组织巡逻队和悬赏举报等方法,确保没有制弓匠在夜间光线不佳的情况下制弓——因为照明不足,制弓匠在夜间工作无法保证达到日间工作的工艺水平,这一行为是被禁止的。制弓行业业者为整肃市场的努力还

第五章 遮天箭雨：英格兰长弓兵

◎ 百年战争期间英国官方对夜间制弓的弓匠进行查处。

不止于此——1416 年制弓匠人再次集体上书请愿，要求英国官方加强市场管理，因为长弓手中出现了"粗制滥造的产品导致了不应有的伤亡"，损害了整个制弓行业的声誉。

弓手装备与弓术

一名典型的英格兰长弓手的装备除了长弓与箭矢，还包括护臂、手套和箭袋等弓术用具。大部分长弓手还携带一把短剑或匕首，以应对可能发生的近身格斗。

长弓手的护臂起到两个作用：保护前臂不被弓弦刮伤，以及防止衣物的袖子部分阻碍弓弦活动。在理想状况下，射击时弓弦不应触及手臂；一部分弓手通过弯曲肘部来确保这一点，但这同时缩短了张弓的距离，对出力有一定影响。罗杰·阿舍姆认为，增加弓的"弦高"（即长弓已挂弦，但未被拉开时弓弦到弓身中部之间的距离）能够避免弓弦在箭矢射出时击中前臂。然而，弦高的长度直接影响到长弓的性能，因此简单地增加弓的弦高并不是一个好的解决方法。

○ 1415年，阿尔库金战役中长弓手的装备。

护臂一般由皮革或动物犄角制成，也有少部分用象牙制成的护臂（中世纪欧洲的象牙制品原料大部分是海象长牙）。人们在"玛丽·露丝"号上发现了11只皮革护臂以及一只角质护臂。这些护臂形制大体呈长方形，边缘修整成光滑的弧形；护臂上的装饰也和都铎王朝存留至今的护臂相似。一部分护臂会在护臂的两面钉上或印上纹章样式的印记，这些形制不同的纹章通常来自不同的城市，贵族抑或王室成员，带有纹章的护臂可能用于显示持有者的编制所属，或是来自与弓手有着雇佣关系的雇主。皮革护臂一般使用皮带与搭扣系紧，皮带一端用铆钉固定在护臂上。角质护臂的外形与皮革护臂相近，靠近肘部一端通常打磨的更加光滑。

射箭用手套相比护臂，在记载中出现较少，"玛丽·露丝"号残骸中也未发现实物手套。鉴于此，有人认为一部分熟练的长弓手的手指指节因为多次拉弓，已经变得十分僵硬以至于不需要手套。一般认为，长弓手使用的手套按形制分为全指、半指（亦称为"骨架"手套）、护指型三种。全指手套与现代的全指手套形状类似，并在指节部分缝入了额外的皮革块以保护拉弓的手指。这种手套也是在描写中世纪的作品中最为常见的手套。半指手套的手指部分覆盖拉弓的手指的指节，并与手掌部分连在一起。护指并不是严格意义上的手套，仅仅是一块套在手掌内部的皮革，弓手将手指穿过皮革上的开孔以固定皮革的位置，并在张弓时用于分隔手指和弓弦。

前面提到过的箭袋无疑是弓手装备

第五章 遮天箭雨：英格兰长弓兵

◎ 英格兰长弓手常见弓术装备，包括弓与箭、护腕、手套、箭袋等。

中的重点。然而，在小说、电视以及电影中频繁出现的背负式的箭壶，与现实中的中世纪长弓手使用的箭袋有着巨大的差别。实际上，直到16世纪，我们一般印象中的箭壶都尚未出现在长弓手的装备中。在中世纪时期，英格兰与西欧其他国家的弓手都习惯于直接将箭矢绑成一束，插在腰带后或是挂在背上，一部分长弓手则会使用箭袋。在这个时期中，有着明确记载的箭袋有三种类型。第一种类型的箭袋形象来自于法国作家让·傅华萨所著的《见闻录》，看起来像是形状各异的亚麻布或帆布材质的布袋，可能带有硬质衬里，箭矢随意的摆放在袋中；第二种箭袋类型与第一种类似，出现在勃艮第公爵查理（即大胆查理）的弓手队伍中。第三种类型的箭袋是最为常见的形制：这种箭袋看起来像一个用皮革、帆布或是亚麻布等软质材料制成的长形的筒状布袋，两头用细绳系紧，并连在腰带上。在战斗中，弓手将袋口的细绳解开以便将箭取出使用。

备齐了长弓与弓术用具，只能说初步具备了成为长弓手的条件；对于使用形制简单的长弓的长弓手来说，弓术才是他们的骨与肉。

长弓射程最大可达400码（约360米），长弓手主要作战距离为200码左右，这也是对长弓手射箭准确度要求的合格线。英格兰长弓手强调"强弓射远"，然而强弓易得，射远难求。长弓射术绝非简单易学的技术，想要成为优秀的长弓手，需要长期的训练和实践。英格兰弓手们很快意识到了从孩提时期开始培养弓术的重要性。

据记载，英格兰男孩一般从7岁开始使用小型弓进行弓术训练，并随着身材的成长逐步开始换用更贴近战弓形制的长弓。主教拉蒂默在1549年对年轻的爱德华六世布道中如此提到："在我年轻时，我勤勉而穷困的父亲曾教导我习射，我所认识的其他孩子的父亲也同样这样做。我的父亲教导我正确的拉弓方式：用全身的力量开弓，而不是如同其他国家的弓手一样，仅仅使用手臂的力量。在年复一年的练习中，我使用的弓拉力越来越强，我的力量与我的年龄一同增长。我相信，如果不是与长弓一同成长，将长弓看成生命的一部分的人，绝不可能练就卓越的弓术。"

除却必要的臂力和体能，弓术的核心部分是熟练掌握开弓时的瞄准方式。长弓瞄准方法可以大略分为4种：直觉法、半直觉法、瞄准点法（Point-of-Aim，即POA）、瞄具法（借助瞄准具或是长弓上的标记以辅助瞄准）。

直觉法的运用，现今多见于投掷石块和飞镖的时候。通过大脑接收包括投掷物重量、投掷距离等需要的信息，并决定如何使用适当的投掷动作和力量。实际上，大部分人在投掷或射击时都会利用直觉来进行判断（即所谓的"凭感觉"）；这与熟练的驾驶者在驾驶过程中挂挡的动作类似。而半直觉射法与直觉法大致相似，主要特点是在运用更多的经验进行判断，如在射箭时将箭尖搭在弓身上的位置作为射距的一个参考基准等。相对来说，直觉法与半直觉法是较为粗放的瞄准法；但此类瞄准法对于英格兰长弓手来说行之有效，因此被一直沿用。

第五章 遮天箭雨：英格兰长弓兵

箭矢与子弹不同，平射射程短，弹道弧度大，因此射击角度的选择对保证射程和准确性来说尤为重要。为了量化射距，中世纪后期的英格兰弓手依靠长期射箭中积累的经验，确立了"直瞄距离"（亦称近距离平射射程，Point-blank Range）的概念，并以此为基础，制定和运用被称为"瞄准点法"的瞄准方法进行瞄准射击。

对于长弓，直瞄距离是指在一定的射程距离中，只需要水平持弓，目视瞄准，并使箭尖与目标成一直线平射便能使箭的落点在目标位置上。若射距超出或短于直瞄距离，便提高或降低射角，以便对箭矢飞行轨迹做出调整。抛射时，也同样用类似的方法测定射距；直瞄距离的确定可以让弓手更为简单快捷地根据情势选择合理的射法与射角，在弓术练习过程中和实战中皆具有重要意义。然而，中世纪弓手们未将瞄准点法用科学的方法正确描述或总结出来，而是往往凭借个人经验与习惯进行瞄准。一部分学者认为，部分弓手在运用瞄准点法瞄准时会同时使用瞄具，即所谓瞄具法；但至今仅有文字记载，并未发现实物证据以支持这种观点。

在罗杰·阿舍姆的论著中虽然没有对弓手瞄法按类别进行分类，但他描述了使用瞄准点法进行抛射的弓手："……当弓手施射时……在自身与靶子之间假想一个明确的标志物……并以此判断射距。"同时他还提到了显得更为依靠直觉和经验的瞄准方法："一些优秀的弓手，在拉弦张弓时紧盯着靶子的方位……随后将视线转回弓背上并将弓抬起，直到放弦时才重新看向前方。"阿舍姆同时也提到，"只有直射的时候，弓手才会一直看着靶子。"

阿舍姆与其他英格兰人一样，对长弓手的射术的准确性给出了极高的评价："长弓的瞄准是如此简单而有效，如若一名弓手自小习射，那就绝无可能射失。"

除却瞄准方法，拉弦开弓的过程对于射箭同样十分重要。现代复合弓弓手们在开弓时，多半会将拉弦手放在靠近眼部下方的脸颊或下颌部位，这样的拉弦姿势被认为稳定性好，适于精确瞄准。无疑，许多中世纪弓手也是使用同样的拉弦手法；但大部分研究者认为，英格兰长弓手最为传统的拉弦手法，是将弓弦"拉到耳际"并施射。

"拉到耳际"中的"耳际"，泛指从耳郭到前胸之间的一段距离。将拉弦手稳定在耳郭位置需要相当强的力量，将手放在胸部位置可以减轻肘部负担，拉弦无疑会更轻松。但降低拉弦手的位置意味着抬高持弓手的位置以确保角度不变，对于使用弓体长而重的长弓的弓手而言，这也是相当困难的。阿舍姆描述了两种不同类型的持弓手——"正手弓手"指代的是那些因为在身高和臂力上有优势，在长距离射击的场合，仍然可以从持弓手位置的上方进行目测和瞄准的弓手；而"逆手弓手"则是指那些抬高持弓手以确保长射程，因此视线只能从持弓手下方穿过的那些弓手们。

长弓手们多使用三指拉弓法进行拉弦。在阿舍姆的记载中，英格兰长弓手中也有着"二指拉弓法"的存在。仅用两个指头进行拉弓的优势是相对于三个指头拉弓对

War History · 115

弓弦的摩擦力较小，但另一方面拉力也会下降，因此使用二指或三指进行拉弓主要取决于弓手的手指力量。

熟练的瞄准与开弓过程造就了长弓手的高射速。具备合格弓术水准的长弓手一分钟可以精准瞄射 12 支箭，而一千名长弓手同时发射，一分钟就能射出上万支箭，形成在长弓手们的敌人口中被称为"英夷之雨"的箭矢豪雨。

英国长弓传统

英格兰人拥有着独一无二的长弓文化。英国重视长弓传统的形成是一个长期的过程，而且很大程度上与英国历史结合在一起。但无论是全民射箭的风气抑或英格兰长弓文化本身，起到主导作用的都是英格兰的统治者们。

在征服者威廉到来之前，盎格鲁-撒克逊时代的英格兰的文化与军备夹杂着维京与日耳曼特征。在黑斯廷斯之战中，哈罗德国王麾下皇家侍卫手持的丹麦长斧曾经让诺曼步兵与骑兵遭到重创。彼时的不列颠岛是英雄史诗与历史交汇之处。在随后的诺曼征服中，威廉将当时先进的封建主义政治体制带到了英格兰。威廉将土地分封给追随他的诺曼人，并压制盎格鲁-撒克逊贵族；善于行政管理的诺曼人秉持的实用主义影响了英格兰的风貌，英国今日尚存的古典浪漫和实用主义夹杂的风气可以说由此而来。

1066 年，征服者威廉为了确立诺曼新贵族的地位，限制盎格鲁-撒克逊贵族的权利，规定臣服的盎格鲁-撒克逊有产者不得拥有骑士的装备。弓箭并非骑士装备，自然不在法令禁止之列；虽然并非威廉本意，这条禁令的实行在一定程度上在英格兰推动了长弓的普及。不过长弓也并非是任何人都可以拥有——下层平民及农奴持有长弓仍然是不合法的。

由是，弓箭在某种程度上达到了仅次于佩剑、盔甲、骑枪等骑士装备的地位，成了一种身份的象征。随后在频繁的对内与对外战争中，英格兰的习射风气逐步发展。1252 年，在连遭军事上的失败后，英王亨利三世颁布了新的军队法案（Assize of Arms，1252 年）。该法案作为 1181 年版本军队法案的扩充，强调了弓箭的重要性——根据新的法案，对于英国下层平民，置备弓箭也成为一项义务。在亨利三世之子"长腿"爱德华一世继位英王后，全民习射的风气得到了进一步的加强。爱德华一世的后继者们继承了重视长弓的传统。爱德华三世甚至颁布法案，规定所有 15 到 60 岁的男性公民需要在周日及假日于当地教会参加两个小时的射箭练习，并且禁止把时间浪费在除射箭以外的其他运动上。

长弓手必须拥有强健的体魄，高超的射术和身体协调性。英格兰长弓的拉力达到 120 磅，要做到短时间内多次开弓需要锻炼出相应强劲的膂力。因此练习射箭的过程十分艰苦，以至于不少熟练弓手的手臂骨骼与脊柱都严重变形。尽管如此，在对持有长弓的限制放松后，英格兰人对于习射表现出了极高的热情。一方面下层平民认为射箭曾是本土贵族的特权，修习弓术

第五章 遮天箭雨：英格兰长弓兵

在一定程度上是地位提升的表现；另一方面，在爱德华一世在征兵制的基础上推行募兵制后，优秀的长弓手将会得到作为志愿兵参军的机会，从军很显然比务农更加有前途。

在募兵制度下，志愿兵和英王实际上是一种雇佣关系。长弓手作为志愿兵跟随英王或是其他贵族行伍作战，根据契约领取的军饷远比务农收入可观，更可以在战斗后依据契约规定和战功分得战利品，因此士气普遍比欧洲的征召步兵高昂。长弓手虽然阶级高于一般征召步兵，但仍然不在贵族之列，一旦被俘虏，无法得到释放而被杀死的可能性很高；这也使得长弓手的战斗意志更加无畏而顽强，有的长弓手甚至在契约期结束后一再回归行伍，成为经验丰富的职业老兵。在最初与英军敌对的威尔士人手中，长弓只是一种出色的单兵远程武器，而英格兰人则把数以千计的长弓手集结起来，并以此作为主要军事力量。全民射箭的英格兰长弓手兵源充足，英军可以有选择地只录用那些身材高大、臂力过人、弓术精湛的弓手加入队伍。因此，在军队法案实行近百年后的百年战争中，英军的长弓手军团是一支由精兵组成的劲旅，而且拥有庞大的后备兵源。

◎ 弓术训练中的英格兰长弓手。

另外，英王对英格兰下层平民拥有长弓这样的廉价而强有力的武器持开放态度，也有政治上的考虑，即希望让平民反抗压迫时多将矛头指向直接压迫者。1381年的英国农民起义中提出的具有代表性的口号"国王以外的其他人都不应拥有特权"，明显表现为反抗领主而非针对国王。这类武装农民反对地方贵族的运动，在英王眼中，对王室权威是个利好消息。

相对的，英国人在欧洲大陆的主要敌人——法国人，并不是没有意识到长弓的投射火力优势和卓越的性价比。但法王和法国贵族们并未效仿英国，致力于建立属于法兰西的精锐长弓兵军团。虽然法国贵族的确崇尚骑士精神和骑士风度而轻慢长弓手，但这并不是唯一原因。事实上自百年战争初期的一系列战役以后，法国的确推进了一些旨在推广长弓和十字弩等其他弓弩类武器的措施，但政治上的考量和法国缺乏长弓传统的事实让法军弓箭部队的发展受到了一定压制。贵族们担心，一旦这些底层出身的弓箭手像他们的英国同行一样成为一个特殊的阶层，他们就有可能团结起来反对法国的贵族。基于这个忧虑，法军更多地选择雇佣来自各个地区的弓弩手，而这些弓弩手在法军中也主要扮演纯粹的辅助兵种，对战局影响有限。

由此，英国的长弓传统让英格兰在百年战争中能够组建起数量庞大的长弓兵团，并以此对抗法兰西的重装骑士。这是长弓与长弓手们最好的时代——高贵而骄傲的贵族骑士们在踏上战场时，面对的不是同样高贵而遵守礼仪的对手，而是呼啸而来、遮天蔽日的箭影。

百年战争：英格兰长弓的辉煌轨迹

威尔士征服与苏格兰独立战争

英格兰长弓源自威尔士。威尔士王国的历史比英格兰更加古老；自罗马帝国时代以来，威尔士人先后抵抗过盎格鲁-撒克逊人、维京人，以及最后的英格兰人的入侵。威尔士长弓由维京人长弓延续而来，并于中世纪时期成为威尔士民兵的主要武器之一。由于长弓的廉价，威尔士的牧羊人甚至可以将掌握长弓的射击技术作为自己的一门副业。威尔士人还是将这种形制简单的长弓半专业化，形成一种比寻常弓弩更有威力的武装体系。此时的威尔士长弓还未像后来的英格兰长弓一般闻名于世，但威力亦不容小觑；据载，在1182年的威尔士门户，阿伯盖文尼城（Abergavenny）围攻战中，便有威尔士人发射的流矢穿透了4英寸（约10厘米）厚的橡木门板的记录。

威尔士人与英格兰人之间的关系复杂

第五章 遮天箭雨：英格兰长弓兵

而多变，战争时有发生。然而在1194年卢埃林成为领主后，这位强有力的领袖很快就开始着手拓展他在北威尔士的势力。接下来，卢埃林证明了他是一位精明且富有经验的领导者：1211年，约翰王在内忧外患下于对威尔士的进攻被卢埃林率领威尔士民兵轻易击退；在约翰王死后，卢埃林在取得后继者亨利三世的允许后，成功地将威尔士境内的全部王国撤销，建立威尔士公国并由卢埃林亲王本人统治。北威尔士在卢埃林时期，有效地抵挡了英格兰的进攻，扩大了统治的领土，而且以格威内斯为中心建立了强大的统治机构。

然而，虽然卢埃林采取袭击和伏击战术屡次击败约翰王与亨利三世的侵攻军，在爱德华一世加冕为英王后，他遇到了难以对付的对手。在1276年，爱德华国王开始征召英军，准备对威尔士发动进攻。这支军队只包含少量的骑兵，主要由弓箭手、轻步兵以及民夫组成。爱德华一世摒弃了前代英王选择的大规模，企图速战速决的战略。他计划在占领地实施持久战略。他依靠雇佣方式召集了能够适应威尔士的森林、多山荒野地形，并能够持续与威尔士人作战的军队，避免了后勤保障问题。

爱德华首先攻克了卢埃林治下的一些靠近边境、疏于防备的城镇。随后，爱德华切断了通往卢埃林领地的供给，并于接下来的冬季继续实行掠夺和追击战略。事实证明，他发动的冬季战役是相当有效的。爱德华国王在被占领的领土上修缮并新建城堡与要塞，以阻止威尔士人对所占领地区发动袭击或重新夺回所占领地区。这一持久战略，不仅横跨了1277年的整个冬季，而且持续到了英格兰对威尔士的征服过程结束。

随后，英王爱德华得到了意外的好消息——卢埃林在军阵中被一名没有认出他就是卢埃林的英格兰士兵刺伤身亡。卢埃林的意外战死无疑减少了英格兰人在征服过程中遇到的困难，推进了英格兰征服威尔士的进程。爱德华推行的土地开垦与加速了英格兰制度以及语言在威尔士的逐渐传播。在接下来的数年中，尽管占领区的威尔士人也有过反抗，但都被迅速而有效地平定了，保持了威尔士政局的稳定。在爱德华的后期征服战役中，一部分威尔士人成了英军主力，这也让威尔士加快了成为英化的、英王领地的组成部分的步伐。

对威尔士人不断进行政治渗透是爱德华一世政治征服的重要内容；1284年，爱德华征服威尔士全境，并颁布"威尔士法"。他接受威尔士人的要求，同意由一位在威尔士出生、不会讲英语、生下来第一句话说威尔士语的亲王来管理威尔士人。此后，他将他即将分娩的王后接到威尔士，生下的王子便成为第一位威尔士亲王，即后来的爱德华二世，此

◎ 英王爱德华一世肖像。他在去世后被安葬在威斯敏斯特大教堂，被称作是"Edwardus Primus Scottorum malleus hic est, pactum serva（爱德华一世，苏格兰之锤，坚守忠诚）"。

称号也作为王位继承人称号沿用至今。自此，英格兰成功地将威尔士纳入统治。同样的，英格兰人也让威尔士的长弓手加入他们的军队，也更加强化了在英格兰推广普及长弓的举措。

在平定威尔士后，英王很快将目光移到北方的苏格兰上，苏格兰成为英军前线。苏格兰与威尔士相似，是一个经济不发达的山区国家。这让苏格兰人也像威尔士人一样，注重较为廉价且更适宜山区作战的重步兵。苏格兰军队中也有少量的重骑兵和弓手，苏格兰重骑兵战力与英格兰重骑兵相当，但显然苏格兰弓手远逊于威尔士和英格兰的长弓手。

被称为"苏格兰之锤"的爱德华一世在威尔士征服后逐渐发展制定出一套步弓协同的战法。他了解，长弓如果不能发扬集中火力猛烈输出的优势，并不会对战局产生多大的影响。1297年的斯特灵桥战役中，威廉华莱士用长矛手截断桥头，把正在过河的混杂在步骑兵中的长弓手赶入河滩，聚而歼之。然而在1298年，面对苏格兰人同样的依靠长矛阵组织的防御，赶到战场的爱德华一世调动并指挥长弓兵进行齐射；当苏格兰排成密集阵型的长矛手遭到重创，队形中出现缺口时，爱德华命令英军骑兵从打开的缺口处发起冲击。骑兵很快就突破且击败了对手，接着便向苏格兰的步兵发起追击，给予苏格兰人以重创。

1327年，爱德华三世即位，和爱德华二世不同，爱德华三世继承了他祖父的军事能力，同时长弓战术体系在他手中也更加系统化。在1332年的杜普林战役中，数千名英军面对几乎五倍于自己的苏格兰军，在苏格兰人于沼地上试图冲击下马骑士阵线时，利用两翼的长弓手压制苏军两侧的长矛方阵，逼迫苏军后退而相互挤压以致自相践踏。当时的场景被描述为苏格兰人"由于过于拥挤而互相践踏至死，其因挤压至死的人数多于被箭射死的人数"。随后英格兰骑兵上马并进行追击，将苏军彻底冲散，给苏格兰人带来了更多的伤亡，而自身伤亡甚微。第二年7月的哈利敦西尔会战，这位年仅20岁的英王运用几乎同样的战术，在山脊上列阵的英军依靠地形优势阻击仰攻的苏军，苏军在无谓的冲击山脊阵地的过程中伤亡惨重，1.2万余名苏格兰步兵战死近三分之一，而英军则几乎没有损失。

然而苏格兰人并不会就此妥协。他们再次采取防御态势，依靠有利地形和掠夺战术与英格兰人周旋，保持着苏格兰作为王国的独立性。在这段时期中，因领土纠纷与佛兰德斯的贸易纠纷，英法矛盾逐渐激化，爱德华三世也开始将主要精力转向法国一方。1337年，由于王位继承权纷争，爱德华三世出兵法国，百年战争正式打响。历史的车轮带来了斩将杀敌，建功立业的机会；平民出身的英格兰长弓手们终于要直面欧洲中世纪的代表，中世纪社会的中坚——骑士。

初露锋芒：克雷西会战

在百年战争初期，英法两国都采用了相对谨慎的战略。法王腓力六世也许是一位合格的骑士,但他远非一位明君;自他登基以来,在与英格兰的对抗中使用了一系列冒险的举措,如打击佛兰德斯的英国商人,试图收回英王在法国拥有的领地等。这些举动实际上导致了他与爱德华三世的全面战争。而爱德华三世则面领着财政上的困难以及同盟间的不稳定,这让英军无力长期持续作战。

1339年,爱德华三世首先在佛兰德斯领地登陆,与他的盟军会合。爱德华三世计划沿用他在哈利敦西尔会战的战术,占据有利地形并歼灭法军。然而腓力六世也十分谨慎,他同样选择将法军驻扎在一定距离以外,设立堑壕与障碍,等待英军来袭。双方经过了很长一段时间的按兵不动后,先后因为补给不继而撤离。在随后的1340年,英格兰海军在斯鲁伊斯海战中取得大胜,几乎全灭法国海军,成功将制海权握在手中。失去海军的法军失去了渡海入侵英国本土的可能,也导致之后的战役大多发生在法国本土。

随后6年的战事显得风平浪静。在1346年夏天,为了支援处境困难的佛兰德斯和布列塔尼盟军,爱德华三世在英格兰征召英军,并公开宣布自己将前往支援吉耶纳。然而他的军队自朴茨茅斯启航后,直抵法国北部并登陆。很显然爱德华希望继续运用他已经十分成熟的步弓配合战术,与法军展开一场会战;但是为此在与他的低地国家盟军相距甚远的地方登陆,这无疑冒着很大的风险。

在得知英军登陆的消息后,法王腓力六世下令停止对吉耶纳公国的进攻,并转向诺曼底方向以截击英军。英王爱德华在登陆后便先向东行军,尔后折向北,以便靠近法兰西边境,与他的佛兰德斯盟军会合。腓力六世决定阻止英军渡过塞纳河;他下令让集结的法军将塞纳河下游所有的桥摧毁,并沿河布防以阻止英军从渡口浅水区徒步涉水过河。当英军到达塞纳河附近时,爱德华发现法军已经早一步赶到了塞纳河对岸,且附近的桥均已遭到破坏。爱德华因此向东朝着巴黎方向行进,并继续寻找可以渡河的桥梁。但随着英军逐渐靠近巴黎,仍然没能找到易于夺取和修复的桥。爱德华此时表现出了他优秀的判断力。他派一支英军继续靠近巴黎城,同时夺取了一座桥梁,并命令工兵进行修复。法军不能将英军对巴黎的威胁弃之不顾,法王决定保持对英军的监视,同时分兵保护巴黎城。由此,英军顺利修复桥梁,并渡过了塞纳河。此时对于英军来说,形势变得非常有利。法军正在重新集结,而佛兰德斯方面的盟军正在依约向集合点推进。只要与盟军会合,英军就能够获得前进基地,能够更好地为之后可能发生的会战做好准备。

但是事与愿违。在接近一个月的行军中,受到征召的法军从各处赶来,加入法王的队伍,紧紧追赶着英军。而英军则因为长途跋涉,损耗了不少马匹和装备,补给问题也愈发突出。在英军通过徒涉越过了法军封锁的塞纳河后,又一个难题摆在了爱德华面前——他得知佛兰德斯盟军因为遇到了法军强硬的阻击,已经被迫后撤离开预定的集合区域了。

在这紧要关头,爱德华国王再次展示了他作为一名优秀的统帅的决断与魄力。

他对主要由他和他的祖父创立并发展的英格兰长弓战术体系十分有信心，决定与数量占绝对优势的法军进行一次会战。这套多兵种协调战术体系的战术思路十分清晰——在部队处于防御状态的基础上，骑兵下马，以下马骑士作为正面防御力量建立防线，在防线后方布置长弓兵，在对防线发动攻击的敌军攻击范围之外以投射火力给对方造成伤亡。若敌人以重步兵与骑兵发动攻势，便稳固防线，依靠英格兰长弓手作为还击手段；如若进攻的敌人多为轻步兵，缺乏重步兵与骑兵，英格兰骑兵可以择机上马，以马上突击冲散敌军。当敌人的有生力量遭到大量杀伤后，英格兰的骑兵则又将上马作战，以期追击敌人，扩大战果。

此战英法双方兵力确切数字无法得到准确统计，但可以确信的是双方力量对比相当悬殊。法军总兵力可能超过3万，其中有约1万名骑兵（由骑士、普通重骑兵和一部分轻骑兵组成），6000人左右的雇佣热那亚十字弩手，以及数千到一万人左右的缺乏纪律与训练的征募兵（大部分是农夫）。而英军的部队仅包括约5500名长弓手以及数量在2500人左右的重骑兵，以及大约1000名威尔士长矛手。

爱德华将英军部署在克雷西村附近的一个低矮的小山上，以便居高临下迎击法军。爱德华选择的地形极为有利，山坡前正对法军的必经之路，山脊上分布有大片森林，山两侧有河流与村庄作屏护，右翼是克雷西村，左翼是瓦迪库尔特村，长弓手们还在阵前设立了由尖木组成的拒马。

爱德华将部队分为3个大队，分别由爱德华王子（即黑太子爱德华）、诺萨顿伯爵以及他本人指挥。右翼部队由黑太子率领，部署于靠近克雷西的位置，以河流作为屏障；左翼部队由诺萨顿伯爵率领，部署在瓦迪库尔特村附近，依靠树林和拒马作为掩护；由英王本人率领的本队则配置在战线稍后的位置，坐镇中央，整个布阵情况呈现出一个倒V字形。爱德华三世下令所有重骑兵下马，与部队中的威尔士长矛手组成紧密横队并配置在阵型前方，并将长弓手配置在防线侧后，组成了十分严密的防御阵型。

布阵完毕后，英王爱德华骑马视察部队，并鼓励英军奋勇作战。英军在吃过午餐后列成阵势，并坐在地上休息。由此，以逸待劳的英军在做好充分准备后，精神饱满地准备迎战来袭的法军。

法军在当天下午4-6时左右排成数个纵队陆续到达战场。腓力六世保持了他的一贯的谨慎作风——他命令部队集结，推迟进攻，到第二天再决定是否向英军发起攻击。在长距离的追赶中，法军未遇阻碍，法军骑士与步兵们战意高昂。虽然大部分骑兵还在列队赶赴战场途中，且除了热那亚十字弩手外，步兵还未就位，纪律松懈，组织涣散的法军仍坚持要发动进攻。腓力六世无奈之下只得同意进攻，他仍然按照预定计划，下令热那亚弩手首先赶赴队伍前列，使用十字弩射击布阵的英军。

在会战初期热那亚十字弩手表现出了尚算良好的纪律性。弩兵的首领将他的弓弩兵排成队列沿山坡向上推进，而山上的

第五章 遮天箭雨：英格兰长弓兵

英军则早已严阵以待。弩手首先在离英军阵地大约150码的距离上停下来，开始发射弩箭。然而由于英军在山坡上布阵，仰射让十字弩的射程大大降低，导致多数弩箭并没能射中英格兰长弓手。于是热那亚弩手们再次向前推进，以期望进入最佳射程——这时，英格兰的长弓兵开始向山下发动齐射。

英军的长弓齐射在战后得到了这样的评价："遮天蔽日的豪雨从天国骤降而至，方才还晴朗的天空，一瞬间便被阴影遮蔽。"在150码的距离上，长弓手射出的长箭对于只有简单防护的十字弩手可说是摧枯拉朽。长弓射出的弓箭落在热那亚弩手中，造成了惨重伤亡，甚至连弩手首领也死于阵中——失去组织、肝胆俱裂的热那亚弩手开始向后撤退。他们的撤退被认为是懦夫行径以及对他们的法国雇主的背叛；逃向法军骑兵的许多弩手被骑士们毫不留情地砍倒在地。

当英军延伸的齐射落入法军骑士阵中时，法军骑兵断定发动进攻的时机到了；他们开始展开队形发动冲击，后续的法国重骑兵们也开始呐喊着冲锋向前。法国重骑兵将受伤和奔逃的弩手踩倒在地，而英军的箭又雨点般落到他们身上。法国骑兵越过了第一线混乱的队形，但是许多战马中箭而倒，骑手们也遭拦阻而大部分未能到达英军的阵线前。只有少数骑兵绕开英军的屏护冲入英军阵列，但无法越过英军的下马骑士组成的防线。

在佛罗伦萨的乔万尼·维兰尼的关于这场会战的记载中，他提到英军在打击热那亚弩手时使用了一种被称为"勒伯迪斯（Ribaldis）"的火炮。这种火炮后来也在对加莱围城战的描述中被提到——直到1380年才有被称为"勒伯德金（Ribaudekin）"的装上轮式机构的火炮的记载出现。然而考虑到当克雷西会战发生时，乔万尼正在旅行结束的回程途中，因此他的文字记载可能来自于士兵和其他人的口中，而不是描述他本人的亲身体验。

在乔万尼的描述中，英军的火炮被描述为发射大型箭头和霰弹的火器；他同时也认为英军同样使用火炮对发动冲锋的法军骑兵进行了打击。他写道："英军火炮喷射出火焰和铁弹……在雷鸣般的声响中，法军士兵和战马蒙受了可怖的损失……热那亚人遭到长弓与火炮的打击，（会战结束时）整个战场上布满了死于箭矢火炮的人的残肢断臂……"

在接下来的数个小时中，排成横队的

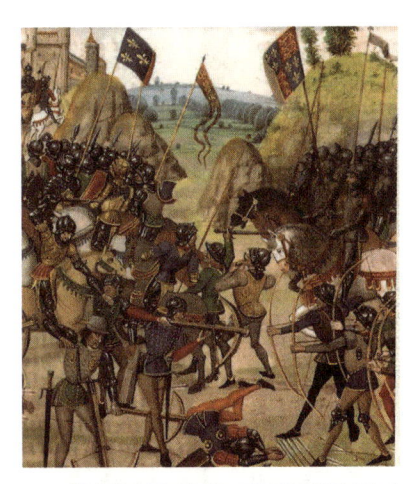

◎ 画作中的克雷西会战，可以看到长弓手与十字弩手。

War History · 123

法军骑兵英勇而毫无道理地一批又一批冲入混战中，然后在荆棘一般密集的箭丛中向山脊上的英格兰人发动冲锋。然而英军阵地位于山上，地形和英军设置的遮蔽物成了法军骑兵最大的阻碍，不断有受伤的法军骑兵从斜坡上摔落，在法军阵中造成了更多的混乱。尽管在后续的冲击中，有的骑士也成功到达了下马骑士阵前，但是他们数量终究太少，在仰攻中仍然无法突破英军阵线。法军合计发动的十数次的骑兵冲锋尽数失败——这场会战持续到了深夜，腓力六世尽管尚有一部分残存的兵力，但眼看无法挽回败局，只得率残部撤离。

克雷西会战的结果证明，虽然法国重骑兵的护甲对长弓有一定防护效果，但他们的战马身上披挂的护甲面对长弓完全不能起到防护作用。长弓手射出的长箭在会战中射伤或射死许多战马，倒下的马伤了不少骑手。法军重骑兵冒着箭雨冲击英军下马骑士的行为展现了他们的卓越勇气和进攻精神，但这样的勇敢只不过是愚勇。英格兰人的战斗队形虽然精密，但并非无懈可击；实际上，法王腓力在面对布阵完成的英军时，表现得十分谨慎，但他没能控制住他那由临时征召的贵族、骑士和雇佣军组成的部队。他理应在第二天再发起进攻，使用法军的骑兵来绕过村庄，掩袭英军侧后；从侧后攻击没有机动能力的敌

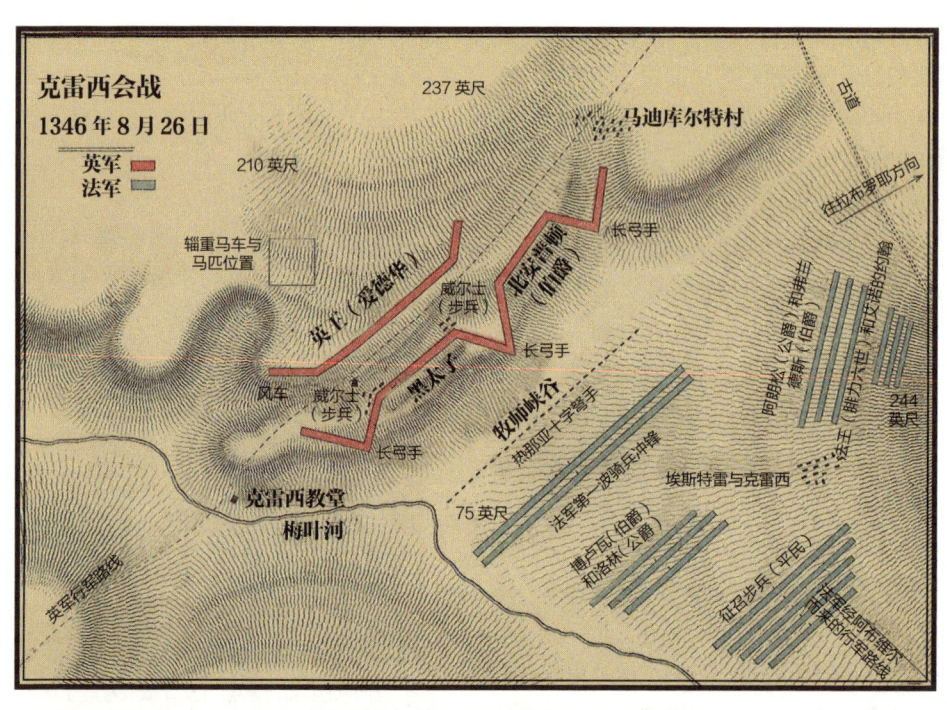

◎ 克雷西战役示意图。英军建立了坚固的防御阵地，而法军则分批次对防线进行冲击。

军显然更容易发挥法军的骑兵优势。如果长弓手在会战初期就遭到重大打击，英军无疑会遭到失败。毫无疑问，法兰西人的骑士精神，和以重骑兵冲击决定会战胜负的思想，导致了缺乏纪律性和战术意识的法军在克雷西会战中遭到惨败。

英王爱德华在第二天天亮后准许他的部队解散去检查法军死者尸体，并收括他们身上的财物。英军对法军造成了极为可怕的伤亡，山坡下躺满了法军尸体。经过统计，在山下清点后被排成横列的贵族和骑士尸体有1542具，法军骑士的实际损失可能超过2000人，剩余的骑兵、十字弩兵和步兵的伤亡数字未得到确切统计，但可以确信数量极大。被杀的人当中甚至包含波希米亚国王、洛林公爵、法兰德斯以下的十位伯爵等身份显赫的贵族。相比之下，英军的损失可说微乎其微，阵亡的骑士数目大约是300人。爱德华对如此多的法国贵族骑士阵亡感到十分遗憾——因为这些法军的死亡，让英格兰方面损失了大笔赎金。

克雷西会战是长弓手名震欧洲的第一战——英王爱德华在此一战中确立了对法军的战略优势，基本解除了法军机动部队的威胁。他随后通过长期围城战夺取了港口城市加莱——直到200多年后的1558年法军才将加莱夺回。在百年战争中，加莱成为英军的重要港口，对战争后续发展起到了重大影响。

黑太子的袭击：普瓦捷会战

随着加莱的沦陷，百年战争主战场转移到了布列塔尼和吉耶纳周边。1355年秋，爱德华国王从加莱出发实施远征，企图与法兰西新王——约翰二世交战并击败他。然而，约翰二世表现出了一定的战争智慧；他试图固守并避免与英军决战，而利用对领土的控制和法军的机动优势，实施坚壁清野战略，集中精力破坏英军行军路线上的城镇、村庄。这样费边式的战略无疑可以打击英军的后勤补给，因为对英格兰人来说，夺取当地物资是非常重要的补充给养的手段。鉴于英军一贯对法国城镇和村庄采取彻底破坏式的掠夺方法，这一战略实际上并不会对法兰西人造成比英军更大的伤害。

另一方面，爱德华国王之子威尔士亲王，也就是黑太子爱德华从吉耶纳出发单独指挥袭击行动。这位年轻的王子在克雷西会战中表现突出；他当时年仅16岁，就在战役中独立指挥了英格兰的一支分队。他与他的父亲一样，对沿途的法国地区采取破坏性掠夺战略，旨在消耗法兰西的战争资源。年轻的黑太子横跨法兰西数省，从英吉利海峡一路前往地中海海岸并折返；在完成掠夺目标的过程中表现突出，带回了大量战利品。然而，法军规避了黑太子的部队，双方没有发生正面冲突。

第二年夏季，黑太子从吉耶纳公国出发实施第二次袭击。这次他们向北直取巴黎。法兰西国王约翰迫于国内压力，只得率军自南方赶来，以期击败黑太子，解除威胁。

法军在克雷西会战中遭到败绩后，对法军步骑协同战术进行了一番改进。法军认为骑兵战马容易遭到长弓手杀伤，因而使重骑兵陷入混乱。他们效仿英军,将对弓箭射击有一定防护能力的下马骑士加入了步兵阵列进行作战。虽然在攻击重步兵阵线时,下马骑士杀伤力并不比重骑兵强,但因为不骑乘战马,下马骑士解除了战马遭到长弓射击的威胁,这让他们可以凭借自身的护甲更顺利地靠近英格兰防线。法军仍然保留了一部分重骑兵,以期在下马骑士与英军交战时,用重骑兵冲击英格兰长弓手。

然而法军虽然借鉴并运用了新的战术,但并未真正确立重骑兵与重步兵在战争中的地位与作用。法兰西人没有改变其依靠大编队冲击敌军阵线的战术指导思想,也未能以发挥骑兵的机动性优势为前提制定战术,如趁英军立足未稳发动袭击,抑或对英军阵型的侧后发动攻势。他们只是单纯地让部分骑兵下马实施徒步攻击,而另一部分骑兵骑在马上攻击英军的长弓兵。也因此,约翰二世麾下的法军仍旧难以进行步骑协同作战。

在黑太子的英军返回吉耶纳的途中,约翰二世率领法军在普瓦捷赶上了满载掠夺来的货物、行军缓慢的英军。早有准备的黑太子选择了十分有利的地形以应对法军。英军在左翼以沼地作为屏障,右翼则是在一条沟渠和马车的掩护后布阵。布阵方面,黑太子仍然沿用了英王爱德华的防守战术,摆出了与他在克雷西几乎相同的阵型。他让骑兵下马防御,将弓箭手部署在下马骑士的两翼及其防御阵线的间隙。

约翰二世率领的法军合计约为1.2万余人,包括超过8000名下马骑士和步兵,约3000名弩手以及数百名重骑兵,数量上超出只有约6000人的英军两倍。然而约翰二世并未吸取克雷西会战的教训,仍准备正面攻击已布置了坚固的防御阵地的英军。法王约翰将其部队编为四个编队。第一队主要为仍然乘马的重骑兵前卫,约翰计划使

◎ 百年战争初期的轻装英格兰长弓手。

用他们直接攻击英军长弓兵。后续编队主要由下马骑士组成，他们是攻击英格兰下马骑士阵线的主力。

会战中，法军再次遭到惨败。第一编队与克雷西会战的情况相似；他们的战马遭到英军两翼长弓手的大量杀伤，随之而来的是混乱和自相践踏。在重骑兵损失殆尽后，第一批徒步攻击的下马骑士编队在步兵和十字弓弩兵的支援下，冲到了英军阵前，与英军骑士展开了肉搏战。然而尽管他们给英军造成了一定伤亡，却未能击破英军阵线，自然也是无功而返。

法军的下一个下马骑士编队未曾攻击就开始撤退。至此，法王约翰决定亲统最后的下马骑士编队进行冲锋；黑太子也率部对最后的法军发起攻击，并下令一部分长弓手也加入到重步兵的阵列中进行肉搏战。两军经过一阵惨烈的厮杀，法军在黑太子派出一支部队迂回攻击法军的翼侧和后方后彻底溃散。

法军在普瓦捷会战中损失了大约2500人，还有超过2000人被俘，法王约翰二世也被英军俘虏。普瓦捷会战的结果证明骑士的下马徒步攻击比骑马攻击要有效得多，但与此同时，下马骑士缺乏战术机动性的缺点也暴露无遗。虽然护甲不会影响骑士行走或是挥剑，但对于进攻一方，长距离的奔跑和冲锋显然大大影响了骑士的灵敏性和体能，在一定程度上导致他们在交战中处于劣势。

普瓦捷会战是英军再一次凭借英格兰长弓手的战术优势取得的以少胜多的胜利。会战胜利后，黑太子带着俘虏和战利品率部凯旋。虽然普瓦捷会战不如克雷西会战规模大，但黑太子俘获法王约翰导致了英法两国的短期休战。其间，英格兰人同俘虏的法王进行了一系列的谈判。在这段时间发生了一个插曲：1360年，法王约翰的其中一个儿子安茹公爵路易（即后来的路易一世）等40位贵族被送往英格兰作为人质，以换回约翰二世；然而法王在回国后未能在6个月内凑齐赎金换回人质，路易遂试图与英王爱德华三世进行谈判以获取自由。在谈判失败后，路易私自逃回法国；约翰二世得知后，为了贯彻骑士制度的信条而只身回到英格兰，最后在英格兰去世，他也因此被称为"好人"约翰。

以法王约翰二世的太子（即后来的法王查理五世）为首的法国摄政者，不同意约翰二世在作为人质期间与英格兰达成的苛刻条约。英军随之对法国进行了数次掠夺性质的军事打击；法国王室难以同时应对英军的掠夺，国家经济崩溃以及下层平民反抗等不利情况，最后于1360年被迫签订极其不平等的《布勒丁尼和约》，宣告割让出卢瓦尔河以南至比利牛斯山脉的全部领土并休战。然而，在法王查理五世登基后不久，为夺回遭侵占的领土，战争又开始了。

最后的辉煌：阿金库尔会战

让我们回到1415年10月24日夜的阿金库尔。

此时已是欧洲中世纪的尾声，英法百年战争已经断断续续进行了78年。当年，英军在英王爱德华三世和其子黑太子爱德华的率领下，先后在克雷西和普瓦捷两次以少胜多，击败欧洲最负盛名的法国贵族骑士军团，迫使法国采取避战策略。然而腓力六世与约翰二世的后继者，法王查理五世着手整顿内政，编练军队，并任命法国骑士统帅，被称为"布列塔尼之鹰"的贝特朗·杜·盖克兰统领法军，以突袭和游击战术屡败英军，逐步蚕食英国在法国境内从布列塔尼到吉耶纳的领地。至1380年贝特朗去世，英国已退守沿海地域。英军意识到仅凭侵袭与掠夺行动无法使地大物博的法国屈服，战争陷入僵持局面。1396年两国缔结20年停战协定，英国仅保留波尔多、巴约纳、布雷斯特、瑟堡、加莱五个海港，和波尔多与巴约纳间的部分地区。

这个脆弱的和平局面很快被打破。1413年，年仅25岁的亨利五世登上英国王位。年轻的英王志向远大，立志击败法国，夺取王位。即位不久，法国统治阶级中的勃艮地、阿曼雅克两派便发生内讧，底层农民也起义反抗法国贵族统治；亨利借此机会，向法国提出新的领土要求，并请求迎娶法王的女儿凯瑟琳公主。法国方面将亨利的要求予以回绝。1415年7月，亨利正式向法国宣战，不久便率领约1万英军从南安普敦出发，乘船渡过英吉利海峡，在塞纳河口的哈夫勒尔登陆。亨利此次远征，依然奉行自爱德华三世以来历代英王的袭扰战略——他的目标是掠夺法国资源，攻占法国城市，伺机与法军交战。

然而战争进程并不像亨利预想的那样发展。哈夫勒尔守军在围城战中进行了艰苦的抵抗，随后英军又遭遇了横行的痢疾。而在英军前往加莱港的途中，英军遭到了法国皇室总管查理·阿布莱特率领的法国先遣军的袭击。周边地区的法军也同样在试图切断英军的补给来源，英军不仅难以保证正常的伙食供应，在秋季的大雨到来时更是因为缺少遮蔽，而不得不冒雨行动。

法王查理六世在召开御前会议后，命令封建领主集结各自的军队前去与正在索姆河畔阿у维尔驻扎的皇室总管阿布莱特汇合，与英军决战。在奥布莱特的先遣军一路尾随英军的时候，由法国大元帅布锡考特率领的大部法军从茹昂出发，渡过索姆河，并在10月20日与法国先遣军会师。随后两军向西北方向前进，最后，阿布莱特与布锡考特决意与英军决战，在阿金库尔附近率部拦住了英军的去路。

双方战役参加人数在不同资料中差异较大，亦不乏夸张之辞。现代研究观点认为，英军大约合计有6000人，其中900人为装备较好的骑士（作为下马骑士参战），剩余5000人皆为长弓手；法军人数最多可能在3.6万人左右，其中1.1万人为骑兵，1.8万人为下马徒步参战的重装骑士（大部为侍从武士），剩余7000人为热那亚雇佣的十字弩射手（其中包括少数弓箭手）以及少量长矛手。

法军统帅阿布莱特与布锡考特绝非平庸之辈。皇室总管阿布莱特是累战之将，素以用兵谨慎著称，而大元帅布锡考特更是法国赫赫有名的骑士，曾经多次率领十字军四处征战，还曾率部与欧洲联军一同抗击奥斯曼土耳其入侵。他在尼科波利斯

◎ 阿金库尔会战中，拒马后的英格兰长弓手。

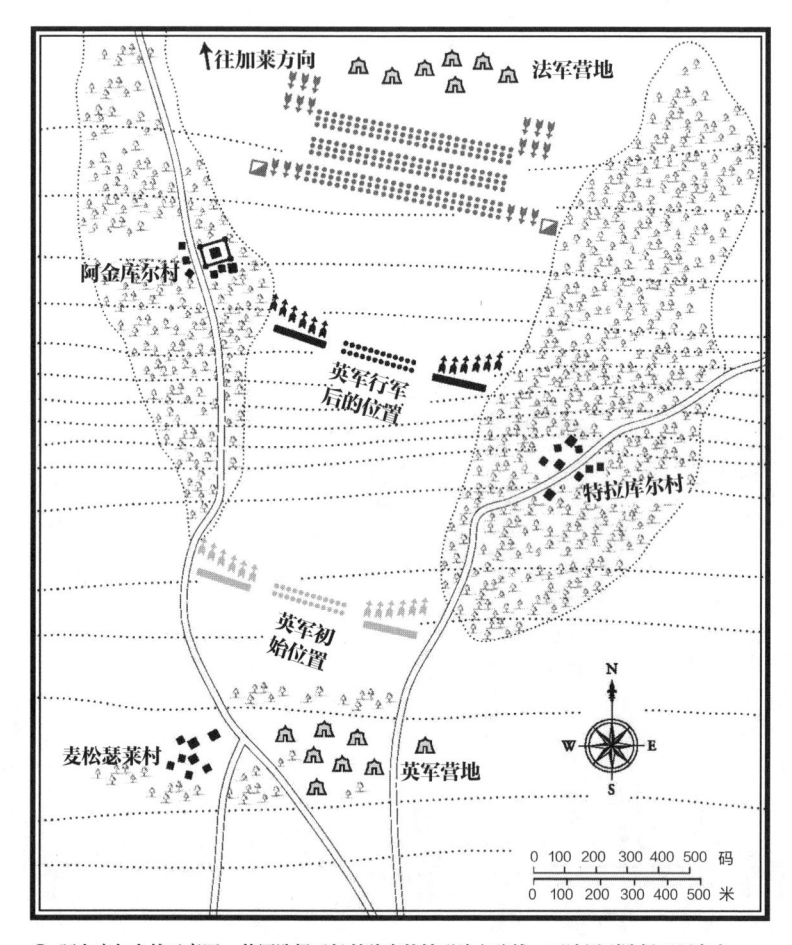

◎ 阿金库尔会战示意图。英军选择了极其狭窄的地形建立防线，而法军则选择正面突击。

战役中遭到土耳其军俘虏，后被赎回。从古代手稿中发现的计划书证实，布锡考特为这次会战制定了十分详尽的战略部署。法军按照惯例排出三条阵线，准备向英军依序发动攻击。居于阵型中央的第一阵由阿布莱特和布锡考特率领，中央是8000名下马骑士组成的方阵，另有超过5000名弩手在两翼提供火力支援；布西高特在第一阵左翼和右翼分别部署了约1600和800名重骑兵，这两支机动部队的任务是在中央阵线接敌以后，迂回到英国长弓手的侧后进行包抄。第二阵包括大约6000名下马骑士；最后组成担负后卫的第三阵的是剩余的9000名骑兵，他们的任务是在第一阵与第二阵突破阵线后，扩大战果，扫清残敌。

然而在指挥系统混乱的法军中，布锡考特没有足够的指挥权，无法让如此庞大的军队按战术布置统一行事，他也无法让法军中

第五章 遮天箭雨：英格兰长弓兵

的年轻贵族听从他的指示。阿金库尔当地地形是一条向北的通路，穿过两侧的树林。这条北向的通路，最宽的北部法军阵地处只有大约一千米，道路两侧布满树林和灌木，用骑兵迂回包抄英军不可能实现——更别提纪律散漫的法军骑士为了争功，在布阵阶段就开始向前挤，将第一阵的热那亚弩手挤到了阵型两侧，导致本该突前提供火力掩护的弩手完全失去了位置。

阿金库特郊外是一片农田，不久前当地人在这里翻种冬小麦，地表非常疏松，加上战前豪雨倾盆下了一整夜，使战场变成泥潭，实际上对步兵防御有利。英王亨利仍然沿用了英格兰长弓手与下马骑士协同的传统战术：他利用树林掩护向北排开自己的士兵，将下马骑士分为3个方阵布置在前方，弓箭手则布置在两翼斜向前排列，形成一个反V字形。此战中依照亨利的命令，英格兰长弓手还携带了新式的简易拒马；这种拒马是一根长约二米，两头削减的树干，临战斜向前插入地面，形成阻碍战马穿过的障碍物。

英军在早上7时列阵完毕，两军开始对峙。然而直到接近正午，法军并未发动进攻。亨利下令英军主动向前推进，此时弓箭手改为前锋，其余下马骑士变为后队，直到离法军大约400码，长弓手停步开始布置拒马。在英军向前推进的过程中，实际上是英军最为脆弱的时期——此时英军立足未稳，长弓手在前而下马骑士在后，未结成合理的防御阵型，如果法军发动冲锋，很可能将英军一举击溃。然而法军没有行动，延误了战机。

英军很快重整阵势。随着长弓部队统领厄宾汉爵士的令杖抛入空中，5000名英格兰长弓手取弓搭箭，拉弦张弓，发动齐射。弦声响过，5000支长箭呼啸离弦猛窜上天，随后又呼啸俯冲射向法军阵线，落在法国骑士的头盔与盔甲上，尖利的金属撞击声震耳欲聋。英格兰长弓手在短短一分钟内足以射出10支长箭，一分钟内，法军一线部队承受了足有5万支箭的攒射。实际上，400码的距离已经接近英格兰长弓的极限射程；此时的法国骑士已经普遍装备板甲，这样远距离的射击很难对法国骑士造成实质性的杀伤。然而英军的齐射仿佛成了对法国骑士的号令——骄傲的法国骑士们发出山崩海啸似的呼喊，向英军阵型展开了冲锋。

发动冲锋的两千余名法国骑兵很快便踏入了阿金库尔没膝的泥泞中。精锐的英军长弓手的齐射毫无空隙，法军冲击途中不断有战马中箭倒地，背上的骑士被抛到泥泞里，遭到后面的战马践踏。当法军骑兵接近长弓手时，简易拒马又给法军骑兵造成了惨重损失；不断有刹不住脚的战马撞在拒马上，骑士向前抛出好几米远落入英军阵中，连右翼骑兵指挥官威廉爵士的坐骑也撞在拒马上，他自己也落马身亡。残余的骑兵转身溃逃，迎面又撞上冲锋而来的法军下马骑士，人仰马翻乱成一团。

在两翼的法军骑兵率先发动冲击时，阿布莱特也被迫率领中路的下马骑士出击。第一阵的数千名法军下马骑士在泥泞里徒步向英军阵线冲锋。泥泞的地面被马蹄踩

War History · 131

过，更加难走，而第一阵的骑士们现在正在狭窄的战场上毫无秩序地乱跑，加剧了阵型的混乱；英国长弓手的箭雨虽然无法击穿法军骑士的板甲，但也迫使整个法军战线向中间拥挤，而在他们前面，英王亨利正亲率英军骑士严阵以待。

法军推进到 50 码时，长弓手开始平射。此时由于距离过近，板甲对长弓箭矢表现出的防护性能大大减弱，法军骑士中不断有人被射倒。法军骑士接敌时已经没有任何冲击力，他们虽然尝试挥舞手中的长戟，但却发现由于队形过于密集没有施展空间。然而精疲力竭的法军骑士仍然没有退缩，他们试图依靠数量推着英国骑士向后退。这时英军的长弓手纷纷从侧翼加入战团，伺机绊倒法国骑士并用短剑匕首刺杀他们。法国骑士一旦跌倒就深陷泥泞难以起身，又成为赶至而来的其他法国骑士的绊脚石，导致摔倒的法国骑士相互堆叠，英军阵前的法军尸体很快便堆积如山。在第一阵陷入混乱时，法军第二阵的下马骑士冲锋而至，再次与第一阵的残余兵力挤成一团，毫无悬念地遭到了屠戮。

法军第三阵的骑士们看到第一阵与第二阵法军的下场，纷纷溃散，只剩下马勒爵士率领大约 600 名重骑兵准备冲锋。然而这时发生了意外，有人报知亨利，英军后营遭到了攻击——英军没有留下任何预备队，而这次攻击并不在法军计划中，后来被证实实际上是法国当地贵族的一次劫掠行为。亨利了解到这一情况，担心数千名法国战俘乘机发难，毅然决定屠杀俘虏。英国贵族们强烈反对执行这种不名誉的举动，因为这种野蛮行径违反骑士精神，而且战俘能够带来巨额赎金。然而亨利没有收回成命，仍派遣 200 名长弓手执行杀戮。长弓手们很快便将身披重甲、手无寸铁的法国俘虏屠戮一空——大多数法国贵族俘虏都遭处死，包括身份显赫的公爵等人。

阿金库尔会战到此结束，以英格兰长弓手作为主体的英军再次以少胜多，取得辉煌的完胜，此战也成为名留青史的经典会战。法军损失过万，贵族阶级成员的损失可能超过 5000 人（包括一部分被俘但未被屠杀的），其中包括 3 名公爵，9 名伯爵，92 名男爵。皇室总管阿金莱特死于阵中，大元帅布锡考特被英军俘虏，虽然未被作为战俘屠杀，但也未获赎回，最终在英格兰客死他乡。英军死亡人数没有具体记载，但从包括约克公爵、萨福克伯爵等显要人物都战死的情况来看，伤亡数目也不会太少。另外，根据比较新的研究，约克公爵所部（约 400 人）战死至少 94 人，因此有研究者推算英军阵亡人物可能在 500 到 1500 人之间。

在阿金库尔会战后法国无力再战，法王查理六世于 1420 年签署条约，承认英王亨利五世为他的合法继承人。次年亨利迎娶凯瑟琳公主，正式取得法国王族身份，这样查理六世死后，英法两国将实现合并。然而 1422 年亨利在法国南部征战时染病去世，时年 35 岁。两个月以后，法王查理六世也撒手人寰——亨利就这样与法王之位擦身而过，未能完成他登上法国王位的梦想。

第五章 遮天箭雨：英格兰长弓兵

结语

阿金库尔会战是英格兰长弓最后的辉煌。在阿金库尔会战中，长弓便已经难以穿透法国骑士的板甲；从15世纪中期开始，火器逐渐在欧洲流行，威力也愈发可观。英军对此也有切身体会——1453年英法百年战争的谢幕战卡斯蒂永战役，法军用火炮和火绳枪将冲来的英军士兵打成碎片，取得完胜。

16世纪的战争则正式迈入了火器时代。从亚平宁到尼德兰，整个欧洲大陆硝烟升腾，大行其道的火枪火炮令威风一时的长弓黯然失色。长弓在战场上的作用再次大幅降低，连长弓手们也开始越来越热衷于尝试使用火枪。

15-16世纪也是英国圈地运动愈演愈烈的时期。大批农民失去了土地，或远走他乡，或到处流浪，成片的农田变成了牧场，传统的村落社区濒临崩溃，年轻人们聚集在教堂外拉弓练箭的景象也逐步减少以至消失。虽然都铎王朝王室和长弓协会极力

◎ 卡斯蒂永战役中面对法军火炮阵地的英格兰长弓手。

维护长弓的存在，为长弓制定了各式各样的规章与条款，甚至于1569年立法制止长弓手换装火枪，但兵员的枯竭已无法逆转。

到了伊丽莎白时代的1590年，长弓与火枪的支持者们进行了一次大辩论。辩论的结果仍然对长弓不利；终于，1595年颁布的《终止长弓法令》为长弓盖棺，这也宣告长弓最终退出历史舞台。

长弓手与长弓最终被火器取代，然而历史将会记住这种简单而有效的兵器和它的弓手们。英格兰长弓手有理由为他们的长弓与弓术感到骄傲——他们出身贫贱，地位低微，却团结一致，无所畏惧。正如莎翁笔下的英王亨利五世在阿金库尔会战中的演说里提到的——

"从今天到世界末日，我们都将会为世人所牢记。我们是幸运的少数，我们情同手足。今日与我并肩浴血者，都是我的兄弟。"

第六章
山国雄狮
瑞士步兵

作者 / 章毅

当这些人在山上或者森林中第一次遇到瑞士人时，就连告别的祈祷都来不及了，更别提什么抵抗。

——罗伯特·L·奥康奈尔《兵器史：由兵器科技促成的西方历史》

在人类历史上，时常可以发现这样一种现象，某个原本处于偏僻蛮荒之地一直不为人知的弱小民族，突然如同彗星一般，在两到三代人的时间里迅速崛起，拥有与其人口与版图不相符的军事力量，赢得周边邻国的敬畏。瑞士人便是其中之一。

至少在公元前1世纪以前，这个山地民族的祖先便居住在那片如今被我们称之为瑞士联邦，位于罗纳河、阿尔卑斯山脉、若拉山脉之间的土地之上。在上千年间，这片土地一直都是被他人征服与统治的对象，直到13世纪末，瑞士人才开始以区区三州之地反抗神圣罗马帝国最强大的诸侯之一哈布斯堡家族的统治。出乎众人意料的是，瑞士人连战连胜，在大约一个多世纪的时间里将联盟的范围扩大到了今天的瑞士联邦。之后瑞士人甚至出兵入侵南德的土瓦士地区，迫使南德地区的诸侯和城市向其缴纳赔款。到了15世纪中叶，瑞士邦联更是开始介入欧洲诸强的争霸战争。不过由于其有限的经济与人口，加上其特有的邦联政治体制，瑞士很难以整体的形式介入争霸战争，通常只能是以雇佣兵或者某个强大势力盟友的形式参与战争。因此，瑞士人在战争中的立场往往并不确定。但无论在哪一边，瑞士人都以他们的武勇让盟友放心，使敌人胆寒。直到今天，梵蒂冈的教皇卫队中依然有一队完全由瑞士人组成，以表彰他们的勇武和忠诚。

起源：凯尔特和罗马

作为欧洲最大的山脉，阿尔卑斯山脉将意大利半岛与欧洲大陆分隔开来，这个巨大的地理屏障在古代世界就成了拉丁民族与凯尔特民族的自然分界线。同时，它还是一个巨大的分水岭，欧洲最重要的几条河流例如波河、罗纳河、多瑙河、莱茵河都发源于此，这些河流从阿尔卑斯山脉的南北两麓奔流而下，在山脚下形成了大片平原或者谷地，那里土质肥沃，易于开发，在远古时代便遍布着富庶的田园和牧场。

可在今天瑞士联邦的地域，也就是从南向北划分为阿尔卑斯山区、"高原"区和汝拉山区的这块土地，就又是另外一番景象了。这片土地上倒是并不欠缺水源，上古冰川就好像一把巨大的犁，在山间形成了一个个巨大的洼地，山峰融雪成一条条溪流汇入其中，形成了许多美丽的湖泊；但是山坡上的土层十分贫瘠，海拔高处的融雪期限又太短，可以作为耕地的土地却只有山间的少数谷地，其余的只能供放牧之用。实际上除了阿尔高（阿勒河下游谷地）与图尔高（苏黎世湖与康斯坦茨湖之间的土尔河流域）以外，瑞士的其他大部分区域都并不太适宜发展种植农业。这些区域的经济支柱实际上是牧业，尤其是提供乳酪等奶制品的奶牛养殖成为当地的最主要经济基础（如果从地图上看，不难发现这两块主要的农业区域都是比较接近奥地利一边，实际上从奥地利更容易通过河谷进入瑞士，而从意大利一面却较难，这点对于瑞士的发展有着很大的影响）。阿尔卑斯山区特有的地理状况决定了每个谷地内部的牧民们必须严格按照规章制度来放牧，因为在山区随着季节的变迁，雪线也会随之发生变化，牧民们必须随着季节的变迁将牲畜在山坡与谷地不同的草场间迁徙，山间的草场远比平原脆弱。在这些过程中，如何分配草场、放牧多少牲畜不至于让草场发生退化都必须有公共的约束。尤其森林线以上融雪后的草场尤为珍贵，因为这些草场每年的范围都会发生变化，不可能固定划分，所以不同的谷地之间则经常因为争夺珍贵的"阿尔卑"（瑞士语中的融雪草场）而发生流血的战斗。在这些战斗中，瑞士的山民们养成了对外桀骜不驯、对内纪律严明的双重态度。瑞士邦联最早的三个州都是属于山间牧区，这并不是偶然的。

其实早在远古的时候，今天的瑞士地区就已经有了人类居住。但西方古典世界的文明是以地中海为中心的，马其顿、雅典、科林斯、罗马、泰尔、迦太基等等许多著名城邦都是位于地中海岸边。如果在公元前5世纪有一个人在地中海上空使用高倍望远镜俯瞰下去，将会惊讶地发现，几乎所有的文明城邦都聚集在地中海的周围，就好像一串巨大的珍珠项链。而无论是山区还是密林，在那些生活在海边的幸运儿看来，都不过是粗鲁的野蛮人罢了。因此，希腊人随意地大笔一挥，将阿尔卑斯山及其以北的几乎所有金发民族都划入了凯尔特人的范围内。关于瑞士人的先祖只有零星的记载，而且多是以强盗和山贼的形象出现的。

在公元前的欧洲，强盗是一个很普遍的职业。比如在《奥德赛》中，一位岛上的居民就直接询问落水求生的俄德修斯的职业是商人还是海盗；公元前3世纪，当一位罗马使者要求伊庇鲁斯女王限制她的臣民不要去抢劫意大利南部希腊城市的商船时，那位女王拒绝了罗马人的要求，振振有词地声称自己无权改变臣民自古以来的谋生方式。在高卢人那里，劫掠致富更是武士的本分，一个经常能给追随者带来丰富战利品的武士可是诗人称颂、人民爱戴、神明恩宠的对象。瑞士人在这个行当上有一个天生的优势，当时无论是从高卢、西班牙还是多瑙河流域进入意大利半岛的几条陆上通道都必须翻越阿尔卑斯山脉。在狭窄险要的山路上，无论是军人还是商旅不得不排成长队艰难地前进。在这里打劫，或者用比较文雅的语言说"进行战争"，熟悉当地地形的山民无疑占了莫大的便宜。不要说普通的商旅，就算是大军也不得不为安全通过而向山民们交买路钱。古典时代最伟大的军事家之一汉尼拔在翻越阿尔卑斯山入侵意大利时就向当地的酋长们赠送了丰厚的礼物，不过即使如此他也没逃脱山民们的袭击，付出了惨痛的代价。在罗马人的史书中也不难找到对背信弃义的狡猾的阿尔卑斯山民的诅咒，瑞士人的祖先们不但多次成功地袭击过小队的罗马军队,而且还夺取过罗马军团的鹰旗。

不过瑞士人第一次堂而皇之地登上古代地中海世界的舞台还得等到公元前1世纪中叶。拜恺撒所赐,这位古罗马首屈一指的统帅兼散文家在打败了瑞士地区最强大的部族厄尔维几人之余,还以他简洁有力的笔触为我们描述了这个古老民族生活、迁徙、发动战争的瑰丽画面,以作为向元老院提交的工作报告并驳斥政敌小加图对自己的攻击。

厄尔维几人的居住地位于大概今天瑞士的西部。公元前1世纪中叶,日耳曼部落从莱茵河东岸向西岸的高卢地区迁徙的同时,另外一部分日耳曼人也在沿着多瑙河河谷向今天的瑞士北部迁徙;受到强大压力的厄尔维几人决定离开故乡,前往更加富饶的高卢西南部沿海区域(即今天法国的普罗旺斯等南部省份)去寻找自己的乐土。公元前58年的3月28日,厄尔维几人集中在罗马行省边境城镇日内瓦附近,这里有一座桥跨越罗纳河,他们准备从这里渡河,通过武力或者恳求的手段穿越罗马的行省进入高卢。假如恺撒在《战记》中没有夸大的话,厄尔维几人的总数高达30万以上,而且野蛮和好战。厄尔维几人在大约50年前曾经击败过罗马军队,俘获其鹰标,迫使战败的罗马军队穿越轭门。而且这次失败还与恺撒有一点私人的关系,当时罗马军队的副将卢奇乌斯·毕索是恺撒的岳父卢奇乌斯·毕索的祖父。

因此在公私多方面因素的作用下,双方爆发了战争。

当恺撒得知厄尔维几人即将迁徙的消息时,就立即从罗马赶往日内瓦,同时下令在行省征兵,并拆除罗纳河上的桥梁。之后,恺撒施展了缓兵之计。他表示需要一点时间来考虑是否应允厄尔维几人的要求,让使者暂时退回去,等到4月13日再给予答复。

恺撒利用这段宝贵的时间,集结起兵力,还在日内瓦湖与若拉山脉之间的18英里范围内的罗纳河靠罗马人那一边修建加固堤坝,并在堤坝上修建16英尺(大约为2.5米)高的壁垒和壕沟,分派士兵驻守其中,准备抵御厄尔维几人的渡河。

厄尔维几人在渡河失败后,选择了绕路而行,决定穿越罗纳河与若拉山脉之间的狭窄道路进入高卢。而恺撒则选择了追击。他于索恩河附近,趁厄尔维几人通过了四分之三的时候,向遗留在河东岸的提古林尼部落发起了袭击,最后以微不足道的代价赢得了胜利。

双方最重要的一场战役发生在布拉克特城附近的一座小山上。当时恺撒因为后勤补给不济,不得不放弃对厄尔维几人的追击。厄尔维几人得到了这个消息,开始掉头追击恺撒。

恺撒此时的形势非常险恶,的确布拉克特城距离这里只有17英里,但是在厄尔维几人的追击下,埃杜维人会不会紧闭城门,将罗马军队置于绝望之中呢?(埃杜维人当时是罗马人的盟友,有向罗马人提供粮食的义务,布拉克特城是埃杜维人的城市,但当时埃杜维人的态度却颇为暧昧。)恺撒不能将自己与军队的命运寄托在高卢盟友的忠诚之上,于是他迅速布置军队,准备与厄尔维几人决战。

恺撒先让骑兵去抵抗敌人的先头部队,

第六章 山国雄狮：瑞士步兵

◎ 向罗马军队发动冲锋的厄尔维几人。

以争取布阵的时间。他首先将手头的4个老兵军团按照传统的三列阵布置在半山腰，而后将两个新兵军团与辅助部队布置在山顶，全军的辎重与行囊全部集中保管，用壕沟和壁垒保护起来，在完成了这一切后，恺撒下令将所有人的马匹都送到视线以外，以确保无人企图骑马逃走。

此时厄尔维几人的主力已经赶到，他们排成密集方阵，开始仰攻罗马人。与其他高卢人相同，厄尔维几人社会的统治阶层分为武士与德鲁伊祭司，德鲁伊祭司负责宗教、司法乃至文化的传承；而武士则专司战争和劫掠，如果一个武士能够在战争中屡次获胜并且对手下足够慷慨的话，就会有越来越多武士投到他的麾下，成为他的扈从，身份并不会成为他上升的障碍。武士及其扈从是厄尔维几人军队的骨干，而长剑与颈环是武士的主要标志。通常情况下，厄尔维几人会按照部落列阵，贵族武士和他的扈从们在第一线，战前吹奏长号，德鲁伊祭司穿行于行伍间激励士气，战士们用长剑敲击自己的盾牌同时大声唱颂赞美神的歌曲，这种氛围即可以震慑敌人，也能够催眠己方的士兵，使其达到一种"忘我"的状态。虽然厄尔维几人的战术十分简单，以冲击为主，但很少有敌人能够抵御住他们的进攻。

战斗的开始阶段，密集队形的厄尔维几人迫使前列的罗马人向山坡上撤退，经验丰富的罗马老兵先向高卢人投掷标枪，然后进入肉搏战。前面章节曾经提到过，罗马的标枪经过巧妙的设计，其铁制的枪头与木柄并非直接连接，而是用一个特制的连接件榫接而成，当标枪击中敌人的盾牌后，枪头与木柄的连接处将会折弯，厄尔维几人很难将其从盾牌上取下来，更不要说投回去了。被标枪击中长盾将会非常笨拙，很难使用，不少高卢战士不得不丢下盾牌，几乎是赤身裸体地与罗马人厮杀。更糟糕的是，高卢人所使用的长剑实际上并不适宜这种剑盾兵密集方阵厮杀。当士兵们组成密集队形，人与人之间的空隙很狭小，根本没有长剑挥舞的空间。

除了在武器方面，罗马人在战术上也具有优势。罗马的三列阵可以通过交错式的互换让士兵在战时得到一定的休息。另外，山顶上的新兵和辅助兵可以使用弓弩、投石器、扭力弹簧炮等武器用火力支援己方。面对厄尔维几人的猛攻，罗马人完全可以用暂时的后退消耗敌人的冲量，但厄尔维几人却无法做这种互换，因为他们身处低处，军队的组织也不如罗马军团，一旦后退很可能会被罗马人借势冲下来，那时败兵会冲散完好的部队，导致全局崩溃。

这场交战持续了整个上午，根据恺撒的《战记》中的记载，高卢人是无法忍受死

War History · 139

伤而被罗马人击败的。但从后来的记载中看，更大的可能性是厄尔维几人的主动撤退，因为接下来的战斗还持续到了傍晚，而且在战斗的过程中没有一个厄尔维几人逃走，显然厄尔维几人在撤退时还保持着完好的组织。当然，也有可能是因为恺撒手头没有骑兵的缘故（战前把所有的马匹都送走了），无法对厄尔维几人进行有力追击。

不管如何，恺撒依旧指挥军队尽可能猛烈地追击撤退中的厄尔维几人，并给予相当沉重的打击，但厄尔维几人还是将自己的军队撤退到了战场一英里外的一座小山上，开始依托山势抵御罗马人的进攻，正当罗马人向山上进攻时，担任厄尔维几人后卫的大约1.5万名波依人与图林吉人开始投入战斗，包围了罗马人的右翼。山上的厄尔维几人见状也发起反扑。

此时就可以看出恺撒作为一名优秀指挥官的作用了，他立即将第三线的军队转向己方的右翼，抵御新出现的敌人。显然在先前的战斗中，他一直没有将这支预备队投入战斗，他遵守了一条在军事学上永远不过时的铁律——"没有到最后关头，指挥官手中就应该保留着一支预备队，否则他就已经失去了对战局的影响能力"，当然判断何时才是最后关头，这就是一个将军的能力所在。

激烈的战斗持续了很长一段时间，最终罗马人取得了优势，厄尔维几人退回了山头，而波依人与图林吉人退回到由辎重与车辆组成的车阵中坚守，此时胜利已经基本属于罗马人了。因为敌人被分成两部分，绝大部分战士在山上，没有食物和水；而留在车阵里的波依人与图林吉人虽然有食物和水，兵力却很有限。恺撒以少量军队监视山上的厄尔维几人，而以主力进攻车阵，直至深夜罗马人才夺取了车阵，俘获了厄尔维几人的全部辎重。而山上剩余的厄尔维几人趁着夜色逃走了，其人数大约有13万，显然罗马人在这场战斗之后也筋疲力尽，以至于无力连夜追击。

在经过几天的休整后，恺撒下令追击，并向所有高卢部落发出禁止接受逃亡的厄尔维几人的命令，这场胜利让恺撒的命令格外有说服力，几乎所有的高卢部落都拒绝帮助战败者。很快面临绝境的厄尔维几人就派出了向恺撒祈求怜悯的使者，失去了绝大部分的战士和辎重，又没有其他高卢部落的帮助，唯一可行的道路就是向恺撒祈求怜悯。恺撒接受了他们的投降，并下令处死了其余敢于逃走的部众，下令让厄尔维几人返回故土，此时的厄尔维几人实际上已经沦为了罗马人的附庸，承担着抵御莱茵河对岸的日耳曼人，充当罗马纳尔波高卢行省东北境缓冲带的责任。

在接下来的日子里，历任罗马统治者按照建立退伍军人移民区———给予上层人事公民权——划入行省的步骤对于这块土地逐渐罗马化，到了奥古斯都时期，厄尔维几人所在的土地已经成了比尔格卡省的一部分，昔日穿着长裤的凯尔特贵族也换上了托加袍，过着浴室—戏院—竞技场的优裕生活，一条条道路深入昔日杳无人迹的高原谷地，田庄、葡萄园、乡村别墅遍布其间，凯尔特—罗马文化成了这片土地的主旋律。

帝国——帝国

正如一句西方谚语说的："凡人皆有一死。"辉煌伟大的罗马帝国亦不例外。随着新的一轮民族大迁徙的浪潮席卷而来，罗马帝国的边防也仿佛风中烛火一般摇摇欲坠，到了公元 401 年，为了抵御西哥特国王阿拉里克对意大利的入侵，帝国撤回了阿尔卑斯山以北的卫戍部队，瑞士与大不列颠等行省一样成了帝国弃儿，暴露在野蛮人的兵锋之下。

公元 436 年，"最后的罗马人"埃提乌斯巧妙地利用外交手段，与匈奴人联合摧毁了位于莱茵河中游的勃艮第王国，随即将剩余的勃艮第人迁徙到了今天法国的萨瓦地区（法国东南部古省，靠近意大利与瑞士）作为意大利地区的屏障。但是"人算不如天算"，埃提乌斯本人在公元 454 年的一场宫廷政变中丧命，帝国再也没有人能够执行原有的平衡政策。作为帝国屏障的勃艮第人乘机将自己的势力扩张到了阿勒河一带，而从公元 5 世纪开始，使用德语的阿勒曼尼亚人也开始入侵瑞士，勃艮第人与阿勒曼尼亚人在瑞士的争夺奠定了今天瑞士使用法语与德语两大语种的基调。瑞士的法语区（对应古代勃艮第移民区）包括日内瓦州、瓦德州和纳沙泰尔州、弗里堡州的大部分，伯尔尼州一小部分和瓦累州的一半地域，大约占总人口的 20%，德语区（对应古代阿勒曼尼亚移民区）为除阿尔卑斯山以南（6.2% 的人口说意大利语）以及格里桑州（1% 的人口说勒拖 - 罗马语）外的所有地区，占总人口数的 70.9%。原来的凯尔特—拉丁语种则渐渐被这两大语种吞并，到了公元 7 世纪，罗马帝国的最后一丝痕迹也不复存在了。

公元 800 年，普瓦蒂埃之战的英雄查理·马特的孙子查理曼在罗马被教皇加冕为罗马皇帝，成为奥古斯都与君士坦丁的继承者，于是查理曼帝国诞生了。

公元 843 年，查理曼的孙子们将帝国一分为三，瑞士也随之被一分为二，其划分线大体上是以勃艮第人的法语区与阿勒曼尼亚的德语区为界限的，勃艮第区被划分给了中法兰克王国（罗退尔王国），而德语区主要被划分给了东法兰克王国（日耳曼的路易王国）。

帝国的一分为三让在查理曼大帝的长剑面前噤若寒蝉的四方诸侯们又看到了再度崛起的机会。公关 875 年，中法兰克的罗退尔家族绝嗣，东西法兰克王国为争夺遗产而兄弟阋墙，四方诸侯乘势而起，更糟糕的是东欧的马扎尔人、北欧的维京人开始入侵帝国。为了抵御外敌的入侵，四方的百姓也不得不托庇于地方豪强之下，东西法兰克国王们也只好给予诸侯们更大的权力，从 10 世纪早期阿尔勃艮第王国合并了法国的普罗旺斯王国，将法国的东南诸省与瑞士西部联合了起来，形成了一个强有力的势力；而几乎是同时，属于东法兰克王国的阿勒曼尼亚地区也陷入马扎尔人的入侵浪潮之中，阿勒曼尼亚伯爵的称号也不断闪现在当时的史册之中，瑞士与帝国的其他地区一样，渐渐落入强有力的家族的手心。

公元955年的一场会战改变了这种局面。东法兰克国王奥托一世在莱西费尔德平原上率领日耳曼—波西米亚联军彻底击败了马扎尔人，解决了困扰了日耳曼民族两个世纪的威胁。961年，他应教皇若望十二世的邀请，率领大军进入意大利，击败了反教皇的意大利国王贝伦加尔二世。次年2月，若望十二世投桃报李，仿效当年利奥三世，将奥托一世加冕为基督教世界的皇帝与罗马的保护者，于是新的神圣罗马帝国便诞生了。

奥托一世的后继者在1032年勃艮第王家绝嗣时将其吞并，于是瑞士的法语区也成为帝国的一部分，确保了从莱茵河谷地至阿尔卑斯山口的通道安全。

奥托一世及其后继者对瑞士地区的经营，无疑对当地的"封建化"起到了推动作用。这里所谓的"封建化"是指由于从公元8世纪开始维京人、马扎尔人、萨拉森人的入侵，原有的自由农民民兵制度无法抵御新的入侵，取而代之的是骑士—堡垒的防御体系。自由农民为了获取领主的保护，不得不放弃自己的自由和财产，忍受原来没有的赋税和劳役，成为修道院、大小领主的被保护人。奥托一世及其父亲"捕鸟者"亨利均是这个"封建化"浪潮的推动者之一。

但是要看到的是，相比起当时欧洲的其他区域，瑞士特有的地理和经济模式使得当地的"封建化"程度要低得多。换句话说，在当时的瑞士，有更多的自由农民。

正如笔者在本文开头提到的，瑞士的绝大部分土地，尤其是日后成为独立核心区域的林州，并不适宜进行大规模的农业经营，山间牧业才是主要的经济基础，而高度分散的山间游牧根本无法以封建庄园的形式经营。艰苦的游牧生活和山间脆弱的生态环境迫使这些瑞士山民们既骁勇好斗，又必须学会相互合作、遵守共同的规章约定。这种矛盾的性格无疑是步兵的好材料。最后，在阿尔卑斯的高原与深谷中有许多人迹罕至之处，当地农民经常进入里面拓殖，庄园领主是很难控制这些农民的。

另外，瑞士是由农民起义而非传统强大的贵族建立起来的国家，还有一个可以说幸运也可以说不幸的原因。那就是当地最强大的几个贵族家族都在即将成功控制瑞士建立统一国家时要么绝嗣，要么有了更好的地盘，将主要注意力转移到新领地去了。以策林根家族为例子，这个原本控制着巴登地区（德国西南部的一个州）的家族在公元1070年获得了帝国对勃艮第王国的代理权。他们在瑞士苦心经营，结果到了1218年，这个家族在瑞士的支系绝嗣了，领地也落入了克伊堡家族之手。而1264年克伊堡家族也绝嗣了，他们的绝大部分领地落入得名于士瓦本公国一座城堡的哈布斯堡家族之手。控制着瑞士大半领土的哈布斯堡家族眼看就可以加冕为瑞士之王，不想在1273年，哈布斯堡伯爵鲁道夫当选为神圣罗马帝国皇帝，结束了德国历史上有名的"大空位"时代。这位新任帝国皇帝的死敌便是当时的波西米亚国王奥托卡，对方利用"大空位"时代的混乱，吞并了奥地利公国。鲁道夫上任后的第一

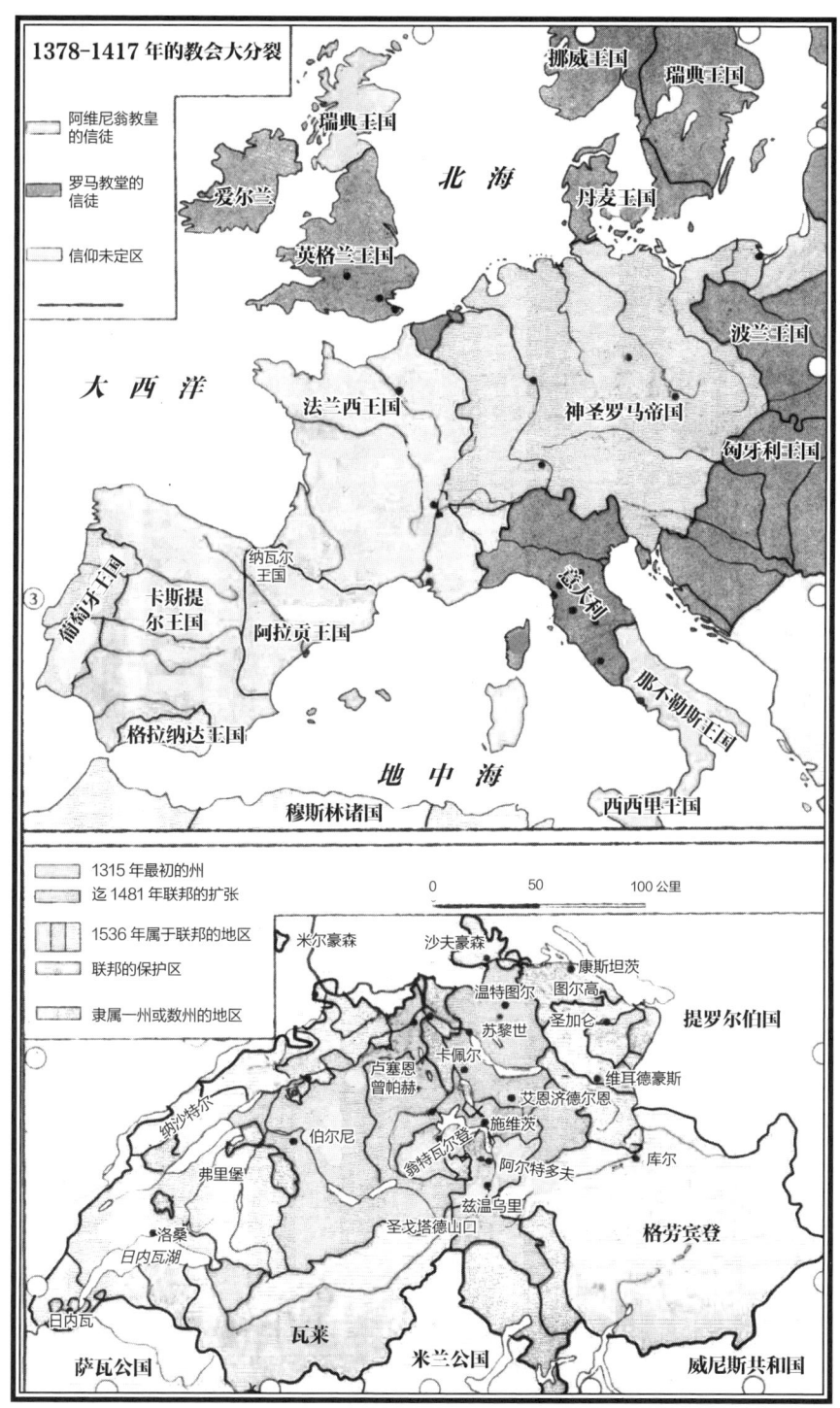

◎ 上图为1378-1417年的教会大分裂，下图为1536年的瑞士联邦地图。

件事情就是传唤奥托卡来到帝国国会受审并交出奥地利公国,奥托卡自然拒绝了鲁道夫的要求。于是战争爆发了,鲁道夫经过两次战争击败并杀死了奥托卡,奥地利公国自然也落入了哈布斯堡家族之手。

相比起富庶肥沃的奥地利公国,群山之间的瑞士绝对是苦寒之地,哈布斯堡家族很快将自己的统治重心由瑞士迁往了奥地利。当1291年鲁道夫离开人世时,他给自己的两个儿子留下了一片横跨法德两国、从阿尔萨斯到维也纳的广袤土地。也正是在这一年,瑞士林州的三个城镇:施维茨、乌里和翁特瓦尔登签订了一份永久同盟条约,这就是瑞士邦联的立身之本——神圣盟约。这个联盟又往往被称为三林州联盟。

施维茨是林州中最好勇斗狠的一个,曾于1313年出兵攻打自己的北邻艾恩济得耳恩修道院。凶狠的施维茨人攻破了修道院,并将其中抢掠一空,还抓了一批修士作为人质。这场冲突的原因是为了争夺高地草场,本来这种事情在当地很常见,但问题是这个修道院早已得到了哈布斯堡家族的保护。施维茨人的行动无异是在与旧主宣战,加上三林州当时还公开支持与哈布斯堡家族争夺帝国皇位的巴伐利亚的路易。因此当时的帝国皇帝哈布斯堡家族的弗里德里希宣布三林州不再受帝国法律的保护,随后由其弟弟利奥波德一世率领大军征讨。

利奥波德制定出了一个水陆协同、多路并进的计划:一支辅助分队从恩特勒布赫越过布吕里布尼山口,以牵制翁特瓦尔登;属于哈布斯堡的瑞士城镇卢塞恩出动

◎ 鲁道夫一世的神圣罗马帝国皇帝徽章。

◎ 当时的林州步兵。左为弩手,身穿羊毛紧身裤与罩衫,短袖锁帷子,头上戴着壶盔,腰带上的铁爪是用来拉开弩机的;右为长矛手,腰上是斧头与匕首。

一支水军横越卢塞恩湖,威胁施维茨暴露的侧面;主力部队由利奥波德本人率领,大致9000人,以2000名骑士为先锋,列成狭长的行军纵队,绕过被阿尔特工事(砖石墙和木栅)横断的楚格湖岸路线,沿埃格里湖右岸而进。

从制定的计划来看,要么利奥波德手下有一个很不错的参谋团体;要么他本人在组织计划方面很不错。因为在中世纪的战争中,向在敌人区域作战的大军提供补给是一件非常让人头疼的难题,良好的后勤纵队与事先修筑好的补给仓库还是很久以后的事情。通常来说,军人们会采用最古老的办法来给自己和牲口弄到吃的——

第六章 山国雄狮：瑞士步兵

抢劫。但是联盟肯定会采用坚壁清野的战术应对，加之贫瘠的林州地区也没有足够的资源可供抢劫。利奥波德采用分兵的方式一方面可以牵制翁特瓦尔登州与乌里州，另一方面也可以减轻后勤补给的压力，沿着湖岸行军也利于通过船只运送补给，先集中兵力打击主要的敌人施维茨，然后攻击其余两个次要的敌人。这个计划符合一个优秀军事计划的几个特点：简单、可执行、直指敌人的要害。而施维茨人集中全部兵力，一共才1300人，加上乌里的300人与翁特瓦尔登的100名援兵，尚不及哈布斯堡军的四分之一，更不要说骑兵上的劣势了。眼看奥地利人就要将施维茨一分为二了。

但当奥地利人走到莫尔加藤附近时，发现前面的道路已经被一堆障碍物彻底堵死。此时利奥波德做出了一个错误的选择，他让自己的军队沿着一条附近的小岔路继续前进。可这是施维茨人设下的一个陷阱，目的就是引诱奥地利人到对他们不利的环境交战。

随着奥地利人的前进，他们发现前面的道路越来越狭窄，于是不得不将自己的行军队列拉得越来越长。当奥地利人走到一个夏夫斯坦（Schafstetten）的村庄时，他们遇到了一小队施维茨人。这些施维茨人用长戟与双手剑武装了起来，这是当时山民的常用武器。奥地利军队的指挥官派出引以为豪的骑士向对方发起了冲击。当然还有一种可能性是施维茨主动进攻，而奥地利的行军队形太过密集，来不及将更适宜山地作战的步兵从队列后面调过来，只能让骑士进行冲锋。

在很长一段时间里，双方的战斗相持不下。这种小路、树丛的散兵战，轻装的施维茨长戟兵与双手剑士比奥地利骑士要擅长的多，而且这些强悍的山民没有平原上步兵对骑士那种致命的畏惧感，不会一看到骑士老爷头盔顶上华丽的羽毛就吓得掉头就跑，他们所使用的长戟（实际上就是长柄的斧头，往往还带有钩子）可以将骑士从马背上勾下来，而沉重的尖刃也不难凿穿骑士的铁甲和头盔，但骑士的马匹却无法山坡上冲击，只能下马作战。随着时间的流逝，奥地利军队的指挥官犯了一个致命的错误，等得不耐烦的他下令让后列的步兵上前代替骑士们解决这一小撮敌人，而从后方急急忙忙上前增援的步兵反而把原有的行军队列彻底打乱了，士兵们在狭窄的山路上挤成一团，无法动弹，施维茨人的机会来了。

在高处山林中隐蔽的大队施维茨人对此一览无余，他们的计策奏效了，山路上的奥地利人成了瓮中之鳖。于是一小队轻装的瑞士步兵来到高处，松开了事先准备好的滚石和原木，顺势而下的原木和石头不但打倒了很多人，更糟糕的是将奥地利的军队分成了许多无法互相支援的小队。山民们伺机发起了猛攻。他们先用投石索发射了大量的铅弹（这在他们平时放牛羊的时候早已练习得非常纯熟了）。这种古老的武器历史非常久远，早在人类社会的蒙昧时期便出现了，一个熟练的使用者可以将一枚200克重的铅弹准确地发射到300米以外的距离，其威力仍然足以将身穿锁帷子的士兵打成重伤甚至死亡。接着他们挥舞着长戟（其实更应该说是长柄斧）冲进奥地利人的行列，开始对失去了秩序和组织的奥地利士兵大肆砍杀。由于山路上狭窄的空间，奥地利人根本无法排成战斗队形，很快便被施维茨人压制。许多士兵开始向山民们投降，但施维茨人甚至连骑士的投降都不接受。这在中世纪是非常少见的，因为贵族的家庭会为被俘者支付一笔不菲的赎金，投降的贵族甚至连战俘营都不用蹲，被俘后确认身份便会被视为上宾，反正招待费用最后都是对方买单。惊恐的奥地利军队转身逃走，但很多人在惊慌失措之下落入了湖水和沼泽之中，等待着他们的是灭顶之灾。在这场战斗中，奥地利人光是战死的就有两千余人，其中绝大多数是骑士，因为他们身上的沉重盔甲，也因为他们在前列，让他们很难逃脱施维茨人的追击，而施维茨人的损失微乎其微——大约十几人战死，几十人受伤而已。

莫尔加藤之战对于当时的整个欧洲来说无异于是晴天霹雳。之前无论是哈布斯堡家族的支持者还是敌人，都不认为施维茨人能够击败奥地利人的进攻。因为在漫长的中世纪里，骑兵都对步兵享有绝对的优势，一两百名骑士击败数千乃至上万敌军的战例屡见不鲜。而且利奥波德一世已经证明了自己是个有能力的指挥官。即使是对施维茨人最乐观的人，也认为他们最好的结局不过是通过坚壁清野迫使奥地利人撤退，换取一个比较体面的和局。但不管奥地利人怎么诅咒这群"凶残的叛徒"，联盟们还是用自己的胜利说明了一切，不但证明了他们有力量赢得独立，甚至还能将联盟扩大到整个瑞士。

莫尔加藤之战的胜利让联盟与哈布斯堡家族的和平道路走到了尽头，因为假如哈布斯堡家族不能惩罚这群武力反抗他们的山民，那他们在整个瑞士的统治都会土崩瓦解。但从另外一个方面来说，这场胜利也让瑞士境内一些其他企图争取独立的势力看到了希望。在1323年8月的隆格尔恩条约为双方带来了短暂的和平时，联盟迎来了一个新的盟友——伯尔尼。

与联盟的创立者三林州不同，伯尔尼并非牧民与农夫的简单联合，这座由策林根家族兴建于1191年的城市原本是作为一座军事堡垒存在的。从地图上不难看出，这座兴建于河湾处的城市三面都被河水所包围，与陆地相连的唯一一面也被高耸的城墙严密地保护着。当策林根家族绝嗣之后，这座城市又依附于克伊堡家族，当1264年克伊堡家族也绝嗣之时，伯尔尼却没有如该家族的大部分领地一样，接受哈布斯堡家族的保护，而是想方设法成为帝国的直属城市。作为策林根家族的旧臣，实际主宰伯尔尼命运的冯·步本贝格家族的历代家主一向野心勃勃。当策林根家族绝嗣之后，冯·步本贝格家族就一直通过强力和阴谋将自身的势力深入到周围的奥贝格、米特兰、泽兰等地区，企图建立从属自己的新霸权。当然，由于其军事力量的相对弱小和财力的充沛，伯尔尼通常采用金钱赎买周边弱小的封建领主领地的办法扩大自己的势力范围。如果对方拒绝出售，他们就向临近领地的农民授予市民权，因为领地里的农民对领主有缴纳税收、承担劳役等封建义务，而且在经济发达的伯尔尼附近有更多的经济机会，所以那些领地的农民在得到承诺后往往会迁徙到城墙周围，成为"近城市民"。如此一来不但增强了本身的人力，而且还为蚕食临近的领地埋下了伏笔。

三林州对哈布斯堡家族的胜利让老谋深算的伯尔尼人看到了机会，在他们看来，出现三林州这样一个哈布斯堡的死敌实在是上帝赐给自己实现霸权的臂助。因为在克伊堡家族绝嗣之后，哈布斯堡家族将自己看作是克伊堡家族遗产的继承者，这本身就是对伯尔尼独立地位的重大威胁。而从三林州一方来看，他们虽然在军事上赢得了巨大的胜利，但其有限的人力和资源决定了他们在经济上无法自给。虽然三林州与哈布斯堡家族达成了休战协议，但控制着高原各个谷地间贸易线路的奥地利人肯定会通过禁运的办法打击战场上没有办法战胜的敌人。因此伯尔尼与联盟在1323年的结盟也就顺理成章了，对于伯尔尼来说是多了一群牙尖爪利的猎犬，而对于三林州来说，则解决了因奥地利人贸易禁运而造成各种战略资源短缺的燃眉之急。

显然从长远来看，这个反哈布斯堡盟约实际上对伯尔尼更加有利。虽然林州的山民们是联盟的创立者，但伯尔尼的经济和地理优势却决定了盟约的主导权将会逐渐落入他们手中，而且伯尔尼的加入也将这个盟约的性质由自保逐渐转变成扩张。联盟与哈布斯堡家族的战争中山民反抗领主的成分越来越少，以伯尔尼、日内瓦等中世纪城市联盟与哈布斯堡家族争夺瑞士高原地区的霸权战争的成分越来越浓，这一点在1339年的伯尔尼—弗里堡战争中表现得非常明显。

1339年，作为哈布斯堡家族的附庸，弗里堡联合了汝拉山区、阿勒河中游谷地的许多封建领主，共同反对伯尔尼的霸权。这一次弗里堡不但得到了哈布斯堡家族的支持，甚至连当时的帝国皇帝巴伐利亚的路易也支持，因为伯尔尼在皇帝与教皇的冲突中站在了教皇一边。

得到风声的伯尔尼迅速动员，事实证明城市民兵的行动要比封建领主民兵快捷得多。伯尔尼军抢先占领了边境要塞劳本，而弗里堡在得到了部分勃艮第骑士的支援后，开始围攻劳本堡，其兵力的总数大约为1.2万人。而得到了盟友的支援后（林州有450人），伯尔尼派出了总数大约为6500人的援兵解围。为了与敌人区分，邦联战士们在自己的衣服上缝上了白色的十字——这也成了后来瑞士军队的标志。

战场在布朗姆贝格（Bramberg），是劳本东面的一个小村。从资料上看，这是一场典型的遭遇战，弗里堡—勃艮第联军在得知邦联军的行动后，就将主力转向，企图利用勃艮第骑士在野战上的优势一举击溃敌人。为了便于指挥，联军被分成两部分，勃艮第骑士与弗里堡分为左右翼，企图一举击破邦联军。

而邦联军在发现敌人出现后，迅速由行军的纵队变成了两个部分，左翼是林州军抵御勃艮第的骑士，而右翼则是伯尔尼军抵御弗里堡。显然邦联军的右翼是主力所在，战斗的胜负取决于林州人是否能坚持到伯尔尼军击败弗里堡人。

伯尔尼人的散兵一开始用投石索向弗里堡人投掷石弹，企图以此打乱敌人的阵型，随即散兵从己方的密集楔形阵两侧撤走。在这个过程中出现了一个意外，数百名在后阵的伯尔尼人误以为这是己方被击败的逃兵，也稀里糊涂地跟着逃进了战场一侧的树林。幸好这一切没有影响伯尔尼的前排士兵，这些经验丰富的老兵们挥舞着长戟冲破了弗里堡军的中央阵线，直扑敌人的军旗所在，在很短的时间内就将敌军击溃。伯尔尼军此时表现出了很高的战术素养，在击败敌人的步兵后，他们并没有追击正在逃窜的弗里堡人。而是在军官的指挥下重整阵型转向己方的左翼，他们很清楚，在没有打垮敌人的骑兵之前，整个战役的胜负还没有定。

此时林州人正在苦苦挣扎，勃艮第骑士采用了中世纪以来重骑兵对付步兵的传统战术——排成密集队形轮流冲击敌人步兵的侧翼，林州人发现到了平原上他们的长戟不再那么无坚不摧了，面对骑士的集团冲锋，步兵们不得不收缩队形，排成密集的空心方阵。而收缩了队形就没有空间挥舞长戟了，只能当一根长矛使用。林州人不得不排成方阵抵御着勃艮第骑士一波又一波的冲击，支撑着他们的只有山民特有的坚韧和伯尔尼赶来援助的希望。

终于伯尔尼人出现了，看到友军的出现，林州人也发起了反扑，他们与伯尔尼人的侧击形成了夹击，将部分逃脱不及的勃艮第骑士包围了起来。失去了空间和速度的骑士们绝望地拼死抵抗，因为他们清楚林州人绝对不会留俘虏，但很快就被无数把长戟砍成了肉块。战场上一片狼藉，只剩下无数振臂高呼的邦联军。

劳本战役的胜利标志着弗里堡费尽心力组成的短命联盟化为泡影，而邦联又迎来了4个新的成员，同时邦联也得到了一个非常响亮的名字——日耳曼高地联盟，加上原有的三林州与伯尔尼，这便是瑞士邦联里的老八州。除了伯尔尼以外，还有苏黎世与楚格、格拉鲁斯、卢塞恩。新增的成员除了增加了联盟的兵力和土地，更要紧的是以哈布斯堡家族为代表的帝国诸侯们不得不承认了这个新兴势力的存在，贸易封锁随之被打破。

新生的联盟与当时绝大部分的政治实体不同，并没有君主，没有统一的军队，没有统一的财政，甚至没有统一的法律。直到1370年，才出现了一部教士宪章——邦联宪章的雏形，这部宪章的最主要目的也只是确保圣哥达山口（阿尔卑斯山脉的一个山口，是连接中欧至意大利的重要通道）至苏黎世的贸易路线的秩序。在宪章中规定，相关贸易路线的内容可以由大多数成员同意而修改；同时，宪章中还明文规定："联盟的所有成员不得以自己是教士或者奥地利的臣仆为理由，逃避联盟法庭的审判。"从以上两点不难看出，联盟的存在有两条支柱：一是维持贸易道路的通畅，二是反对奥地利的哈布斯堡家族，而要维持贸易道路的通畅，就将联盟的范围扩大到整个今天瑞士的版图。可以这么说，这个联盟存在的最大目的就是为了向哈布斯堡家族开战。

统一瑞士

布朗姆贝格之战后加入邦联的城市中，有一个曾在前文出现过，那就是卢塞恩。在三林州宣布建立邦联，奥地利的利奥波德一世指挥军队进攻施维茨州时，便有一支水军是从这个城镇出发的。不过这个哈布斯堡家族的封臣对主上却并不是那么忠诚。其原因有二：卢塞恩原是属于穆尔巴赫修道院的，1291年鲁道夫一世临死前从修道院买下了卢塞恩的领主权。与三林州相同的是，穆尔巴赫修道院虽然拥有卢塞恩的领主权，但教士们却很少真正干涉那里的商人；而热衷于霸权的哈布施堡家族可就没么好说话了，商人们自然对奥地利人的横加干涉不满。其次，三林州都位于卢塞恩湖岸边，有水路相通，自古以来卢塞恩便是三林州地区的商业中心，奥地利人与三林州的战争与制裁无疑也伤害了卢塞恩商人的利益。

1376年，德国西南地区的100多个城市组成了施瓦本城市同盟，这个地区性的城市同盟的主要目的是为了反对滥设关卡征税的大小贵族们（哈布施堡家族自然是其中之一），这在当时是非常普遍的现象。作为同盟的一员，卢塞恩当然很想加入这个同盟，但是碍于三林州的反对而作罢，没有直接加入其中。但这无疑是一个与哈布施堡家族划清界限的大好机会（施瓦本城市同盟的成立必然会牵制奥地利人的精力）。于是在1385年12月，卢塞恩出兵占领了哈布施堡家族在瑞士领地的行政中心罗腾堡，并吞并了两块原属于哈布施堡家族的领地。当时的哈布施堡家族的统治者之一，统治着奥地利以西部分的利奥波德三世召集了4000名由雇佣军与骑兵组成的精锐向卢塞恩进攻；而卢塞恩与林州也联合派出了1600人迎战。

对于奥地利人来说，假如他们打输了，不但收复中部高原地区的目的会落空，就连原有的阿尔卑斯山脉区域也会丢失。也就是说，他们会失去从中欧通往意大利商路的南段，这对于哈布施堡家族成为帝国皇帝，乃至控制意大利的目的无疑是巨大的打击。

森帕赫是位于瑞士中部的一个小湖泊，在湖泊东北方的小村希德斯瑞（Hildesrieden）两军遭遇。从已有的资料看，双方几乎是同时发现对方的，而且对此遭遇对方都没有准备。因为无论是奥地利人还是瑞士人都没有来得及依照正常的办法布阵。

战斗一开始是在奥地利人的两个前锋纵队与瑞士的长戟兵之间展开的。依照当时的军事惯例，奥地利人的这两个前锋纵队应该是匈牙利的轻骑兵或者今天南斯拉夫地区的山地步兵。奥地利人和瑞士人在为了争夺有利的地形——通常情况下是能控制战场的高地或者小山头而进行激战。其间，利奥波德三世让自己军队的骑士们下马，使用4~5米的长枪排成密集的横队。显然他已经从以前与瑞士人的数次交战中吸取了教训：单凭骑士的冲击，是不足以冲垮坚韧的瑞士人的；而无论是由封建扈从还是雇佣兵组成的步兵，也都无法抵御瑞士步兵的冲击。因此他让自己的骑士下马组成密集的方阵来抵抗瑞士人的冲击，骑枪的长度远远超过了长戟（4米对2米），而当方阵陷入对抗时，他的雇佣兵中的弓弩手、轻装兵就可以发挥优势了。如果击败瑞士人，他还可以下令骑士重新上马，对敌人做进行摧毁性的追击。

瑞士人的指挥官则是老样子——将自己的军队组成了一个巨大的楔形阵，以卢塞恩部队组成自己的右翼面对奥地利人，而三林州的部队组成左翼。显然，瑞士人以三林州的老兵作为预备队。

战斗大约在正午时分打响，一开始对瑞士人非常不利。利奥波德三世让骑士下马使用骑枪被证明是一个绝妙的主意。在密集的方阵中，骑枪对长戟的长度优势发挥得淋漓尽致。右翼第一排的卢塞恩士兵死伤无数，其中还包括他们的两个贵族指挥官。

初战的不利并没有吓倒左翼三林州的老兵，他们向顺时针方向旋转，企图攻击敌人的后方二线部队。此时一件意外发生了，根据瑞士历史上的传说，此时在与奥地利人的第一线交战的卢塞恩军队中，有一名叫作阿尔里德·冯·雷克李德的勇士，飞身扑到奥地利人的骑枪上，用自己的身体拽倒了一片长矛，在敌人如林一般密集的骑枪中打开了一个缺口。瑞士士兵乘机冲进了缺口，突破了奥地利人的阵线，扭转了不利的局势。苏格兰诗人兼历史小说作家沃尔特·司各特（《艾梵赫》的作者）曾为此创作了一首诗歌：

我有一个贤惠的妻子，
她和我们刚刚出生的儿子等在家中；
为了祖国，我离开了他们。

因此，我们一定要胜利！
危急关头，
他冲向奥军的队伍中，
用身体、胸膛和双手抵挡敌人的长矛；
四支长矛刺穿了他的胸膛，
六支长矛将他的身体撕裂，
在密集的矛锋中，他坚持反抗，
用尽全力，挣扎出敌人的队伍，死去！

虽然温克里德的事迹颇为感人，但其真实性还是值得考证。因为关于这件事情的最早一次记载是在1533年，也就是说是在一个半世纪后，在此之前却没有其他文字记载。

不管真实性如何，瑞士人确实突破了奥地利骑士的阵线。看到第一线被突破，利奥波德三世立即下令第二线部队上前，可是迂回的瑞士人的左翼部队牵制住了他的预备队，没有得到及时援助的第一线的缺口在瑞士人的猛攻下终于崩溃，溃逃的士兵冲垮了第二线的奥地利人。看到败局已定，位于最后方的奥地利辎重队逃走并带走了几乎全部战马，失去了马匹的奥地利骑士陷入绝境。事后统计，这场只有两个小时的战斗一共有200多名瑞士人和1800名以上的奥地利人被杀。阵亡者中包括利奥波德三世本人，他应该是在企图挽回败局时被崩溃的大潮淹没的，考虑到奥地利人的总兵力也只有4000人，这几乎可以被认为是一场对奥地利人的屠杀。

对于当时的哈布施堡家族来说，这简直是一场毁灭性的打击，损失的人力物力以及领地倒还是其次，利奥波德三世的战死对于家族的权力结构是个重创。他战死时只有35岁,子嗣尚未成年。按照当时的惯例,在子嗣成年、有能力单独理政之前,需要委任一个监护人来承担代理政事的责任。这无疑会引起家族内部的争斗,在这种情况下,继续进行与卢塞恩的战争已经不现实了。因此在施瓦本联盟的斡旋下,邦联与哈布施家族签订了一个直至1388年2月的休战协议。休战结束后,双方战端再起,不过这次奥地利人输得更惨。当年4月,格拉鲁斯的农民甚至在没有邦联的帮助下,仅凭一己之力就在内费尔斯大败利奥波德三世的兄弟、统治着上奥地利与下奥地利的阿尔伯特三世,并逼迫对方于次年再度休战。自此,越来越多的地区纷纷投入邦联之中,实际上奥地利不但失去了对瑞士中部高原地区的统治权,连阿尔卑斯山西段与阿尔卑斯山前也丢了个干净。哈布施堡家族在德国崛起的同时,却在老家瑞士被一帮农民打得焦头烂额,连起家之地也丢给了对方,只剩下最后,也是最为肥美的两块领地——阿尔高与土尔高谷地。而且就连这两块最后的领地也在接下来的一个多世纪里(阿尔高和图尔高分别在1415年和1460年被占据)被瑞士人所夺取。

讲到这里,可能有人会很奇怪,林州那些山民能征惯战倒也罢了,怎么连伯尔尼那样的市民和格拉鲁斯的农民也能击败奥地利的骑士?

过去人们常将胜利的原因归结为瑞士人民对祖国和自由的爱而迸发出巨大的勇气;或者说这是为了捍卫自身自由对征服扩张的巨大道义优势。当然这些理由不能说有错。在瑞士的高原地区,由于经济和历史的原因,并没有出现当时在欧洲其他区域占统治地位的封建庄园经济。大量的自由农民,保留着古老的村社组织,因此瑞士人可以采用最为简单的办法,克服本身经济与人力资源的匮乏,组成一支有相当战斗力的军队。如果深入研究瑞士早期军队的组织结构,就会发现这是一支与几个世纪前他们的祖先入侵罗马帝国时没有本质区别的军队,都是社群中的所有身体健康的成年男子作为战士。在军队内部没有复杂的层次结构,也没有专业的军官阶层,甚至士兵所使用的武器与他们平时的生产工具还没有完全分离开来。长戟不过是加了枪尖的长柄斧子,投石索不过是牧羊人驱赶野狼等害兽的工具。简而言之,早期的瑞士军队不过是拿起武器的村社组织,是几乎所有民族在刚刚进入文明社会,社会成员还没有发生大的分化的时候所采用的军事组织形式。这种简单的民军诚然有成员士气高涨、成本低廉的优点,但却绝非不可战胜的,比如当初恺撒就曾彻底征服过瑞士先民。

纵然林州人在战场上不可战胜,但假如哈布施堡的公爵们采取消耗战略,在农牧业生产最为重要的春季入侵,再通过修筑野战工事的办法将战争拖入长期化,用不了几次,山民们就会陷入要么屈服、要么经济崩溃的窘境。很难想象哈布施堡的公爵们在漫长的一百多年时间里,连这么简单的策略都没有想到。如果我们观察那几次战役,就会发现奥地利人每次战败都是急促的进攻,然后在某次遭遇战中遭到挫败,甚至连统帅也战死,显然有更为深层次的原因。

假如我们将邦联的成员一个个摆出来,就会发现有两种类型,卢塞恩、伯尔尼、日内瓦这三个是典型的中世纪城市，而三林州、楚格、格拉鲁斯等则是由牧民或者农民组成的村社集合。在中世纪的德国，类似的政治实体联盟有很多，其最主要的目的是为了反抗强权者（通常是大贵族）的肆意妄为，比如滥征税收、阻截交通等等；其背景是由于中世纪的德国通常没有强大的王权来限制贵族们的恶行，这些联盟、同盟从某种意义上讲弥补了王权的作用。但是这种同盟通常情况下是由城市主导的，村社在其中的发言权较小，甚至是隶属于城市的，同盟一般也是经济性的，少有政治性和军事性的。究其原因很简单，因为这些中世纪的城市通常来说就是周边地区经济的中心，自然容易在同盟中起到主导作用；至于无法结成政治性与军事性同盟，因为这些城市经济上依赖商业贸易，因此他们之间往往是处于竞争性的关系，同盟的目的也往往只是确保某一段道路的通畅、对外部某些商品的限制进口、共同的税收标准等。这些同盟可能会在某些问题上联合起来与大贵族斗争，但是一旦当大贵族做出一点让步，同盟内部就会土崩瓦解。而在瑞士邦联之中，村社成员与城市成员的地位是平等的，这个联盟从一开始就是反哈布施堡的。因此，在从13世纪末至15世纪初的漫长时间内，大体上联盟成员在反对哈布施堡家族这个问题上是统一的，联盟的这种城市与村社的双重性质也增强了瑞士人的军事力量：村社提供了朴实敢战的士兵；而城市使得维持军队长时间作战成为可能，两股力量的结合与平衡才是瑞士人胜利的要诀。

从森帕赫战役之后的接近一个世纪的时间里，联盟的成员数量并没有增长，但这并不意味着同盟的土地依旧不变。在控制了土尔高与图尔高地区的同时，阿彭策尔、托根堡（Toggenburg，现在圣加仑州的一部分）、圣加仑城市与教会、沙夫豪森（Schaffhausen）、弗里堡（Fribourg）、比尔（Biel）和索洛图恩（Solothurn）都作为联合地区合并在联盟之下。这些地区和实体的政治地位是不同的，在这个问题上瑞士人与罗马人很相似，他们都没有给予所有的成员相同的政治地位，有的由联盟派出的官员而非自己选择的人员管理；有的则是由自己选举产生的官员来管理。大体来说，同盟与成员保持着这样一种关系：同盟提供市场与保护，而成员提供税收与军队，两者互惠互利。

在联盟日渐强盛的同时，群山之外的世界也在发生着变化。与一直保持着封建割据状态的德国不同，法国与英国的百年战争过程中，以巴黎盆地为核心的王权日渐强大，与其他贵族割据势力之间的矛盾日渐尖锐。尤其是以法国中东部为核心的勃艮第公国，从腓力二世（大胆者）当政开始，便逐渐获得了弗兰德、阿图瓦、弗朗什孔泰、卢森堡、尼德兰的一部分、布洛涅伯爵领地等领地。到了大胆查理在位时，勃艮第公国的领地已经逐渐连缀成片，大体形成了一个北至北海，南至意大利，位于今天法国与德国之间的强大国度。勃艮第公爵也因此拥有了双重身份，他即是法王的封臣（因为他在法国的领地），同时也是神圣罗马帝国皇帝的封臣（当时的低地国家属于神圣罗马帝国的一部分）。

大胆查理

俗话说，有起错的名字，没有起错的绰号。末代勃艮第公爵"大胆查理"就是典型的例子。由于以羊毛纺织为主的贸易兴盛的缘故，低地国是当时欧洲商业贸易最为繁盛的地区之一，因此大胆查理拥有充沛的财力。与其在政治上拙劣的手腕不同，大胆查理在军事上却颇有远见，可谓是奥兰治的威廉（荷兰名将，近代步兵操典的建立者）与贡萨罗·德·科尔多瓦（西班牙名将，西班牙方阵的创立者）的先行者。与当时的其他封建贵族军队不同，他的军队的核心并非是承担义务的扈从，而是由支取薪俸的专业人员组成。在勃艮第军队中，有大量的单兵火器与野战炮兵，并且将这些火器与其他兵种以固定的比率组合起来，使之成为许多个小组（Lance）。骑士也不再是冲锋陷阵的勇士，而是承担着指挥任务的低级军官。拥有了这样一支强大的军队，大胆查理竭力用军事手段并吞阿尔萨斯与洛林，将自己的领地连成一片，想要建立一个独立于法国和神圣罗马帝国的勃艮第帝国。

新生的瑞士邦联，对于形成中的勃艮第帝国无疑是一个更加直接的威胁。大胆查理正在全力攻取的阿尔萨斯、洛林地区不但是从德国进入法国的重要入口，也是从法国进入瑞士高原的重要通道。假如让大胆查理的宏伟计划成功，瑞士将会陷入勃艮第帝国与哈布施堡家族的包围圈之中，这简直是一个噩梦。对于大胆查理来说，控制瑞士这个深深嵌入他的帝国内部的地区可以说是理所当然的，这可以使得帝国北部低地国家通往南部领地的路程减小很多。更为重要的是，大胆查理建立了一支颇为强大的军队，而且在先前对自己领地反叛的城市（比如列日）进行镇压时，获得了残酷无情的"美名"。

不过，勃艮第与瑞士的冲突并没有立即爆发。其原因主要有两个：一是瑞士邦联当时是一个颇为松散的政治实体，邦联内部存在着各种各样的矛盾，各每个个体自行其是，唯一将他们联合在一起的是对哈布施堡家族的仇恨和保证中欧到意大利

◎ *勃艮第骑士。*

贸易路线的通畅，大胆查理涉及这些关键点；二是勃艮第的实力强大，虽然大胆查理名义上是法王的封臣之一，但与当时的英王爱德华四世联姻之后，他的实际力量已经超过了路易十一。邦联并不愿意挡其锋芒。

但是当时间到了1475年8月，形势发生了变化。

为了实现自己的野心，大胆查理实际上是多措并举。在武力攻取和金钱赎买扩大领地的同时，他还积极寻求外部支援，在法国内部他组建了反对法国王权的贵族同盟——公益同盟；对外他和英王爱德华四世的妹妹结婚，结成联盟；同时他还觊觎神圣罗马帝国皇帝的宝座，在失败后他又企图以成为当时帝国皇帝腓特烈三世的封臣为代价，让对方册封自己为勃艮第国王（即成为神圣罗马帝国的一部分），彻底摆脱法王封臣的身份。但在1473年9月，腓特烈三世突然毁约出走，册封国王之事泡汤。1475年8月，法王路易十一与英王爱德华四世缔结了《皮基尼条约》，体面地埋葬了勃艮第与英国的同盟。显然，大胆查理咄咄逼人的扩张与勃艮第势力的急剧膨胀打破了欧洲原有的权力平衡，无论是腓特烈三世还是爱德华四世都对这个现在的盟友、潜在的敌人暗怀戒心。假如大胆查理事成，对爱德华四世来说，海峡对岸将出现一个强权，而对腓特烈三世来说，帝国内部将出现一个新的强大诸侯，无论对前者还是后者，都是一个噩梦。一连失去两个重要盟友，大胆查理实际上已经陷入了四面受敌的境地。

对于绝大部分中世纪欧洲的贵族领主来说，暂时性让步回避被围攻是理所当然的选择。因为中世纪的欧洲被分为上百个大小不一的政治实体，对这些实体来说，维持权力平衡是一种本能的选择，所以在这种情况下，任何一个想要打破这种平衡独大的个体都会遭到围攻。破除围攻也很简单，只需放弃独大的野心，这种脆弱的同盟也自然会解散。但大胆查理却鲁莽地选择了用军事手段夺得和平手段无法得到的东西。1475年11月，他出兵攻占了南锡，洛林大区的首府，这无疑触动了瑞士人敏感的神经。接下来勃艮第军继续南下，进攻法国的阿尔萨斯地区，并于次年的二月底，攻占了阿尔萨斯通往伯尔尼的道路上的重要据点格拉松。

勃艮第军队的行动可以有两种解释：准备入侵瑞士或者切断瑞士人救援阿尔萨斯的道路。但假如综合其他因素考虑，第二种解释的可能性比较大。因为当时是二月，以当地的海拔，应该是寒冷的冬季，并不适宜大规模军队的运动和作战；其次，勃艮第军队全军不过一万余人，如果入侵瑞士的话人太少了，而且从接下来的战役进程来看，勃艮第军队应该是受到了突袭，如果大胆查理准备入侵瑞士，他应该不会那么没有准备。

由于装备了当时的先进武器，大胆查理只用了一天时间就攻下了这个戒备森严的堡垒，傲慢的他下令屠杀了所有的守军。这个残酷的行动立即招致了瑞士人的无比仇恨，联盟出动了两万军队增援，显然这是多个成员的共同行动。1476年3月1日，

第六章 山国雄狮：瑞士步兵

◎ 勃艮第所使用的野战火炮。

瑞士援兵赶到了格拉松。勃艮第的侦察兵并没有带来准确的情报，查理本人也没有与瑞士军队交战的经验，于是他轻率地接受了野战。大胆查理将自己的军队布置在一个两侧都是森林的山坡上，这样他可以将自己的火器部队布置在山坡的高处，以更好地发挥自己的火力。

相比之下，瑞士人的统帅则要谨慎得多。显然他仔细观察了敌军的布置，将自己的主力部队——手持长矛的步兵隐藏在了战场附近的树林中，而派出使用长戟和强弩、双手剑等武器组成的散兵发起了进攻，诱使勃艮第军队离开对他们有利的山坡。在勃艮第军队中有大量的火器手，还有数目不详的弩手，他们很快就压倒了瑞士人的进攻，查理误以为这些就是瑞士人的主力部队，便下令派出几个百人队出击，想要结束战斗。

查理冒失的进攻立即遭到了惩罚，从树林中涌出的瑞士步兵方阵立即冲散了勃艮第的前突步兵，并开始向山坡上的勃艮第军主力进攻。恼火的查理下令炮兵开炮，但当时的火炮还没有活动的炮架，炮兵是通过在火炮下楔入不同大小的垫片来调节火炮的仰角的，因此要调节火炮的射程十分麻烦，而瑞士人的冲击又极为迅捷，绝大部分勃艮第的炮弹都落在了瑞士人的身后。看到火炮没有奏效，查理让骑兵从向瑞士的侧翼发起冲击。

面对勃艮第的重骑兵，瑞士人做出了正确的应对。按照过去的惯例，瑞士人将自己的步兵分为三个方阵，这三个方阵虽然是按照前中后的次序，但并非完全对齐，这样前面的方阵就不会堵塞后面方阵的路线。当发现勃艮第重骑兵的侧袭后，瑞士人后面的两个方阵立即停下脚步，组成两个空心方阵，士兵将自己的长矛末端拄在地上，矛尖斜指向前，形成了一道密集的矛墙，而最后一个位于中央的方阵继续前进，进攻山坡上的勃艮第主阵地。由于山坡上地势崎岖，勃艮第侧袭的重骑兵无法闪避，正好撞到其中一个空心方阵上，想要脱离战斗攻击中央方阵的企图也失败了。

担任掩护己方火器和弓箭手任务的佛兰德斯长枪兵在瑞士人的冲击面前可以说是一触即溃，这些来自低地的小市民与富裕农民们根本无法抵御彪悍的山民，后面的弩手和火枪手们见状也纷纷丢下武器，转身逃走。查理也只得在护卫的保护下，被败兵裹挟着离开了战场。一共20门火炮都成了瑞士人的战利品。幸运的是，由于缺乏骑兵，瑞士人无法做追击，绝大部分勃艮第士兵都生还了。

此战后，大胆查理重新调准了自己的军队，并做出了两个调整：一是采用了新的炮架，使得大炮可以很快升降，将太重无法使用新炮架的火炮剔除出己方队伍；

War History · 155

二是从自己的盟友爱德华四世那里招募了2000名长弓手,他们比勃艮第军中常见的弩手有更快的射速,准备用来对付瑞士的密集队形。显然大胆查理注意到了瑞士军队中并不是所有的士兵都有盔甲保护的。充沛的财源让勃艮第公爵很快就恢复了元气,在当年的5月,查理率领一支包括5000名骑兵、4000名弓箭手、1.2万名步兵、20门大炮的军队进攻伯尔尼,他发誓要将每一个抓到的瑞士人都杀掉,直到将这个野蛮残忍的民族从地平线上抹掉。

查理的进军速度很快,6月11日,勃艮第军队包围了伯尔尼以北的重镇穆尔滕,由于新的炮架无法承担太重的火炮,勃艮第军的炮兵无力摧毁穆尔滕的城墙,只得采用包围的办法。这使得瑞士人得到了援军——洛林公爵的援兵,其中包括1800名重骑兵,这成了场战斗胜负的关键,6月19日,一共2.6万名的援兵抵达穆尔滕。

查理预见到了援兵的到来,他占据了非常有利的阵地。穆尔滕堡垒西面近邻穆尔滕湖;北面是一片森林;东北有一座小山;东面是一片灌木林,再往外就是农田;东南面是一座有着稀疏森林的小山;南面是一块平地。一条连接弗兰斯孔泰与伯尔尼的道路从南面的平地穿过穆尔滕城,再转向东面穿过树林延伸出去。考虑到在上次战役中瑞士人表现出的强悍的冲击力,查理并没有将炮兵与弓箭手阵地布置在平地上,而是决定将自己的火炮与弓箭手布置在高处,以发挥自己的火力优势。他从近邻穆尔滕湖的北面那片森林开始挖设壕沟,延伸到东北的小山在灌木林转向南方到达东南方的小山。查理把意

大利弩弓手部署在东北面的小山上,自己则和野战炮与长弓手都坐镇东南方的小山,而步兵则布置在两座小山间灌木丛。这样一来阵地的正面受到壕沟的保护,容易被攻击的北侧是难以通行的森林,那条具有重要意义的道路也在火力的控制之下,两座小山的火力可以相互掩护,形成致命的夹射。

但是大胆查理还是犯了两个错误:首先他没有弄清楚瑞士人已经与洛林公爵会师,不但占据兵力优势而且还有1800名重骑兵,将兵力分散在两个山头等于放大了其兵力的不足。其次大胆查理低估了瑞士步兵穿越障碍地形的能力,他以为北面的森林对于大军来说是不可通过的,未加提防,结果这个导致了整个战役的失败。

作为本土作战的瑞士人,他们得到了详尽的情报,决定歼灭勃艮第军队。6月21日夜里,大雨。瑞士人连夜行动,分路前进,伯尔尼与施维茨军团5000人攻击东北面的小山,牵制山头的弓箭手;卢塞恩、巴塞尔等4个军团共7000人攻击灌木丛;主力苏黎士等军团1.2万人与洛林公爵的骑兵越过森林迂回至东南方向的小山,攻击大胆查理的主力并切断敌人逃回的路线。

由于大雨的原因,大胆查理的前哨部队都撤回营房躲雨了,因此直到次日凌晨才发现了瑞士人的动向。幸运的是大雨此时停了,勃艮第军炮火与箭矢齐发,瑞士军顿时死伤惨重,光是伯尔尼军团一下子就死伤500人。但瑞士人继续前进,此时太阳出来了,东北面山头的弓弩手正好面朝太阳,在强烈的阳光下睁不开眼睛,火力顿时大减,施维茨军团乘机发起猛攻,排成密集队形的瑞士士兵

放平长矛，在阳光的照射下犹如钢铁的森林。东北面小山的勃艮第军队与意大利雇佣兵队形大乱，查理见状只得派出骑兵去支援。当战事进行到中午时，迂回的瑞士军队主力赶到，瑞士人没有依照惯例用散兵发起试探性进攻，而是直接用长矛步兵发起冲锋，面对瑞士步兵的长矛，山头下勃艮第步兵一触即溃，而此时大胆查理已经没有预备队了。此时勃艮第全线崩溃，被驱赶到穆尔滕湖边，城内的守军也开城出击，接着瑞士军队右转，打击到了还在抵抗的勃艮第的左翼。当天日落时，战场上躺着1.2万具勃艮第军队的尸体，瑞士人没有留一个俘虏，以回报大胆查理的残酷宣言。经此一战，大胆查理元气大伤，他不得不招募雇佣兵来弥补损失，而中了狡猾的路易十一的圈套。第二年他在与瑞士与洛林的联军交战中，因雇佣兵临阵倒戈导致战败，本人也命陨于战场，勃艮第公国也被法国与奥地利瓜分。

脱离帝国——完全的独立——法国附庸

摧毁了大胆查理的野心，瑞士人在整个欧洲赢到了勇猛善战的美名，但从某种意义上讲，瑞士人也摧毁了自己进一步扩张的可能。虽然在战场上摧毁勃艮第军队和杀死大胆查理本人的是瑞士人的长矛与战戟，但从大胆查理的死中获得最大好处的却是法王路易十一与瑞士人的死敌——哈布施堡家族的马克西米利安一世，未来的神圣罗马帝国皇帝。旁观已久的路易十一在大胆查理死后迅速出兵，占领了勃艮第公国的部分领地；而查理剩余的大部分领地则被大胆查理的女儿以提前嫁给哈布施堡家族的马克西米利安一世的办法保存了下来。

其实跟"大胆查理"一样，路易十一那个"万能蜘蛛"的绰号也恰如其分。路易十一并不是一个典型的中世纪欧洲国王，在他的一生中，几乎从未作为一个战士出现过。正如他的绰号一样，路易十一是一个阴谋家，他总是耐心地待在自己精心编织的阴谋网络的中央，等待着机会的来临。一旦敌人落入陷阱，他就会敏捷地扑上去，将猎物吸食得一干二净。在他登上王位时，接手的是一个四分五裂的王国，而当他离开人世，留给儿子查理八世的，是一个大体上统一的法国。

就这样，瓦卢瓦家族与哈布施堡家族在"大胆查理的尸体"上吃得满脑肥肠，奠定了未来近三百年欧洲大陆争霸的主旋律。不管瑞士人多么英勇善战，想要打破这个政治格局已经不可能了。

大胆查理和勃艮第公国的灭亡并不是纷争的结束。恰恰相反，随着法国的瓦卢瓦家族逐渐完成了对法国内部封建割据势力的整合，开始将目光转向外部，寻找扩张夺取霸权的机会，而意大利就成了一个很好的目标。

在中世纪的欧洲,最富裕的地方有两个：

一个是意大利，尤其是意大利北部；另一个是低地国家。尤其是前者，在西班牙与葡萄牙发现绕过好望角通往印度的新航路之前，那里是通往东方贸易的起点，由拜占庭通往黑海沿岸，乃至通往中亚草原、俄罗斯等遥远地域的古老贸易路线也经由此地，要想从埃及北非获得棉花、黄金，以及撒哈拉以南非洲的各种特产，都需要经过这里。更不要说意大利北部的波河平原是当时欧洲技术最先进、物产最发达的区域了。但与其丰饶的财富成为鲜明对比的是，意大利在政治上却一直处于四分五裂的状态，经济上的富饶与政治军事上的羸弱形成了鲜明的对比，也无怪乎法王查理八世在登基后就准备入侵意大利来宣示自己的霸权了。

瑞士人在这场大戏中一开始是作为法王的雇佣军上场的。显然，路易十一时代双方联合反对勃艮第公爵大胆查理时结下的旧谊发挥了作用。法军中的步兵几乎都是由瑞士雇佣兵组成的，显示了极强的战斗力。但由于法军树敌过多，更重要的是西班牙介入其中，最后法军只得暂时退出意大利。

1499年，瑞士人又与他们的老对头哈布施堡家族进行了最后一场战争——士瓦本战争。这场战争的起端是瑞士东北图尔高地区与相邻的德国城市为了争夺两个山隘的控制权发生了小规模冲突，这种冲突在当地很常见，但斗争的规模和强度却发展得很快，深究其背后的原因，就颇为深远了。

在前文中曾经提到，瑞士人最早起兵反抗哈布施堡家族的理由就是他们只是效忠于神圣罗马帝国皇帝，而非哈布施堡家族。这是当时欧洲城市、村社乃至弱小民族反抗贵族暴政的一个常见理由，因为远在天边的皇帝根本没有人力也没有资源来统治，托庇于皇帝麾下便能避开近在眼前的贵族。帝国皇帝也很高兴支持瑞士人反抗哈布施堡家族的战争，至少在道义上愿意给予支持，因为作为帝国皇帝肯定不喜欢一个像哈布施堡家族这样强大而又桀骜不驯的诸侯。但有一把达摩克利斯之剑始终悬在瑞士人的头顶上——假如有一天哈布施堡家族重新当选帝国皇帝，那该怎么办呢？要知道以哈布施堡家族的强大封地和实力，这几乎可以说是迟早的事情。

幸运的是，这个瑞士人的噩梦在长达一百多年的时间里始终没有出现，直到1440年哈布施堡家族的腓特烈三世登上了皇帝的宝座。瑞士人现在面临着这样一个窘境，他们与哈布施堡家族的战争变成了与帝国本身的战争。不过幸运的是，腓特烈三世有更麻烦的事情要处理，他的兄弟以及帝国内部的其他强大诸侯是更可怕的敌人，他没时间来给瑞士人找麻烦。

但是到了15世纪80年代，情况发生了变化。腓特烈三世创立了士瓦本联盟。虽然由于诸侯们的掣肘，皇帝本人对帝国的事务做不了什么，但对哈布施堡家族本身领地的整合却大有成效。加上其子马克西米利安在大胆查理的死中赢得的好处，当1493年腓特烈三世离开人世时，他不但让马克西米利安当选为神圣罗马帝国皇帝，而且还统治着所有哈布施堡家族的领地，几乎将整个瑞士邦联包围了起来：东边是蒂罗尔和福拉尔贝格，北边是前奥地利，西部是勃艮第伯国。

因此就不难理解这场战争爆发的原因

第六章 山国雄狮：瑞士步兵

了：好不容易打垮了新对头，却发现老对头不知不觉间爬到自己头上成为名义上的领主，还在地理上包围了自己，这叫瑞士人如何能接受？更糟糕的是，马克西米利安一世当上皇帝后，在帝国议会中通过决议要组建一支军队，每个帝国的辖区都必须派出一部分士兵来这支军队服役，还要缴纳人头税作为军费。无论是交钱给哈布施堡家族或者在其麾下当兵，都是瑞士人绝对不会接受的。作为报复，马克西米利安一世宣布对瑞士邦联实施帝国禁令。

战争是由一系列短促的战斗组成的，在绝大部分战斗中，瑞士人都赢得了胜利，这些经历了与勃艮第人战斗的老兵轻而易举地打败了士瓦本联盟的城市民兵，作为战争中必不可少的一部分，劫掠等其他暴行也不少。正在低地国家筹集军费和组织军队的马克西米利安一世不得不赶往士瓦本联盟协调联军，但是一个令人震惊的消息传来了，路易十二于1499年8月入侵意大利。皇帝只能尽快与瑞士人议和，否则皇帝陛下的盟友——意大利的米兰公爵卢多维科·斯福尔扎将不可能得到援兵，北意大利将会落入法国人手中。在瑞士的邦联议会上，法国人与米兰人的使节在进行着一场没有硝烟的战场，法国人希望皇帝与瑞士人达不成任何协定，而米兰人则相反。最终米兰人赢得了胜利。1499年9月22日，瑞士人与皇帝达成了和平协议。根据协议，帝国禁令被取消，马克西米利安一世放弃了一切关于瑞士联邦的权力，更重要的是，瑞士邦联的十个成员不再受"帝国法院"的管辖，这实际上标志着邦联已经脱离了神圣罗马帝国，成了一个独立的政治实体。在接下来的时间里，瑞士人作为佣兵在受雇于欧洲各国，以他们的勇气和鲜血换取金钱。

作为一个新独立的政治实体，瑞士邦联保持着谨慎中立的政治态度，他们的士兵在战争双方的军队中都有出现。但通常来说，瑞士雇佣军保持着独立的指挥权，如果没有得到让他们满意的薪水，他们就会独自离开战场，丢下绝望的雇主。必要时他们也会独立行事，甚至甩开友军发起进攻。

1509年5月，法国在米兰附近的阿尼亚代洛一战中击败威尼斯军队，基本控制了意大利西北部之后，害怕法国变得过于强大的瑞士邦联倒向了罗马教皇、西班牙、英国组成的反法联盟，瑞士雇佣兵也离开了法国军队，成了法军的敌人。1515年的马里尼亚诺战役中，法国的炮兵与骑兵的组合发挥了作用。在泥泞和水沟纵横的农田上，瑞士长矛兵又一次击败了德意志雇佣兵，但法国骑兵不断攻击瑞士步兵方阵的侧翼，迫使其停下脚步，法国的炮兵对静止的步兵方阵造成了巨大的杀伤，战斗陷入了胶着状态。一直持续到深夜，双方都在等待着援兵的到来。

次日清晨，战斗重启，虽然法国的骑兵已经从三面包围了瑞士人，但法国剩余的步兵已经不足以维持战线了。到了下午，法军右翼崩溃，胜利的天平已经倒向瑞士人，因为只要瑞士人从法军已经不存在的右翼迂回，法军中央阵线的全部炮兵就会落入瑞士步兵之手，失去了步兵和炮兵的支持，仅凭骑兵是不可能打败纪律森严的步兵方阵的。

但是这个时候，法国人期待已久的援

兵——威尼斯从瑞士军队的背后出现了。这根最后的稻草压倒了骆驼，绝望的瑞士人一面派出一支小分队阻击威尼斯军队，同时派人与法国谈判。战斗的结果是瑞士人战死和被俘的人数超过了1.1万人，而法国人也损失了6000人。

事后法国与瑞士签订条约，瑞士军人只为法国服务，实际上邦联已经沦为法国的附庸。显然，随着火器与野战工事的良好结合，仅凭长矛的冲击想要赢得胜利已经是不可能了。因此面对法国这样的大国，瑞士又重新回到了与他的国力相称的国际地位。

战术与组织

瑞士步兵的最基本单位是大约为300人的连，其中250人为主战兵种，其余50人为远射兵种和近身肉搏兵。早期的瑞士步兵主战兵种是戟兵，远程部队为弩兵，近身肉搏部队则按照各自喜好、经济情况选择武器。14世纪后主战兵种为长枪兵，远程部队为弩兵和少量火枪兵，精锐肉搏部队全部是戟兵。由于早期瑞士步兵的主要战场是山地和山地间的小块平原，因此他们在进攻时并非使用方阵，而是采用一种类似于罗马军队战术的三线战术，每一线由一到两个连组成，士兵与士兵之间留有大约一米的空隙，以便让士兵使用武器和让后排的士兵通过。

瑞士步兵的防御战术是很有特色的。一般来说，瑞士军队第一波进攻的对象是敌人投射部队（弓弩手、火枪手、火炮）与步兵，因为瑞士人普遍无甲，又呈密集队形作战，投射兵种对他们有最大的威胁。在击溃敌人的步兵与弓弩手后，往往敌军的指挥官会用骑兵向瑞士人的侧翼或者背后发起逆袭。如果是其他军队，通常在这种情况下战局会被逆转，因为在打垮敌人后往往会出现队形散乱，士兵离开自己的位置去俘虏身上搜索战利品的现象。但无论是什么情况下，方阵中的瑞士步兵都不许离开自己的位置，哪怕是追击敌人，否则就要在自己的同乡面前被吊死。

当发现敌人的骑兵出现时，其第一列的指挥官会用鼓声和旗帜发出信号，让本行列的士兵组成空心方阵，方阵的士兵将自己的长戟放平，阻止敌人的骑兵靠近，少量的弓弩手则躲到空心方阵内部。由于当时西方的骑兵基本都没有骑射手，也拿这种空心方阵没有什么办法。这时后面两列的指挥官便伺机发起进攻，从左右两翼夹击敌军。这种战术在和奥地利的重甲骑兵的交战中屡次奏效。显然，没有远程火力的支援，光凭重甲骑兵已经不可能打败有纪律又坚定战斗意志的步兵了。

到了13世纪末期，奥地利人逐渐摸索出了新的战术，既然己方的步兵无法与瑞

第六章 山国雄狮：瑞士步兵

◎ 瑞士长枪兵。

士人抗衡，那就让重甲骑士下马组成密集方阵，然后加强大量的弩手。这两者都针对了瑞士步兵的弱点：缺乏盔甲抵御弓弩、惯用长矛长戟的瑞士步兵在与手持双手大剑、战斧的下马骑士近身战中十分不利。

为应对敌人的变化，瑞士人对自己的战术也做出了相应的改革：主力步兵使用长达 20 英尺的超长枪，组成密集的队形。方阵的前两排到三排士兵有胸甲和头盔，这样直射的弓弩对他们的威胁就降低许多了，而当方阵处于防御状态时，士兵们将长枪拄在地上。长戟兵与弩手混编在方阵前列作为散兵；为了防止敌人用小队下马骑士冲击方阵，在方阵的内部也有小队使用短兵的老兵作预备。

在交战时，瑞士人通常会用弩手与长戟手组成的散兵发起试探性的进攻，而长矛手组成的主力一般则会分散隐蔽在密林或者其他不易被敌军发现的地域。这种技巧十分有效，在许多战役中敌人的将领经常因为没有发现瑞士人的主力部队，而对敌军的数量做出错误的估计。当战役进入了关键时期，指挥官可以发出号令，将长矛军队迅速地完成集中并进入战场。通常情况下，方阵的数量是 3 个或者更多，各个方阵之间通过鼓声与旗号相互联络，当敌军用骑兵攻击某个方阵的时候，该方阵便立刻组成空心方阵，其余的方阵便会赶来救援。瑞士通过这种办法，解决了步兵方阵侧翼的弱点。当击败了敌军之后，散兵担任追击的任务，方阵的士兵未经允许不得离开自己的岗位。

瑞士人虽然并非职业士兵，但通过从小的训练有非常高的军事素养，下面是一部分基本的训练教范，在作战的时候，鼓手通过鼓声和旗号发出命令，指挥士兵：

持矛动作

右手持矛，将矛垂直立于与右脚趾平行的 9 英寸远处。左手叉腰，手指向外。

行军动作

右手持矛手指向外。矛身置于肩上，略微左倾。矛端离地 18 英尺，向后倾斜 45 度。

垂直提矛动作

右手提矛，左手于腋下处握住矛身，紧贴肩膀。右手换于矛身底端，托住长矛，左手上提至肩高。

端矛动作

从提矛动作开始，右脚平行向后约一脚距离。左手下放至胸部，作为支点。右手握矛端，右臂向身后约10度角倾斜，将矛身向前倾45度。

冲锋动作

从端矛动作开始，双手握矛位置不变，左手抬起12英寸左右，高于肩部。右手向上抬升，使矛身水平朝向正前方。当听到冲锋命令时，前三排从端矛转为冲锋，后排姿态不变，如前排倒下再转入冲锋补上。冲锋时前倾小跑，头向左倾，以免被后排长矛在刺杀时伤及。

防御动作

从持矛动作开始，左脚向前一大步，右脚外张，与左脚垂直。双手持矛，将矛端立于右脚脚窝。身体前倾，右手放开，左手握矛，将矛方于左膝处并用膝盖顶住，同时右手拔剑。

不难看出，每个方阵作为一个单独的战术单位，指挥官可以通过旗帜和鼓号使战术单位内的士兵做出整齐划一的动作。于是也就不难理解瑞士人在面对临时征集的封建军队或者绝大部分雇佣军时表现出的那种旺盛士气。但随着战场从熟悉的瑞士高地转移到了意大利北部平原，敌人也变成了由富有军事经验的意大利军官指挥的雇佣军，情况就发生了微妙的变化。中世纪的意大利是文艺复兴的发源地，也是与东方文化交流的集中地，意大利人也是最先将各种科学文化的成果运用到军事上的。相比起当时的其他民族，意大利人并不是那么彪悍善战，但在修筑工事、使用火器、将骑兵与火器结合方面却是处于领先地位。面对着大量十字弓、滑膛枪、火炮、野战工事结合起来的新敌人，简单的步兵密集队形冲击即使能赢得胜利，付出的代价也要高昂许多，在这种情况下，想要维持高昂的士气是极为困难的，而瑞士军队的威力就在于高度的纪律性和士气。于是当采用新战术的军队开始崛起，瑞士步兵也就逐渐日薄西山了……

第七章
苏丹利刃
奥斯曼禁卫步兵

作者 / 孟驰

（奥斯曼禁卫军）算是15世纪中最精锐的部队。没有一个基督教的国家，甚至查理七世时代的法国，曾有过一支可以与他们相比拟的部队。

——约翰·弗雷德里克·查尔斯·富勒《西洋世界军事史》

在奥斯曼帝国称雄欧亚大陆的数百年间，曾经有一支彪悍如虎的部队随同苏丹四处征战，东征西讨，屡立战功，成为奥斯曼人扫荡欧罗巴、小亚细亚和北非的一柄利剑。这支部队就是奥斯曼帝国步兵部队中的王者——加尼沙里禁卫步兵军团。

当然，罗马不是一天建成的，加尼沙里军团的赫赫威名同样也不是一下子从天而降的。通往功成名就的高塔顶端没有任何捷径可走，加尼沙里军团也是一样，他们踏出的每一步，都充斥着鼓角齐鸣，闪动着刀光剑影，历经着改革与保守思潮的激烈交锋。下文即是追寻着加尼沙里军团

◎ 突厥骑兵。

在世界军事史的漫漫长道上踏出的一步步足迹，向读者们展示一支强军从成立到练就的过程，以及包括它的组织结构、精神面貌、作战特色等方方面面。

成立

一切还得追溯到13世纪初。当时中亚的许多游牧部落为了躲避蒙古人的兵锋，不得不举族迁徙，奥斯曼人的先祖也是其中之一。他们原隶属西突厥的卡伊部落，定居于中亚的阿姆河流域。向西逃亡的一部分族人在首领埃尔托·格鲁尔的带领下来到塞尔柱人统治的安纳托利亚，被安置在塞尔柱和拜占庭边境的比提尼亚。该地区是名副其实的三不管地带，各种势力纵横交错，奥斯曼人伺机发展壮大起来。到了13世纪末，塞尔柱人的势力在蒙古人的打击下逐渐灭亡的时候，奥斯曼人已经在首领奥斯曼（埃尔托·格鲁尔之子，也是奥斯曼人和奥斯曼帝国名称的由来）的带领下，拥有了数座堡垒和城市。

塞尔柱人的灭亡彻底拿掉了奥斯曼人头上的封印，他们终于可以放手开创自己的事业了。由于东部的几个土库曼酋长国都颇有实力，招惹不得，于是奥斯曼将矛头指向西部的拜占庭帝国。

在与拜占庭人的交锋中，奥斯曼与其子奥尔罕很快就发现，尽管拜占庭军早已腐朽不堪，根本不是敏捷如风的突厥骑兵的对手，但由于奥斯曼人缺少步兵和攻城器械，要想拿下拥有要塞守御的拜占庭城市还是较为困难。1325年，在大臣阿拉丁帕夏和坎达里·卡拉·哈利里的提议下，奥斯曼首领奥尔罕组建了亚亚部队，它可以算是奥斯

第七章 苏丹利刃：奥斯曼禁卫步兵

◎ 塞尔柱人。

◎ 奥斯曼帝国的创始人奥斯曼一世。

曼历史上第一支正规的步兵部队。

但亚亚部队的表现并未让奥斯曼领袖感到满意，它的成员大多是来自农村的志愿军，不但没有多少人接受过正规训练，而且也并非真正的职业军人——他们甚至将主要精力放在侍弄自家的土地上。不到40年时间，这支部队就被贬为预备役。此时的奥斯曼军队，仍由骑兵包打天下。

到了14世纪中期以后，情况出现了变化，由于征战越来越频繁，奥斯曼人的俘虏也越来越多。按照突厥习俗，这些俘虏往往只能沦为奴隶。奥斯曼的谋士发现，他们完全可以效仿阿拉伯人，从奴隶中挑选精壮的人组成一支常备军。1369年的某一天，这支奴隶部队终于成立，它就是军团的雏形。又过了20多年，真正的加尼沙里军团在这一部队的基础上组建了起来。

征募、训练与军团的内部结构

以奴隶为兵并非奥斯曼人首创，而是源于阿拉伯人。在后倭马亚时代，就有一些突厥奴隶在阿拉伯军队里当兵，而到了阿拔斯王朝，奴隶军队开始拥有了自己的建制和名称——古兰姆。阿拉伯帝国崩溃后，继立的各个突厥帝国都继承了这一制度，塞尔柱时期更是发展出一支名气不逊于加尼沙里的强军：马穆鲁克。后来这支强军在埃及夺取了政权，开创了奴隶上位称王的历史。

无论是古兰姆还是马穆鲁克，都是建立在中西亚著名的"彭菲克"制度基础上的，即国君有权从包括奴隶在内的战利品中抽取五分之一归自己所有。五分之一显然不是什么大比例，再加上还要经历筛选程序，所以初期的加尼沙里军团规模很小，只有1000人左右。直到14世纪晚期，德米舍梅制度建立后，这支新军才得以充分发展起来。

何为德米舍梅制度？说来也不复杂，即在被征服地区的基督教家庭中，以40户一丁的比例征兵。征集的对象主要为8到18岁的青少年。道理也很简单，比起思想和体格早已成形的成年人来说，璞玉一般的青少年无疑是上佳的塑造对象。

德米舍梅制度每隔5到7年实行一次，一到大点兵的日子，就会有一名拥有高级头衔的军官带着苏丹的授权书和一批新兵制服，在几名随从的陪同下前往指定的地区主持征兵工作。在这名军官到达的前几天，被征发地教堂的神父就会得到命令，要他通知本地所有符合征发条件的男童家庭，在指定日期将自家孩子与其洗礼证书一起送往集结地。军官在那里将对这些孩子们进行初步的选拔，表现较为优秀者将被交给来自首都的官员，从此这些孩子就是"欧古兰"（即"侍童"之意）了，欧古兰们是直接送往各地的宫廷学校的。在那里，他们将在一名白衣宦官的监督下，完成2到7年的学业，课程内容包括神学、行政、军事、文学等方面，毕业后优等生将直接进入宫廷，担任各种官职，其余人等则进入卡皮库鲁部队（皇家骑兵团）。

精英是少数，欧古兰同样也是如此，因此剩下的绝大多数基督教孩童只能作为"阿杰米欧古兰"（"外国少年"之意）踏上成为加尼沙里军团成员的道路。军团尚在雏形时，阿杰米欧古兰的命运十分凄惨，他们不但要在特别的训练机构内接受各种军事训练，还要在海军兵工厂做苦工，或在军舰上担任划桨手。一般来说这样的生活要持续4到8年，但只有在军团部队的名额出现空缺时，阿杰米欧古兰的成员才有机会成为正式军人的一员。

德米舍梅制度确立后，"外国少年"的待遇稍好了一些，最先等待着他们的不是苦工一样的生活，而是安纳托利亚地区的各个突厥农场。他们一边和农民们一起干活，一边学习突厥语，接受军事技能和信仰方面的教育。一旦某个地方的训练机构腾空，他们就会被送往那里，一边训练，

◎ 奴隶常备军古兰姆。

第七章 苏丹利刃：奥斯曼禁卫步兵

◎ 受训中的少年新兵。1为德米舍梅新兵，2为宫廷首席白衣宦官，3为不当值的年轻西维勒克新兵（刚被提拔至作战序列的新兵）。

一边承担政府部门的各种劳役。有时在加尼沙里军团出征的时候，还得接手当地的守备任务。平均每个士兵要在宦官的严厉监督下度过至少6年的训练生涯。每期新兵毕业后都要举行盛大的结业仪式，并领取一份制帽和结业证书。第二天晚课礼拜结束后，新兵们会穿上自己的制服外套，这代表着他们正式成为军团的一分子了。和侍童们一样，阿杰米欧古兰中的优等生将得到拔擢，或进入军团的精锐部队，或前往海军服役。

从军团出色的战斗力来看，新兵的训

练科目绝对是极其系统、异常严厉的,其内容也相当庞杂:马术、剑术、箭术、枪术等均纳入训练项目中,但核心科目却是对上级军官的无条件服从与团结协作精神的培养。这一做法原是为了确保苏丹拥有一支强悍而忠心耿耿的禁卫军,然而也给了军团高级指挥官钻空子的机会。到了帝国后期,对军官的盲目服从和军团内部的抱团精神终于被野心家加以利用,成为一次次兵变和动乱的根源。

为了能让军团士兵随时服从调遣,帝国政府规定,所有的士兵平时都必须住在军营里,终身不准结婚,也不得从事任何一门手艺活。到了16世纪中期,情况起了变化,老兵越来越多,为了照顾他们的生活,禁婚令逐渐松弛下来,不但结婚的士兵越来越多,而且他们的儿子也自动获得了进入军团的资格,16世纪末期的时候,军团成员大部分已是老兵的儿子。其后军团更是向自由民敞开了大门,彻底崩坏的德米舍梅制度终于在17世纪中期被完全废止。

军团主要分为三个部分:"希玛尔"("集会者"之意)、"博鲁克"("分队"之意)以及"塞克班"("驯犬员"之意)。三部分的所有成员均为阿杰米欧古兰的毕业生。基本作战单位为"欧塔"("团"),每个团的基本结构都相同。团的规模最初很小,15世纪时期仅有50人,16世纪扩大到100人。加尼沙里军团最终由196个团组成:其中101个集会者团、61或62个分队团、34个驯犬员团。军团规模虽一再扩大,但各个团的数目却固定了下来。

各团的最高军事长官称为"考巴西",每个考巴西的下属队伍拥有6名军官,一大批军士和一名行政办事员和一名伊玛目(礼拜的主持人),团级军官职位均由本团成员出任。但军团的最高指挥官——"耶尼切里阿加"的人选却是由苏丹亲自指定的。此人权力很大,除了苏丹外,谁也无权对他发号施令。但在处理军团事务的时候,他也必须和军团高级军官组成的军团委员会共同协商决定。

奥斯曼人的服装款式是基于波斯风格设计的,不同民族、不同宗教信仰、不同身份的人士均有各自的着装风格。加尼沙里军团所穿的是专门设计的制服,大多为羊毛质地,样式简朴但实用、耐穿。军服的颜色有红、绿、暗金等多种,款式根据军阶的高低有所变化。军官的军服外套边缘往往附有用狐狸皮、貂皮、松鼠皮等珍贵毛皮制成的绲边,并按军官等级配给各式腰带和肩带。

除了军服外,鞋子和头饰也彰显着穿戴者的地位。一般加尼沙里士兵足蹬红色的皮靴,低级军官穿的是黑色的,高级军官穿的则是黄色鞋子。头饰是全套行头中最富加尼沙里军团特色的。据说早在奥尔罕组建亚亚新军的时候,为了将加尼沙里士兵和头戴红色帽子的其他奥斯曼士兵区分开来,苏丹采纳了顾问阿里帕夏的建议,让新军头戴一顶白色的无边高顶软帽(这种帽子叫"伯克")。作为在奥斯曼人中颇有声望的贝克西塔斯托钵僧修道会的一员,阿里帕夏为这支新成立部队的成员一一祈福。在祈福的时候,他将自己的白色长袖覆盖在士兵们的软帽上,袖子的边

第七章 苏丹利刃：奥斯曼禁卫步兵

◎ 练习枪法的阿杰米欧古兰。1为阿杰米欧古兰加尼沙里新兵，2为新式加尼沙里兵团新兵部队的伊奇欧古兰军士，3为纪律部队的队长。

◎ 加尼沙里军团的指挥官们，右一为耶尼切里阿加。

◎ 身着华丽服饰的军团军官们，注意他们的鞋子。从左到右分别是乌斯塔军官、第三等级的军官、贝伊级的军官。

从士兵的帽子后沿垂下去。后来建立的军团不但继承了这顶白色软帽，同时也将"帕夏的袖子"保留了下来，即在软帽上设计一块白布，这块白布从帽子的后沿上垂下来，形成一个滚筒状的卷边，从外面看上去就与下垂的袖子无异。军团成员认为这代表了贝克西塔斯教团长老的祝福，能带给自己作战的勇气。

除了后卷外，帽子的前沿还系有一根朴素的木勺状的徽章，以表示军团对伙食的重视。军官们的帽徽上插有几根白色或黑色的巨大羽毛。一些高级军官和精锐部队成员戴的不是"伯克"，而是一顶尖尖的高帽，周围裹着一层又一层的头巾，将帽子几乎完全遮盖住，只露出帽子的顶端。立有战功者戴的同样是一顶特殊的头巾，这对他而言是一种嘉奖。

加尼沙里军团在成立之初，是一支步弓手部队，因此大部分成员的装备为反曲复合弓和短矛，少数人装备有剑。虽然他们也用战斧等步兵兵器，但这些兵器仅被作为次要装备使用，或干脆只在参加重大典礼的时候才装备。随着时间的推移，军团开始与来自巴尔干、西欧、北非等地区的对手交战，这些国家的兵器也开始流入并被加以使用，如马穆鲁克的剑、大马士革弯刀、西欧的重斧等。除了使用缴获的武器外，奥斯曼人还从欧洲各国进口大量兵器，因此军团兵器库里的储备与军团的统一制服截然相反，是极为复杂多样的。

军团最为常用的冷兵器总结起来有弓、马刀"基里克"、弯刀"亚塔干"、匕首"坎嘉尔"、长戟、长柄刀和长柄斧等。

奥斯曼弓有3种：战弓、射准弓和长弓。3种弓均由4种材料制成：木头、兽角、筋腱和黏胶。每种弓的弓身中心位置都有一个供持握的部位，其表面一般都附有漆工艺的装饰。

战弓为典型的突厥式，其结构与亚洲其他的经典反曲复合弓类似。其核心部分为木质（枫树为最佳材料），弓腹（面向弓箭手的那一侧）用兽角制成，前段则用动物的筋腱制成，表层用动物粘胶加固。当弓弦被取下的时候，弓身弯曲到极点，弓缘前卷，形成一个"C"字形。有些弓的弓缘那些坚硬的顶端（"卡桑"）甚至会彼此相碰。突厥弓弓身持握的部分并不像其他亚洲弓那样是凹进去的，弓腹相当笔直，而持握部分的前端则向外凸出。

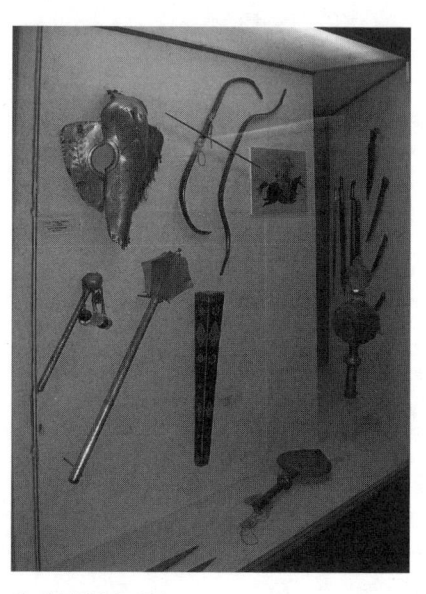

◎ 突厥弓和钉头锤。

第七章 苏丹利刃：奥斯曼禁卫步兵

突厥弓的曲度极为明显，因而它的上弦方式与欧洲的直体弓差异很大，有人宣称："突厥人有120种上弦的方式。"最常见的上弦法是上弦者坐在地上，用双足挤压弓身的握把部分，给重型长弓上弦时，通常需要一根长长的环形带子将弓缘向后拉起，固定。

突厥弓配有一些附属装备，射手们在拉弓时要戴上一只扳指，这种扳指用木头、金属、象牙、骨头、兽角或皮革制成。表面刻有一根滑槽，以供弓弦伸入。有些扳指是用贵重金属或宝石制成，装饰得十分华丽。

除了扳指外，弓身上还装有两种装置："西普尔"和"梅加拉"。它们都是使箭支穿过弓身前沿通常搭箭处的装置。西普尔是一种搁板，通过皮带固定在射手持弓的那只手上。这种装置在战弓上最为常见，它能帮助射手将弓拉满，从而将最大的力量施加在箭支上；梅加拉则是一片薄薄的木板，上面刻有一道沟槽和一个用于钩住箭手拉弦那支手的小圆孔。这一装置使射手可以施放比弓的原配箭支短得多的箭。这两种装置都能让箭飞得更远。

多年以来，突厥弓的优越性能可谓是有口皆碑，直到1910年，还有人用老式突厥弓在射箭比赛中创下434米的记录。

"基里克"堪称东方世界弯刀之王，它的原型可能是中亚—蒙古马刀，为单刃单手兵器，刀身用高碳坩埚钢锻造而成，表面通常刻有血槽和古兰经的铭文，刀柄与长形刀身之间形成轻微弯曲，后者的下半部分质地更为精良。同时，刀身后部也

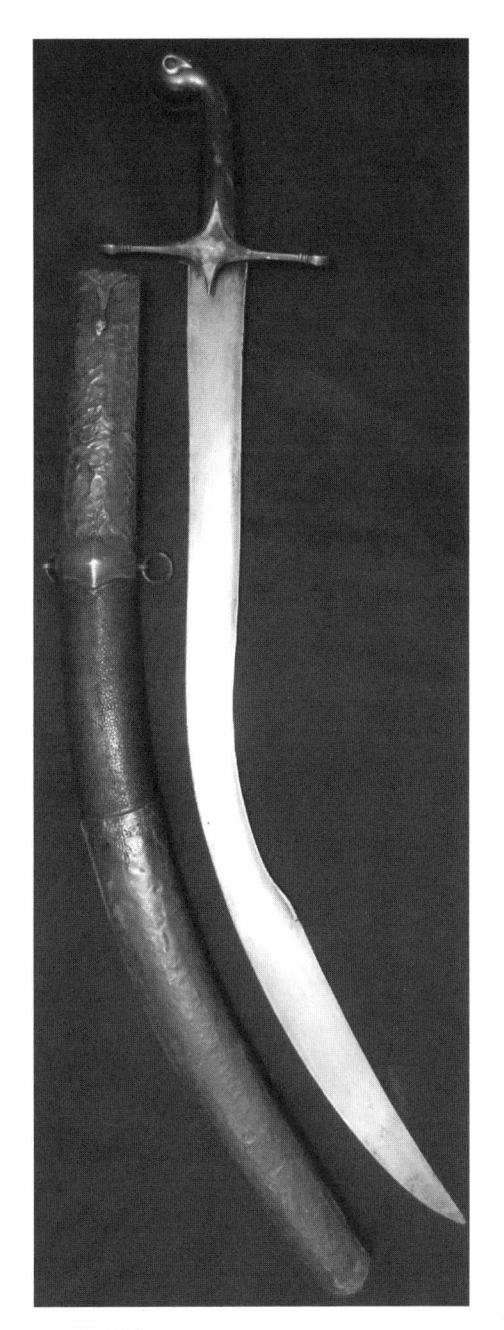

◎ "基里克"。

保持着狭窄的宽度，而只在刀身末段的三分之一处外展变宽。这种特别的逐渐扩展的末端被称为"雅勒曼"（人工刀刃之意），这一设计可以极大地增加弯刀的劈斩力度，只需一击就能斩下一颗头颅。这种出色的威力令"基里克"成为奥斯曼人的首选兵器。

"基里克"的刀柄为犀牛角或牛角质地，并有一个椭圆形的末端，与刀柄形成一个弯曲的角度。"基里克"的刀鞘是木质的，表面饰有印花图案和金银。在苏丹巴耶济德和苏莱曼统治时期，基里克变得更短，更轻，更笔直。

"亚塔干"是另一种奥斯曼人常用的弯刀。据传说，一个外号为"亚塔干巴巴"的塞尔柱军官征服了今奥斯曼东南部德尼兹利省的一个小镇后，就在这里发明了这种兵器，并用自己的外号命名它和它的诞生地。但据考古学家考证，其实在12世纪起，"亚塔干"就出现在中亚了。它也是单刃，刀身长60到80厘米，带有一个明显的前曲，有些"亚塔干"的刀身在前曲基础上会朝刀身末端后倾。这种造型通常被称为"内弯"。刀背是用较为柔软的钢材制成的，而开锋的刀刃为了保证经久耐用，用经回火处理过的硬钢锻造。

刀柄分为两片，一般由骨头、象牙、角或白银制成，用一根带有装饰的金属带子固定在一起，上面没有护手，刀柄和刀尖之间以金属板相连。为了防止劈砍时刀从使用者手中滑落，柄锤两端同时向外延伸，形成一对翼形或耳形。不同地区的"亚塔干"刀柄在外形上带有不同特色：巴尔干人的"亚塔干"刀柄往往带有硕大的柄耳，其制作材料通常是骨头或象牙，而安纳托利亚地区的"亚塔干"刀柄的特征则是柄耳较小，制作材料通常为兽角或白银。由于没有护手，"亚塔干"可以与刀鞘紧密地贴合在一起；它往往是别在佩戴者的腰带内的，用一只钩子固定住。这种佩戴方式使刀看起来很像"横躺着"一样，故而得名"亚塔干"（奥斯曼语"躺着的人"的意思）。

加尼沙里所用的"亚塔干"被称为瓦尔萨克，其规格更小，更轻（重约0.85千克），这样在行军的时候就不至于碍手碍脚。

"坎嘉尔"很短，象牙质握把顶端附有一对叉子形的护手，护手紧贴着匕首下端为开锋的部分，这一设计令使用者可以握住握把下端而不必担心伤及手指，使用起来也更自如。

长柄刀、长戟和长柄斧均为欧洲的舶来品。长柄刀的外形类似于中国的青龙偃月刀：单刃刀身连接着一根长形木柄。一般而言，形状像斧头的刀身长18英寸（45厘米）左右，被固定在木柄（通常长2米左右）上。少数长柄刀的刀身背面是钩子状的，专门用于对付骑兵，这种长柄刀被称为"钩镰刀"。长柄刀可以兼作一支铁头木棒、一支短矛、一支斧形枪，或一支长戟，英国人西维尔认为它是长兵器中的

◎ "亚塔干"。

第七章 苏丹利刃：奥斯曼禁卫步兵

王者。

　　长戟又称为瑞士镰钩枪，是一种在14-15世纪被广泛应用的双手长兵器，长度通常在1.5米到1.8米（5~6英尺）之间。它本质上是斧头和长矛的结合体。斧身背面通常附有一只钩子或刺以便将骑马的敌人钩下来。它造型简朴，用法也很简单，但用途广泛，对上骑兵的时候更是游刃有余，熟练的长戟手可以将一名骑士轻松地拽到地上去。

　　长柄斧是从丹麦斧"斯巴思"演变而来的，一般被认为诞生于公元1500年之后，在16-17世纪闻名于东欧。但中世纪的手稿显示，公元1250年起就出现了类似的兵器。

　　长柄斧在外形上与长戟不同：斧身背面没有钩子，其顶部也没有矛头。绝大多数长柄斧的斧头部分都和一把切肉刀差不多，但斧身和长杆之间的连接方式不止一种：要么通过两个插孔（一个插孔与斧身顶部平行，另一个插孔位置要低一些，与斧身底部平行），要么通过斧身顶部的一个插孔插入，再将斧身底部的一端固定在

◎ 长柄斧。

◎ 长柄刀。

◎ 手持长戟的士兵。

War History · 173

长杆上。这种兵器的使用方式与其他长兵器截然不同：斧身很长，经常超过60厘米，斧柄很短，不到1.5米。因此它更多地依靠斧身的重量而非挥动斧柄的力量来杀伤敌人，与它的前身斯巴思极为相似。

除了以上列举的种种外，军团常用的冷兵器还有欧式的阔剑、细剑、重斧和中亚风格的钉头锤等，这里就不赘述了。

15世纪初，火器开始流入奥斯曼境内，早期的火器由于有着射速慢、精度差且射程短、经常出故障、射击后的烟尘容易把衣服弄脏（加尼沙里军团士兵多爱干净）等弊端，并不为惯用弓箭的奥斯曼所喜，军团更是只有很少的几个团装备了它。然而，15世纪中期对匈牙利的战争让奥斯曼人认识到了火器的巨大潜力，再加上它的可靠性在不断提高，军团终于逐渐接受了它。绝大多数加尼沙里士兵在短时间内都装备了火绳钩枪和火绳枪，枪术也很快成为军团的一项重点训练科目。

奥斯曼人用的火绳枪在长度和口径上都要大于欧洲的同类产品。最大的可以发射重达80克的铅弹，最轻的也能发射22克的弹丸。尽管火枪在军团中的普及速度很快，但突厥弓却仍在军团装备中占有重要地位，反曲复合弓与火器混杂使用的情况持续了很久。17世纪以后，加尼沙里士兵们拒绝像欧洲人那样，在步枪上装上刺刀。因为后者对部队的统一性要求很高，军团士兵厌恶地称其为"异教徒的武器"。这使得军团在与经过军事革命改造的新式欧洲军队的作战中渐落下风。

军团的防护性装备有铠甲、头盔和盾牌。

铠甲叫"泽拉·古雷克"，起源于15世纪，这件短袖身甲能将整个上半身身躯除胳膊外的主干部分完全覆盖，铠甲上端带有护颈，下端则是长长的、一直下垂到小腿上的甲裙。附有一条长及膝盖并带有护膝的甲裤。身甲为锁子甲式，前胸和甲裤大腿部分有铁叶甲片加固，甲片用铆钉和皮带固定在身甲上，

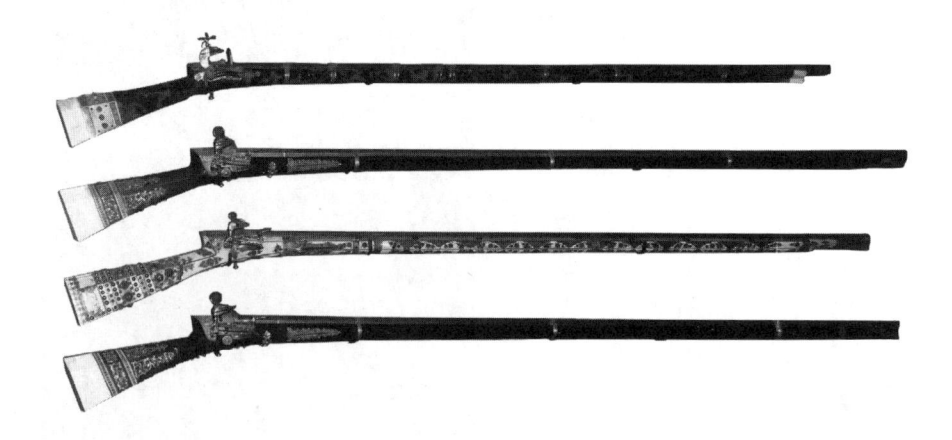

◎ **奥斯曼火绳枪**。

第七章 苏丹利刃：奥斯曼禁卫步兵

表面绣有叶片图案和宗教铭文。

　　头盔是黄铜质的，有多种形状。较为常见的下端为圆筒形，上部为圆锥形，很像一个游牧民使用的帐篷。头盔表面刻有经文，中间连着一根可以滑动的长条形护鼻，护鼻底部呈水滴形。头盔底部和面甲顶部各开有两个半圆形的小孔，四个小孔上下嵌合成2个圆形的视孔，不至于影响佩戴者的视力。这种头盔只能覆盖人的半个面颊，因此下端还连接有面巾状的锁子甲，以保护面颊的下半部分和护颈。这种面巾盔在军团成立初期较为常见。

　　还有一种头盔则是圆锥形半开放式的，表面镀金，绣有花纹，后部连有皮革护颈，头盔前方的帽徽上插有一根巨大的羽毛。这种胄一般配给军团精锐部队使用。

　　加尼沙里军团所用的盾牌多为巨大的长方形盾，为木质。有些东欧式的盾牌表面蒙有皮革，绣着花纹，并用铆钉固定。

　　15世纪军团火器化了后，铠甲在军队中使用得越来越少，大多数士兵都只穿着羊毛或丝绸制服上阵，但也有少部分以近战为主的部队如"德里"等仍装备有"泽拉·古雷克"铠甲。

◎ 铁叶甲。

◎ 面巾盔。

战略与战术、阵型

　　不可否认，奥斯曼人的计划制定和战略动员体系是非常优秀的。每年的10月到11月他们就将来年8月到9月的作战计划搞了出来。在动员正式开始前，还要历经一道非常主要的程序：储备战略物资，特别是食物。

前面提到过，加尼沙里军团非常重视伙食，或者说极其重视后勤。这从以下两点就可以看得出来：一是军团的军官职位都带有很重的"厨房味儿"，军团下属的每个团级作战单位的指挥官被称为"考巴西"（奥斯曼语"长柄汤勺"之意），指挥官的副官叫"阿伊乌斯塔"（"总厨"之意）。以下分别是中级军官"巴格卡拉库鲁英格特"（"伙夫头"之意）、中士"卡拉提鲁福"（"伙夫"之意）、士官阿伊（"厨子"之意）等；二是军团最为神圣之物并非绣有新月和白星的帅旗"伊玛目阿扎姆"（类似于现在的奥斯曼国旗），更不是团级的马尾旗和纹章，而是一口巨大的行军锅"卡赞-谢里夫"，它被各团视为无价之宝。每一次阅兵仪式，各团都会将各自的卡赞恭恭敬敬地抬出来。要是哪个团在战斗中丢失了卡赞，那将是本团的巨大耻辱，该团从此再也没有资格与其他团一次参加阅兵仪式。

对食物供应看重到如此程度，那出征前的食品储备自然是战略储备工作的重中之重了，军团的食物主要有：新鲜的面包、"派拉夫"（一种用碎麦粒和黄油熬成的粥）、洋葱、鲜羊肉、牛肉干和一种叫"派西梅特"的硬饼干。

当每场战役揭开序幕的时候，托普卡帕宫（奥斯曼皇宫）的庭院内就会竖起苏丹的六马尾旗帜和维齐尔（大臣）的三马尾旗，随后大军就集结、出征。打头阵的往往是侦察部队和名为"阿金基"的轻装袭击部队，前锋、侧翼和后卫多由西帕希封建骑兵担任，军团一般情况下位于队伍的中段。他们午时扎营，拂晓开拔，开拔前会先让军乐队敲锣打鼓地出发。

在作战中，由于加尼沙里军团以远程攻击为主，因此他们很少主动出击。由于军团从来都是和其他部队一起行动的，因此笔者也只能把他们放在整个奥斯曼战术体系里来描述。奥斯曼军通常的作战阵型是这样的：苏丹本人亲自率领加尼沙里军团坐镇中央，卡皮库鲁骑兵队护卫着军团的两翼。军团之前为阿扎布部队（一种强征而来的非正规步兵部队）。来自安纳托利亚和鲁米利亚（奥斯曼帝国的欧洲行省）的西帕希骑兵队分别担任全军的两翼，最前方为阿金基袭击者部队。另一支阿扎布部队则负责掩护大军的后方。

奥斯曼军的战术带有很浓的突厥时代味道：由阿金基部队率先发动进攻，但他们的任务不是杀敌，而是迅速败退，以将敌军引向己方阵地的中央。敌人一旦上当，便会先遭到阿扎布部队的打击，而后陷入与土军精锐加尼沙里军团和卡皮库鲁部队的拼死战斗中，而此时安纳托利亚和鲁米

◎ 普通的加尼沙里士兵，注意他头戴的白色软帽后沿的下垂和前沿的木勺型帽徽。后者代表了军团对伙食供应的重视。

第七章 苏丹利刃：奥斯曼禁卫步兵

利亚的封建骑兵则从侧后方包抄过去，使敌军完全陷入包围之中。

由于阿扎布部队战斗力并不强，所以在这一战术体系中担任中坚力量的无疑是加尼沙里军团和卡皮库鲁部队，他们能否坚持下去，是包围圈构成的绝对必要条件。军团基本为步兵，这就决定了他们在面对敌军骑兵的时候需要用各种防御工事来保护自己。在1396年的尼科堡战役和1402年的安卡拉战役中，加尼沙里们或占据一座小山，或被布置在一排削尖的木桩和一道沟渠之后。15世纪中期，奥斯曼人在与匈牙利人的战争中见识到了匈牙利人的战车工事的威力，并加以学习，此后军团就常

被部署在由一辆一辆首尾相连的四轮大车所构成的环形阵之中了。除了大车工事外，有时军团也会据守线性壕堑作战，但这种行为被视为懦夫的做法，因而很少发生，军团甚至派遣低级军官和老兵、军士看守壕堑，不让士兵们进入。

在抵御敌人冲锋的时候，军团往往排成拥有数列纵深的横队，各列横队轮番前进，形成排射的效果。由于他们纪律严明，充满勇气，经历过极为严格的训练，因此即使面对拥有重火力的敌人时也能保证队形的完整。但军团并非一味地被动等待敌军来攻，当敌人已然逼近而队形发生散乱时，他们就会主动发起冲锋。在进攻时，

◎ 冲锋中的加尼沙里士兵。

各团组成的楔形编队旋即松散开来。在身后军乐团的呐喊助威下,军团的冲锋往往是无坚不摧的。

每一个军团士兵都经历过长期、系统、严格的箭术或枪术训练,他们的箭法和枪法都很准,甚至在夜里也能借助月光做到弹无虚发。但因过于强调个人能力而忽视了集体战术的威力,军团始终没能真正学会排枪战术,这是17世纪以后他们在与欧洲新式军队的交锋中渐落下风的又一个重要原因。

综合部分:纪律、福利及其他职责

严厉的军纪是强大战斗力的保证,军团的训练机构已制定有各种各样的规章制度,正规部队里更是纪律严明:不服从命令、酗酒、赌博等行为都将受到无情的惩罚。处罚方式有监禁、用答棒痛打脚底等,并一般由违规者的长官来执行。士兵无论受到何种处罚,在结束后受罚者都要亲吻军官的手,以示重新接受纪律的约束。逃兵将被处以绞刑并被沉湖。但对于军团士兵而言,最严酷的惩罚不是死刑,而是剥夺军籍,这代表着他永远失去了军团成员的光荣身份。

军团的纪律是严厉的,但被实际执行到什么程度呢?这从一名欧洲旅行家的评论中就可以看出:"我认为没有一位国王拥有如此井然有序的军队和宿营地。他们的军粮储备充足,以无可指摘的态度,在没有发生混乱和尴尬的情况下完成了安营扎寨的任务。"

糖果从来是与鞭子并用的,军团有着最严厉的军纪,也有着最好的福利。"乌鲁菲"(军饷)每3个月发放一次。帝国政府对它的发放情况一直极为关心。此外,军饷还会随着物价的变化而加以调整,以免出现"钱贱伤军"的现象。在发军饷时,往往要举行一场由军团成员向苏丹和政府宣誓效忠、献身的仪式。

除了固定的军饷外,军团的额外红利亦为数不少。例如每位苏丹即位的时候,为了争取军团的支持,会向每个士兵发放一笔赏钱。在战事进行到危急关头或大获全胜后,士兵们也可以得到一份很是实在的物质奖励。此外,政府还会以固定价格向军团供应食品及其他消费品,在通货膨胀时代,这项政策无疑成了一种隐性的补贴。

老兵和立有战功者可以获得晋升的机会,也可以享受退休待遇,诚实可靠但资质平庸的老兵可以提前退休,并得到一块蒂玛(封地)。战功赫赫的老兵有两种选择:一是被派往前线要塞的守备队中,他将得到一份丰厚的退休金;二是留在大本营,在战时负责一些轻松的活计,当然他的退休金就要少得多了,但还算过得去。阵亡士兵将获得"殉道者"的称号,他的家属将得到政府的悉心照顾，不但可以定期领取食物，偶尔还能得到该士兵所在团队的财政补助。殉道者的女儿可由政府解决婚姻问题，儿子则将得到进入"阿杰米欧古兰"团的内定名额。伤残老兵可以得到一份清闲的差事，并保留所属团队的荣誉成员的资格。

如此优厚的待遇无疑是非常具有吸引力的，它促使基督教家庭的家长们不惜以行贿的方式将儿子送进军团，也使得富有经验的士兵们自愿留下来。但一流的待遇也带来了负面效果，大批自由民设法挤进了军团，这在16世纪末造成了严重后果：军团规模迅速膨胀，但战斗力却一落千丈。

除了在战役期间担任保卫苏丹和大军中坚外，军团尚负有各色各样的其他使命：他们是帝国重要要塞的守备队，是冬季的下水道疏通工程队，还是伊斯坦布尔的消防队和警察部队。16世纪以后，随着西帕希封建骑兵变得越来越腐朽无能，加尼沙里被派往各个行省，除了要维持当地的法纪外，还要监视那些随时可能萌生野心的地方总督。因此他们又成了地方的警备队，但这却给了他们更多的自立机会。最后，当帝国政府的影响力开始削弱的时候，他们终于成了各个行省的实际统治者！

军团军功章之瓦尔纳战役

军团成立之初，由于规模太小，因而虽在1396年的尼科堡战役中成功崭露头角，但却并未起到决定性的作用，灭顶之灾却在不久之后降临到他们的头上：奥斯曼帝国在欧洲的急速扩张引起了中亚枭雄帖木儿的不安。1402年，帖木儿亲率大军攻入奥斯曼境内，与苏丹巴耶济德一世决战于当时的帝国首都安卡拉近郊。由于种种因素所致，奥斯曼军队大败，许多军队逃离战场。加尼沙里军团忠心耿耿地护卫着苏丹，结果被全部歼灭。

好在帖木儿并无彻底摧毁奥斯曼帝国的意向，在俘虏了巴耶济德一世之后，他就撤军回去了。帝国在经历了十年的大空位和内战之后，由巴耶济德之子穆罕默德一世继任苏丹之位。穆罕默德采取休养生息的政策，不再对外扩张，全力进行内部建设。帝国的国力和军队终于渐渐恢复。到了穆罕默德之子穆拉德二世统治时期，由于帝国的欧洲封臣仍忠于苏丹，德米舍梅制度得以重新开始实行（这一制度主要实施于帝国的欧洲行省），军团也得以重建。

穆拉德二世改变了其父的和平政策，开始继续向欧洲扩张，这导致了与欧洲强国匈牙利和威尼斯之间的一系列冲突，连绵不止的战争逐渐令穆拉德感到疲倦。1444年，在先后与匈牙利和东方的卡拉曼酋长国签订了和平协议后，穆拉德宣布退位，

War History · 179

让位给12岁的儿子穆罕默德。

然而，年幼的苏丹同时遭到了国内的贵族、军政要人以及国外势力的轻视。以匈牙利为首的欧洲各国势力旋即联合起来，撕毁和平协议，组成十字军朝奥斯曼帝国进军。于是，以坎达里·哈利里帕夏为首的贵族以苏丹年龄太小、无法在危机时刻担当大任为由，煽动加尼沙里军团起来叛乱，迫使穆罕默德退位。结果穆拉德二世还没在东部过上几天安生日子，就又得回来干苏丹的苦差事了。当然他是顾不上发牢骚的，因为当前的首要任务是击退欧洲人的入侵。

欧洲联军是由教皇尤金四世和匈牙利王国共同发起的。主要由匈牙利和瓦拉几亚、波西米亚和波兰的军队组成。另有为数不多的捷克人、波斯尼亚人、克罗地亚人、保加利亚人、立陶宛人和鲁塞尼亚人（乌克兰人），以及教皇国军队和条顿骑士团。主要统军将领有匈牙利国王瓦迪斯瓦夫三世、将军约翰·胡尼亚迪、教皇特使卡迪纳尔·朱利安·切塞里尼和瓦拉几亚大公弗拉德·德拉库（大名鼎鼎的吸血鬼的原型）之子米尔恰二世。联军名义上的最高指挥是瓦迪斯瓦夫三世，但实权掌握在胡尼亚迪手中，此人殊不简单，曾多次击败奥斯曼军，被欧洲人视为奥斯曼人的克星。

教皇、威尼斯、热那亚舰队封锁了达达尼尔海峡。与此同时，联军的陆军朝瓦尔纳挺进，准备在那里与海军会合，然后由水路沿着地中海海岸而下，前往君士坦丁堡。为此他们一路只顾挺进，而将沿途的奥斯曼要塞弃之不顾。但他们到达瓦尔纳的时候，发现已经无法按原计划前进了，因为穆拉德二世亲率的一支5万人的大军已经逼近了那里。

在战斗爆发的前一天晚上，胡尼亚迪主持召开了一次军事会议，教皇特使卡迪纳尔·朱利安·切塞里尼坚决主张迅速撤军。但此时基督教军队被困在了黑海、瓦尔纳湖、弗兰加高原密林遍布的陡峭山坡以及敌军中间难以动弹，撤退已不可能。切塞里尼见状，又提出了第二个建议：利用胡斯战车修筑起一道工事，并借此坚持到己方舰队抵达。

胡斯战车是匈牙利人的秘密武器之一。15世纪，捷克神学家胡斯教授因揭示教会敛财的恶行而被残忍处死，这激怒了捷克人，掀开了历时15年的"胡斯战争"的序幕。在战争中，一种"塔博尔车阵"的战术成了捷克人的秘密武器。

这种战术并不复杂：就是将一辆辆名叫"塔博尔"的四轮大车用铁链首尾相连，形成一个可移动的堡垒群。每辆大车均经过改造，变成了武装战车，并配有由18到21名士兵组成的战斗分队：4到8名十字弓手，2名手炮手，6到8名装备长矛和连枷的士兵，2人携带盾牌，2人驾车。大车内配备有一袋袋削尖的石块，作为备用弹药使用。在堡垒群内部部署有骑兵部队。

大车阵以防御性为主，据守在里面的军队先是用火炮猛轰敌军，当敌军接近大车工事的时候，工事内部的十字弓手和手炮手将一齐开火，在近距离给敌军造成更大的杀伤。经过这波无比猛烈的密集火力打击后，敌军士气将一落千丈。此时，倘

第七章 苏丹利刃：奥斯曼禁卫步兵

若防守方的指挥官认为时机合适，则战役即将进入第二阶段，大车方阵内的装备剑、连枷、长柄类武器的步兵与骑兵会一拥而出，朝已经变得疲乏不堪的敌人杀去。此时敌人将末日临头。

不难看出，这种车阵是专门用来对付以冲锋为主的骑兵的，捷克人利用它曾多次击败以重骑兵为主力的德国讨伐军。他们最终失败后，不少胡斯党人流亡匈牙利，也带来了这种全新的战术模式。富有眼光的胡尼亚迪意识到这种战术将会成为匈牙利军队对付善骑射的突厥人的利器，于是便招募了大量波西米亚人入伍。果然，在日后的卫国战争中，胡尼亚迪利用塔博尔车阵让不可一世的穆拉德二世和突厥骑兵吃到了苦头。切塞里尼的提议无疑是绝佳的扬长避短之招。

尽管教皇特使的建议得到了匈牙利贵族和克罗地亚、捷克的领主们的支持。但却遭到瓦迪斯瓦夫和胡尼亚迪的反对。胡尼亚迪自己就是利用大车工事的高手，然而大概是近年来频频击败奥斯曼人，让他对后者起了轻视之心，认为突厥人也不过如此罢了。因此他振振有词地说："逃跑已不可能，投降更是想都不要想，让我们拿起手中的武器，为了我们的勇气和荣耀而战吧。"由于名义上的最高指挥瓦迪斯瓦夫站在胡尼亚迪一边，并以大权授之，决战之议遂定。

1444年11月10日一早，胡尼亚迪将约2~3万人的十字军排成一道弧形阵，部署在瓦尔纳湖和弗兰加高原之间。战线长约3.5公里。总计3500人的波兰和匈牙利王家卫队携带两面旗帜，与匈牙利王家雇佣军及匈牙利贵族的私兵一道据守于军阵中央。瓦拉几亚骑兵则位于中军后方，被当作预备队使用

总数为6500人的右翼部队在面向卡梅纳村的山下列阵。指挥官是瓦拉丁主教扬·多米内克。切塞里尼统的一支德国雇佣军和一支波斯尼亚部队亦在其中。此外还有埃格尔主教及其亲军部队，以及被革除教籍的斯洛文尼亚军事长官弗兰克·托拉茨的克罗地亚部队。

5000人的左翼部队由胡尼亚迪麾下的特兰西瓦尼亚人、保加利亚人、德国雇佣军和匈牙利贵族的私兵组成，统帅为胡尼亚迪的妹夫米哈伊尔·西拉格。由300到600名捷克人和鲁塞尼亚人护卫的四轮战车组成的车阵陈列于匈牙利军队后方，紧贴着黑海

◎ 胡斯军队利用大车对抗德国骑兵。

War History · 181

和瓦尔纳湖的位置。战车卫队的指挥官为盖特曼切伊卡，与他们并肩作战的还有波兰人、立陶宛人和瓦拉几亚人。每辆四轮战车上有7到10名士兵，车阵中装备有火炮。

奥斯曼人的中央部队包括加尼沙里军团和从鲁米利亚征募而来的武装人员，他们被部署在两座色雷斯人的古坟周围。穆拉德本人就在其中一支部队之中指挥作战。右翼部队由来自鲁米利亚地区的卡皮库鲁和西帕希部队组成，安纳托利亚的阿金基和西帕希部队则构成了奥斯曼军的左翼。加尼沙里弓箭手和阿金基轻骑兵部队列阵于弗兰加高原之上。

在这场战役中，加尼沙里部队掘出数道战壕，构筑了两道木栅，然后将军团主力的阵地设在后方。主力部队的后侧是一群骆驼，再往后是用许多面钉在地上的盾牌构成的临时防御工事，担任苏丹警卫的加尼沙里精锐部队就被部署在这道防御工事的后面。

战斗一打响，阿金基轻骑兵部队就朝托拉茨的克罗地亚部队发动进攻，联军使用火枪和火炮回击，将其击退。但阿金基骑兵队的撤退显然是一种计策，当联军士兵争先恐后地追击前者的时候，自己的侧翼却遭到了安纳托利亚西帕希骑兵的包抄，联军大乱，他们试图逃进位于瓦尔纳海湾另一侧的小型加拉塔要塞内，但绝大多数人都被杀死在瓦

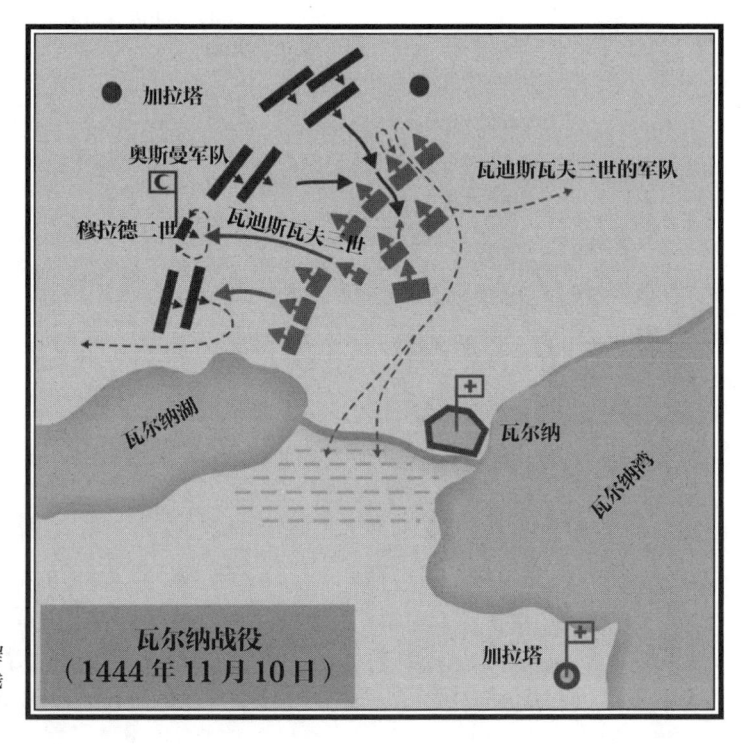

◎ 瓦尔纳战役流程图。深色方为联军，浅色方为土军。

瓦尔纳战役
（1444年11月10日）

尔纳湖和代夫尼亚河附近的沼泽地内，可怜的切塞里尼亦葬身于此地。只有托拉茨的部队成功撤退到了战车车阵之后。

奥斯曼军的右翼攻击了米哈伊尔·西拉格的匈牙利及保加利亚部队。他们的推进被阻止了，并被逐了回去；而后鲁米利亚的西帕希部队再度发起进攻，联军左翼开始有些动摇。胡尼亚迪不得不亲自率领两支骑兵前往助战，临走之前他特别叮嘱了瓦迪斯瓦夫："就在原地坚守，不要乱动，等我回来再说。"匈牙利名将旋即杀向土军右翼部队，以轻骑兵为主的奥斯曼骑兵无力抵挡以德国重甲骑兵（雇佣军）为主的匈牙利骑兵的猛攻，开始撤退。他们的溃败引发了土军全军的动摇，许多奥斯曼人开始逃跑。

眼看穆拉德二世要再一次在胡尼亚迪手上吃到一次败仗，一次突发事件却彻底改变了战局走向。年轻气盛的瓦迪斯瓦夫长期以来一直被摄政王胡尼亚迪的权势和名望所压制，早已想通过在战场上建功立业的方式来扬眉吐气一番。这次见土军崩溃在即，他再也按捺不住了，遂将胡尼亚迪的忠告抛到了九霄云外，带着500名波兰护卫（瓦迪斯瓦夫本是波兰人）就朝土军杀去。

年轻人胆大敢闯，这倒也正常，问题是瓦迪斯瓦夫先生这次玩得太过火了些：他竟然带了几百人就直取奥斯曼人的中军，想当场把穆拉德二世给干掉。而波兰骑士的表现也确实不赖，如劈波斩浪一般突进，斩杀着当面之敌，最后竟一路打到了土军御营之前！

但瓦迪斯瓦夫显然和胡尼亚迪一样，

低估了奥斯曼军人特别是加尼沙里禁军的素质。虽然不少土军官兵已然失去信心。但军团却延续了安卡拉之战的荣光，死战不退。在他们的拼死抵抗下，波兰骑兵的进攻势头被扼制住了。瓦迪斯瓦夫本人想直冲进苏丹营帐内，但是不巧，眼看他即将成功之时，战马掉进了陷阱内！

落单的瓦迪斯瓦夫被一拥而上的禁卫军当场斩杀，其余的波兰骑兵也很快被击溃。得知这一噩耗的胡尼亚迪拼命回军，想把国王的尸身抢回来，然而他就连这一点都没能做到。失去了总指挥的基督教联军已是军无战心，胡尼亚迪只得组织残军撤退。

此战联军死伤达1.2万人，瓦迪斯瓦夫的脑袋也被砍了下来，作为战利品送往托普卡帕宫。奥斯曼军的伤亡其实更大，达2万人之多，但毕竟最后控制了战场，所以胜利者仍是他们。

◎ **瓦迪斯瓦夫于瓦尔纳战役中阵亡。**

军团军功章之第二次科索沃战役

瓦尔纳之战的失利和国王的死让胡尼亚迪深感耻辱，他将自己旧盟友的军队招致麾下，又招募了一批西欧雇佣军，组成了一支新的部队，同时伺机复仇。1447年，机会终于来了，阿尔巴尼亚北部在阿尔巴尼亚民族英雄斯坎德培的领导下，爆发了反对奥斯曼统治的战争，穆拉德二世亲自前往平乱。胡尼亚迪得以再度出击。

1448年9月，胡尼亚迪率领匈牙利军队渡过多瑙河，在紧挨着科温城的塞尔维亚首都斯梅代雷沃城外停了下来。接下来的整整一个月时间，匈牙利人都驻留在此地，等待着德国十字军、瓦拉几亚公爵与波西米亚、阿尔巴尼亚军队的到来。但斯坎德培的阿尔巴尼亚军队与匈牙利军队之间的联系被奥斯曼人切断，所以未能赶到。

由于联军驻扎在塞尔维亚境内，因此塞尔维亚君主布兰科维奇的态度相当重要。在随后的谈判中，胡尼亚迪告诉布兰科维奇，联军已有2万多人，但塞尔维亚骑兵是一支绝对不可或缺的力量。匈牙利摄政王显然试图用真诚的态度打动塞尔维亚君主，但却未能收到预期的效果。因为之前的1444年，塞尔维亚被穆拉德二世全面占领，布兰科维奇当了一阵子的亡国之君。同年的和平协议签署后，他才得以复位。被奥斯曼人彻底吓破了胆的布兰科维奇现在唯一的目标就是保住自己的王国。为此要让他加入十字军，是完全不符合他的愿望的。

此外，从私人情感角度出发，布兰科维奇也并不喜欢胡尼亚迪。他厌恶后者的专断作风，不愿在联军中受到这个"可厌的小矮子"的节制。另外当年和平协议签订后，为了讨好匈牙利人，让塞尔维亚与交战各方都保持和平关系，布兰科维奇曾把自己在匈牙利的财产赠予胡尼亚迪。但匈牙利人随后撕毁了和平协议，并打算把塞尔维亚拉到主站派阵营一边，布兰科维奇要求归还他的财产，却遭毫无外交目光的胡尼亚迪拒绝。这两个因素导致布兰科维奇最终背弃了基督教联盟，并站到了奥斯曼人这边。

谈判最终破裂，胡尼亚迪在愤怒之余再一次展现了与其军事才华不相称的外交

◎ **约翰·胡尼亚迪。**

第七章 苏丹利刃：奥斯曼禁卫步兵

低能。他公然威胁说要攻占塞尔维亚，并亲手处决布兰科维奇。十字军从此视塞尔维亚为敌国，在它的领土上一路焚掠，这让布兰科维奇彻底坚定了投奔奥斯曼人的心。他没有下令反击十字军，却不但将他们的行动路线全部报告给了穆拉德二世，更进一步利用自己所掌握的关于十字军弱点的情报，提出了一个毒辣的建议：让欧洲人深入塞尔维亚境内，远离自己的领土，而后切断其后勤线，再从四面八方包围他们，迫使十字军投降。

穆拉德充分利用了布兰科维奇的情报，迅速找到了十字军的方位，还全盘采纳了后者的建议。从此十字军的行动开始变得越发困难起来。

1448年10月17日，双方相遇于科索沃平原。近60年前，著名的科索沃战役（第一次科索沃战役）就是在这里爆发的，由塞尔维亚、阿尔巴尼亚、波斯尼亚、保加利亚等国组成的基督教联军在一番血战后，惨败于苏丹穆拉德一世之手。此役令奥斯曼人在巴尔干站稳了脚跟。如今第二个穆拉德苏丹再次在这里面对基督教联军，除了主要对手从塞尔维亚人换成了匈牙利人外，不同之处还在于奥斯曼人带来了新的战术。

苏丹穆拉德亲自指挥着加农炮和加尼沙里部队，与此同时，未来的穆罕默德二世——他还是第一次上战场——统领着右翼的安纳托利亚部队。在战役期间，胡尼亚迪指挥自己的部队坐镇中军，瓦拉齐亚部队则构成了十字军的右翼。

第一天双方都没有多少交战的欲望，仅派一些散兵部队小打小闹了一番。18日，战役正式打响，这一次，胡尼亚迪吸取了上次分兵进击被各个击破的教训，将进攻重点放在了土军的左翼上，来自鲁米利亚的西帕希部队很快就被击败，节节后退。但鲁米利亚部队的败退很可能是诈术，所以当奥斯曼人的轻骑兵部队和右翼赶来增援的时候，十字军很快从侧翼被击溃，残军退入了中军阵地中。

胡尼亚迪一招不灵，又生一计，他组织了一次夜袭，匈牙利人也是游牧民族出身，玩夜袭自是轻车熟路。但当他们杀到奥斯曼人中军阵地之前的时候，全都惊呆了。

呈现在他们面前的是一辆辆由两匹骡子拖拉的，底下放着弹药箱的敞篷战车，车上载有装备了火枪和轻型加农炮的加尼沙里军团士兵。所有的战车都用铰链连接

◎ *穆拉德二世。*

在一起，构成了一座"如同装了轮子一般的堡垒"。这正是善于学习的奥斯曼人"借鉴"匈牙利人的塔博尔车阵工事的结果。

胡尼亚迪不甘心空着手回去，指挥部队发动了一次又一次的冲锋。然而昔日匈牙利人的撒手锏如今反过来成了他们的催命符，匈牙利重骑兵始终未能攻破"塔布尔什吉"（奥斯曼人对自己的大车的称呼）组成的城墙，反而被车内的加尼沙里士兵用火器成批杀伤。眼看再坚持下去天就亮了，匈军有被土军两翼反包围的危险。胡尼亚迪只得下令撤退，大车工事一下松开，中间的卡皮库鲁骑兵和加尼沙里步兵成批杀出，匈军再次大败。

连败两阵胡尼亚迪更不甘心，他抓住土军两翼骑兵退回重整队形的机会，再度对土军中军发动了进攻。结果这回他步了瓦迪斯瓦夫的后尘，结结实实地落入了奥斯曼人的陷阱内：土军两翼的撤退是假的，当匈军还在苦苦啃着大车工事的时候，早就在附近埋伏好的土军突然出击，从两翼包围了十字军。此时胡尼亚迪的右肋骨上又挨了重重一脚，瓦拉几亚军队见势不妙，竟当场向穆拉德投降，而后和奥斯曼人一起进攻联军！

胡尼亚迪再有本事，这下也支撑不住了，联军彻底被击溃，残军虽然得以撤入设有防御工事的军营内，但许多贵族在撤退过程中丢了命。得胜的土军攻势不减，用火箭狠狠招呼着残军，联军则用带来的火炮回击。第二天，土军占领了联军大营，俘获了所有幸存的十字军。胡尼亚迪没逃出多远，被塞尔维亚人俘获。

不过布兰科维奇对胡尼亚迪还挺宽容，不但把他放了回去，还和他结为儿女亲家。当然这一切也不是无代价的，胡尼亚迪不得不归还了布兰科维奇的财产，另付出了10万佛罗林的赎金。

第二次科索沃战争不仅彻底打掉了胡尼亚迪的锐气，让他在余生中全力守土，不敢再主动进攻，更彻底消灭了拜占庭人的最后一丝希望。从此无论西欧还是东欧诸国，都视奥斯曼人为不可战胜的对手，再也不敢出兵与奥斯曼人作战。失去一切外援的拜占庭只能绝望地闭上双眼，等待着7年后那致命一刀的挥下。

军团军功章之从攻陷君士坦丁堡到莫哈赤战役

第二次科索沃战役结束后的第三年，穆拉德二世去世，19岁的穆罕默德二次继位。

之前被逼退位的耻辱事实好好教育了穆罕默德先生一番，他明白自己对军队，特别是对禁卫军团的掌控力度还不够，为此在之后的5年时光里，他认真研究了对策，并制定了一系列的计划。

第七章 苏丹利刃：奥斯曼禁卫步兵

◎ *穆罕默德二世。*

重登苏丹宝座后，穆罕默德的复仇计划立刻付诸实施，一大批政府要害部门的官员被撤换，其中就包括耶尼切里军团的阿加。继任者全是穆罕默德二世的心腹。

接下来的一刀还是砍向军团，他制定了大批新的军规和相应的惩罚措施，尽可能地让军队与政治完全绝缘。

但这些措施还不能让苏丹满意，他觉得他还没有真正控制加尼沙里军团，于是他使出了最狠的一招，把规模最大的禁卫队塞克班（驯犬员）编入军团之中。这使得军团的规模不仅扩大了一倍，还彻底改变了它的内部结构。从此驯犬员部队与集会者、分队部队一起，构成军团的三大结构。

制服了军团之后，苏丹在军队的建设上继续推陈出新：大力组建了一支炮兵部队，制造了包括4门巨炮在内的大批火炮，

扩编了海军部队的规模，并委任亲信为总司令。之后他又在博斯普鲁斯海峡的欧洲部分修建了一座巨型堡垒，这座新堡垒与巴耶济德时代在海峡的亚洲部分修筑的旧堡垒遥相呼应，彻底封锁了海峡，堵死了拜占庭人的海上援助通道。

一系列措施和准备工作持续了2年时间。1453年4月，奥斯曼工程部队首先开到君士坦丁堡城下，苏丹和十多万大军接踵而至。这一次，他要攻占拜占庭首都，消灭这个古老的帝国。

奥斯曼大炮的怒吼揭开了君士坦丁堡围攻战的序幕。石弹雨点般飞向狄奥多西城墙，其中4门重19吨的巨炮，将一颗颗重达900磅的石弹射向君堡。古老的城墙终于经不住如此巨大威力的打击，在哀号声中轰然崩塌，但巨炮的最大弊端——发射周期过长（光重新装弹就要花费几个小时）给了拜占庭人机会，他们不但在巨炮的冷却期间将城墙重新修补好，更在墙内筑起了一道道木栅，反而加固了城防工事。

炮击不灵，穆罕默德又用上了夜袭、攻城塔和坑道工事等多种战术，但均以失败告终。君堡城墙岿然不动，奥斯曼人的伤亡却在不断增加。除此之外，刚扩建的海军部队似乎也相当无能，4艘热那亚补给舰靠着船体巨大的优势，愣是在100多艘奥斯曼军舰的围追堵截下杀出条血路，给城内送去了急需的补给。

一连串的打击让奥斯曼军的士气急剧低落，以大维齐坎达尔·哈利里帕夏为首的反对派也以种种理由主张撤军。但穆罕默德最终力排众议，决定打到底。

总攻于当年 5 月 29 日拂晓前发动。穆罕默德将所有可用之兵动员了起来，分为三组，分别指向城墙上现有的三道裂缝。第一波攻势由雇佣军和志愿军发起，他们在拜占庭守军的密集火力下几乎死伤殆尽，但也极大地削弱了守军的实力。

第二波攻势由阿扎布部队主导，他们未能拿下城墙，但进一步削弱了城防工事。

就在这一历史性的关键时刻，穆罕默德二世终于打出了自己的王牌：加尼沙里军团的战士们呐喊着发动了最后一波也是最致命的攻势。其实在穆罕默德的计划中，前两组进攻部队所扮演的本就是炮灰的角色，纯粹被当作加尼沙里军团的垫脚石来用罢了。这表明苏丹已经彻底将军团作为自己的心腹部队来看。

加尼沙里的精锐战士们果然没有辜负苏丹的期望，在他们不要命的猛攻下，已是精疲力竭的守军再也无力阻挡，土军攻破城墙，冲入城内，竖起了第一支奥斯曼旗帜。

君士坦丁堡终于陷落了，享国千余年的拜占庭帝国就此寿终正寝。伊斯兰世界持续了数百年的梦想得以实现，奥斯曼人也扼制住了欧洲最重要的交通枢纽。拥有这一"盖世奇功"的加尼沙里军团从此扬名全欧，成了万众瞩目的焦点，也成了奥斯曼人那恐怖的战争机器中最关键的一环。

时光荏苒，一转眼 70 多年过去了，在穆罕默德二世的余生与继任苏丹巴耶济德二世、塞利姆一世的统治时期内，奥斯曼

◎ 土军攻入君士坦丁堡城内（油画作品）。

人继续高歌猛进，到处扩张着，安纳托利亚、北非和东欧的大片领土成为帝国版图的一部分。到了1620年，奥斯曼历史上最为杰出的君主——伟大的苏莱曼大帝登位，突厥帝国也迎来了它的黄金时期。

身为大帝，苏莱曼一世本领确实不凡。他一出手就攻克了前几任苏丹始终没能解决的两大难关：贝尔格莱德（1521年）和罗德岛（1522年）。

君主一鸣惊人，部下也不甘落后，奥斯曼行省部队只用了5年的时间（1521-1526）就摧毁了位于匈牙利人的第一道国土防线上的大部分要塞。

但这一切都未能让苏莱曼满足，他的野心是彻底灭亡匈牙利——这个号称"基督之盾"，与奥斯曼帝国全力对抗了上百年的强国，进军中欧，饮马莱茵河！

◎ 苏莱曼大帝。

1526年，机会来了。

法国与神圣罗马帝国为争夺意大利的控制权，爆发了第一次意大利战争。1525年2月24日，法军在帕维亚惨败于神罗军队之手，法王弗朗西斯一世被俘虏，在签订了耻辱的马德里条约后才获得自由。

弗朗西斯一世恼羞成怒之余，竟冒着基督教天下之大不韪，朝奥斯曼人求援，并怂恿后者进攻神圣罗马帝国。这正符合苏莱曼的战略计划，法国—奥斯曼同盟就此达成。

要从奥斯曼来到神圣罗马帝国，匈牙利是绕不开的。于是这个不幸的王国就此成了弗朗西斯外交政策下的牺牲品。

强大而健全的军事体系和动员体系是匈牙利人得以与奥斯曼人对抗多年，数经惨败却始终屹立不倒的不二法门。但经历了15世纪下半叶的短暂辉煌后，因为历任国王的无能统治，匈牙利的军事体系逐渐崩坏。小贵族们对军事事务失去了兴趣，城镇仅由小型雇佣军部队负责守卫，当一次次农民起义被残酷地镇压下去以后，就连旧式的、由农民组成的民兵组织都显得不再可靠了。

5年前的1521年，苏莱曼围攻贝尔格莱德期间，匈牙利国王亲自组织人马前往救援，然而军队集结的速度却慢得惊人。当援军好不容易组建起来的时候，却发现他们居然忘了携带补给物资，结果这支6万人的大军一仗未打就在饥饿与疾病的双重打击下溃散了。军事要地贝尔格莱德也落入奥斯曼人之手，给匈牙利人造成了巨大的恐慌。

2年后，主教柏尔·杜蒙尼成了南匈牙

利地区的军事长官,但这名英勇的神职人员发现,举国上下竟无人响应他的热情号召。无奈之余,他只得自掏腰包,来加固第二道国土防线上的防御工事。

甚至当1526年4月26日,苏莱曼亲自率军从伊斯坦布尔出发的时候,匈牙利贵族还没有意识到这场危机有多严重。规定的集结期限到来的那一天,没有一个人来到托尔瑙的军营报道。年轻的国王路易二世只得以身作则,亲自率军出发。但他在战略决策上犯下了致命失误:与兵力明显占上风的奥斯曼人正面对决。而且在战场的选择上,他和自己的军事顾问们也错得离谱。他们决定在莫哈赤附近开战,那里虽是一片平原,但地面崎岖不平,且分布有松软、湿润的沼泽,这很不利于匈牙利骑兵作战。

相比匈牙利贵族的漫不经心和国王的粗疏大意,苏莱曼对待这场战役的态度显然严肃得多,奥斯曼军队在129天内推进了1500公里,以惊人的速度进入匈牙利境内。他们在进军途中几乎没有遇到敌军,因为当时匈牙利国王还在托尔瑙苦苦等待贵族们的部队呢。结果当路易二世还没出发的时候,奥斯曼人就已经渡过了萨瓦和德拉河,掌握了战场的主动权。

路易二世费了九牛二虎之力,总算集结了一支2.5万到3万人的部队。它主要分为三个部分:约翰·扎波良统率的特兰西瓦尼亚部队,负责守卫通往特兰西瓦尼亚阿尔卑斯山脉的通道,他们的人数在8000到1.3万人之间;路易二世亲自统率的主力部队(不包括为数众多的西班牙、德国、捷克和塞尔维亚雇佣军);以及另一支规模较小的由克罗地亚伯爵克里斯多夫·弗兰科潘所统领的约5000人左右的部队。而奥斯曼军队则为5到10万人,并拥有多达160门的加农炮。

无论是兵力、兵员素质还是装备,匈军都处于下风,但他们还有一个可用的优势:精力。匈军利用主场之便,抢先赶到了战场,并得到了充分休整。而奥斯曼军却刚刚冒着酷暑完成了一次强行军。匈军本打算把土军一一分割,消灭,当疲惫不堪的土军挣扎着穿过沼泽地的时候,马扎尔人(即匈牙利人)本可以做到这一点,但他们却没有乘机发动攻击,因为他们认为这是很不符合骑士精神的。在这种思想的支配下,匈牙利人丧失了最后也是最好的一次机会。

匈牙利人的另一个毛病是抱残守缺,没有创新精神。他们没有吸取法王在帕维亚战争的教训,军队仍以重装骑兵为主力。这一兵种开销巨大,但在火器普及的年代却早已显得陈旧过时。种种失误累加起来,匈牙利人的悲惨命运可以说在战前就已经决定了。

匈军的战线有两道,第一道的中央是雇佣军步兵和炮兵,两翼为主力重装骑兵。第二道战线则是服役步兵和骑兵的混编。奥斯曼军队虽然排出的也是传统阵型:行省军队布置于两翼,加尼沙里和卡皮库鲁镇守中央,但苏莱曼大胆地让精锐的波斯尼亚德里部队留在后方,作为战略预备队使用,而土军核心加尼沙里军团也装备了最新式的滑膛枪和火炮。相比之下,突厥人要现代化得多。

但战斗一开始,占上风的却是匈牙利

第七章 苏丹利刃：奥斯曼禁卫步兵

人，最先抵达战场的鲁米利亚部队还未来得及与主力部队会合，就遭到柏尔·杜蒙尼所率领的匈牙利右翼部队的攻击，被当场击溃。导致土军军阵一度出现混乱。关键时刻，奥斯曼人那严明的纪律拯救了自己，溃败的突厥部队一边抵御匈军的推进，一边与赶到战场的友军会合，并很快完成了阵型的重整。此时匈军右翼已经深入土军中军阵地，战事进行得异常激烈，连苏莱曼本人的胸甲都被弓箭射中。但加尼沙里军团临危不乱，以150辆大车组成的防御工事为依托，利用手中的火枪和火炮狠狠打击了敌人。在禁卫军士兵那出色的枪法和炮术的打击下，笨重的匈牙利重装骑兵像割麦子一样成片栽倒，匈军左翼被击溃。

与此同时，土军的两翼骑兵队和经过充分休整的德里部队也完成了对敌军的合围，匈牙利人发现自己的退路已被切断，顿时方寸大乱。这场战斗只持续了3到4个小时就决出了胜负，匈军大部被歼，许多人在逃跑时活活溺死在战场西侧与多瑙河之间那块"长满芦苇和蒲草的沼泽地"里。沮丧的路易二世在黄昏时分得以脱离战场，但就此失踪了。战后有人在距离莫哈赤以北不远处的切莱村附近的一条小河里找到了他的尸体，看来他是被自己的坐骑抛进了河中，因为铠甲太沉而被淹死。

除了国王外，1000多名匈牙利贵族、领主以及1.3万多名匈牙利士兵于此役中阵亡。这一仗彻底粉碎了匈牙利人的最后希望，终结了匈牙利作为一个独立王国的历史。战后，匈牙利被奥斯曼和神圣罗马帝国分别占领，从此哈布斯堡家族取代匈牙利王室，成

◎ 莫哈赤战役（奥斯曼细密画）。

为奥斯曼人的头号敌人。双方以匈牙利为中心，先后爆发了至少7次大规模战争。

莫哈赤战役结束后，奥斯曼帝国国力日渐增强。1650年，奥斯曼帝国的版图已遍及欧、亚、非三大洲：多瑙河和萨瓦河以南的巴尔干半岛大部，以及匈牙利中部到北部从博斯普鲁斯海峡往东至伊朗边界山区，自海湾地区南扩到阿拉伯半岛西南的也门，红海的西海岸地区，财赋之地埃及省以及半独立的边境行省的黎波里，突尼斯和阿尔及尔。塞浦路斯和爱琴海群岛的绝大部分均被纳入奥斯曼的疆界范围内。到了1669年，克里特岛也成了帝国财产的

War History · 191

一部分。帝国的扩张至此达到了它的顶峰，而在这一系列的扩张过程中，加尼沙里军团一次次立下了汗马功劳。

但盛世之下，也隐藏着危机，前文所提到的规模急剧膨胀、对新式装备和战术的排斥、德米舍梅制度的崩坏以及军团权力过大等弊端有如内藏的裂缝，在慢慢侵蚀着帝国这座大坝。苏莱曼死后，继任的苏丹越来越暗弱无能，中央政府的威信在不断下降，统治阶级却日益腐化、堕落，军团开始变得越发跋扈不臣，兵乱乃至对苏丹的废立都逐渐成为经常现象。政局的不稳更加深了奥斯曼军事体系的各种弊端，损害了军团的战斗力。而欧洲各国在历经了文艺复兴和军事革命后迅速崛起，逐渐赶上并超越了老对头奥斯曼人和加尼沙里部队。终于在1683年的维也纳之战和1697年的曾塔战役中，土军两度惨败，帝国从此走上了下坡路，军团对欧洲军队的全面优势也彻底被终结。

◎ 画中人为17世纪末奥地利军事统帅洛林公爵查理五世，此画寓意其击败了奥斯曼人。

与加尼沙里协同作战的步兵部队

大胆、灵活地发展，以及使用步兵部队，是奥斯曼军事体制的一大特色，也是奥斯曼帝国在战术体系上胜过其他突厥政权的地方。酋长国时代，骑兵部队仍在奥斯曼军队中占有压倒性比例——占比达90%。到了1389年的第一次科索沃战役，这个数字已然下降到不足60%。但值得注意的是，此时真正意义上的加尼沙里军团尚未建立。也就是说，其他步兵部队在军团诞生之前在奥斯曼军队中所占比重就已经超过40%。军团组建后，另外这些步兵部队的建制基本被保留了下来，在很长一段时间内成为军团乃至整支奥斯曼军队不可或缺的左膀右臂。

尽管奥斯曼人能够大胆、灵活地使用步兵，但他们还是具有一定的保守主义思想，突厥时代的骑射传统对他们仍具有极大的影响。这点从奥斯曼步兵部队的编制就可以看出：除了加尼沙里外，其余的步兵部队几乎均为清一色的非正规部队。兵器、甲胄均须自筹不说，大多数人还没有固定的薪饷，在地位上也远不如常备军。因而历史学家在提到这些部队的时候一律以"Auxiliary Corps"称呼之，意为辅助作战部队。笔者遵从主流观点，在下文亦用辅军部队作为它们的统一代称。

辅军部队及后勤支援部队可能是正统时代的奥斯曼军事史中最特别的部分了：由于它们的数量多如牛毛、种类五花八门，番号晦涩难懂且变动频频。相关资料又如同一团乱麻，极难整理。因而争议极大，疑点重重。即使要厘清每支辅军部队的发展史，确定它们在奥斯曼军事体系中所扮演的角色也是一件极为困难的事。对此头疼不已的历史学者多将其忽略了事。少数能继续坚持研究的人也将研究重心放在这些部队被如何使用，以及对整体战役局势做出了哪些贡献上，其余则一律跳过。因此辅军部队的具体情况至今仍隐藏在历史的阴影之中，显得模糊不清。笔者并非专业学者，也只能简单地加以介绍。

亚亚

"亚亚"（土耳其语"步行者"之意）部队，又叫"皮亚德"（源于波斯语，意思与亚亚相同）部队，组建于14世纪初，是第一支较为正规的奥斯曼步兵部队。

草创时代的奥斯曼军以游牧民组成的骑兵为主，他们在与拜占庭地方封建领主的私兵部队"泰克弗尔"交战时可谓是游刃有余，却无法通过正面进攻来摧毁、占领拥有坚固城墙的城市和堡垒——毕竟步兵才是攻坚战的主力。其实当时奥斯曼人也拥有一支主要由志愿者组成，间或夹杂有一批"阿赫"战士（一种宗教色彩浓厚的武装团体，职责在于打击盗匪，保护旅人）的轻型步兵队，但这些人大多来自农村地区，没有经过正式的编组，因而战斗力极差，往往不像是一支军队。这使得苏丹的兄弟阿拉丁帕夏萌生了组建一支正规步兵队的想法。1325年，他与坎达里·卡拉·哈利里一道将这一想法写进了重组奥斯曼军队的方案中，并提交给了苏丹奥尔罕。奥尔罕批准了他们的申请，亚亚部队就此诞生。

征兵法令颁布下来后，许多渴望着得到一份固定收入的年轻农村居民纷纷提交了入伍申请，这支新部队不费吹灰之力就组建了起来。但此时其他土库曼酋长国早已拥有了类似的部队。

把亚亚称为常备军有些勉强：亚亚的士兵们在和平时期继续在各自的农场里耕作，这一期间他们领不到薪水（"乌鲁佛"），但可以享受部分免税权。等到征召令下达的时候，他们就带上自己的武器装备加入军队。从这时起，直到战争结束，他们都可以按日领取报酬。

亚亚部队的组织结构与桑贾克（"行省"之意）总督统辖的蒂玛封建骑兵部队的组织结构相似：特定地区的亚亚由自己的军事长官亚亚巴什直接指挥，而非该地区所在行省的总督指挥。一部分非战斗部队人员以军官的身份在部队服役，拥有"骑兵指挥官"或"步兵指挥官"的头衔。这支部队的成员既有穆斯林（服兵役以换取一块位于巴尔干地区的土地的突厥人），也有基督徒（负责保卫故乡的巴尔干人），和一部分游牧民。其编制遵循的是突厥游牧时代的"十进制"（即十人队、百人队、千人队的编制，但有人认为这可能是以讹传讹）。在作战时，亚亚部队除了要担负攻坚任务外，还得充当诱敌部队。在1371年的马里查河谷之战和1396年的尼科波利斯之战中，他们都成功地与其他步兵部队一道，将敌军引入位于两翼骑兵部队之间的埋伏圈内。

亚亚部队曾一度被作为苏丹的皇家卫队使用。在担任禁卫军的时候，他们被称为"哈萨"，为了与头戴红色软帽"克孜尔博克"的部落骑兵队区分开来，他们戴的是一顶名叫"阿克博克"的白色软帽，这种帽子是阿赫组织的标志。

由于承担有保卫苏丹的任务，亚亚被认为是加尼沙里部队的前身。尽管如此，他们的表现却与后者相去甚远。由于他们并非真正的职业军人，因此所拥有的作战技能极为有限。更糟糕的是，他们的时间大多花在自给自足的农业生产上，这使得他们无法参加正规的军事训练，其素质也

◎ 14世纪初的亚亚步兵（左一为手持弓箭者）。

是可想而知了。

士兵水平不高，军官的情况也差不多。亚亚的军官也多为志愿军出身，没有多少专业素养。再加上亚亚指挥体系也是古老的游牧时代产品，自然在战场上无法发挥出多大的威力。

亚亚的装备也显得陈旧过时，主力装备仍为突厥反曲复合弓，他们缺乏重型铠甲，这使得他们在作战时显得脆弱不堪。最后也是最致命的一点是：要将他们动员起来相当困难，特别是在秋季——这时大多数亚亚成员都忙着给自家收庄稼呢，谁有心思去打仗？

种种弊端使亚亚部队让苏丹大失所望，很快他们就失去了苏丹禁卫军的资格，被当作纯粹的一线部队来使用，没过多久又被贬为二线部队。最后在 15 世纪初的时候被彻底剥夺了战士身份，这支最先成立的奥斯曼步兵部队也成了最短命的奥斯曼步兵部队。有趣的是，亚亚在奥斯曼军事体系内的地位逐渐丧失的同时，其规模却在不断扩大：1360 年后，每支部队的定额约为 2 万人。其中一部分能够养得起战马的成员被编组为一支类似于骑兵部队的队伍，它被称为"穆色林姆"。

尽管亚亚和穆色林姆都不再是作战部队了，但当权者并未将他们立刻废除，而是将他们转为后勤辅助部队。在作战期间，他们有各种支援前线的义务：种植军粮、运送物资、架桥铺路以及保证辎重车队和军队行李队的安全。随后数十年间，一部分成员还被赋予了特殊的职责：在海军兵工厂内打杂，为皇室驯养马匹，负责警戒港口和海岸地区，或在地方的矿场内做苦工等。在穆拉德一世统治时期，偶尔在紧急情况下他们也会被派往前线。

退居二线的亚亚和穆色林姆部队都有了新的番号——亚亚被称为"军夫"，穆色林姆被称为"免役者"，同时也有了新的编制：他们被分成一个个"奥克"〔团级作战单位，字面意义为"炉灶"，象征意义为亲如家人的作战单位，可能与古代中国军队中的单位"火"（通假"伙"字）类似，加尼沙里军团的基本作战单位也是"奥克"〕，每个"奥克"由 30 人组成，其中 5 人为"出征者"，一有战事，就从这 5 人中轮流抽调一人去服役。其他 25 人

◎ *15世纪初巴尔干籍亚亚战士（左一）。*

则为"协助者",在出征者出征的时候,每名协助者须向前者支付50阿克切当作路费,并有义务照顾协助者的家人。

军夫和免役者不用再冒着生命危险和敌人肉搏了,但也领不到固定的军饷了。不过国家并没有完全抛弃他们,每个"奥克"都可以领到一块耕地,并享有免交农业税和特别税的权利。这一特权是可以世袭的,年老的、去世的军夫和免役者的位置将由自己身体健康的长子顶上。但越来越沉重的征发让他们不堪其扰,以至于不惜抛弃世代相传的土地而逃走,对帝国的忠诚度也在不断降低。帝国政府为了改变这一状况,不断下令进行改革,并重组这支部队,但却收不到任何效果。1540年颁布的一道法令要求征募新的军夫和免役者,并对这两支部队的成员及其拥有的土地进行严格的登记造册,这很清楚地表明:逃兵已经成为普遍现象。1582年,苏丹穆拉德三世下令撤销这两支部队的编制,之后他改变了主意,下令组建新的部队。但到了1600年,这两支部队终于彻底不复存在,他们的成员在国家户口簿上的身份也成了普通的纳税人。

尽管作为奥斯曼军队的步兵部队,亚亚的表现并未达到预期,但它成功地为组建支援和辅助部队提供了一种可行模式。奥斯曼军事体系所独有的优点——将灵活性和守旧性结合在一起,在这一模式中展现无遗:奥斯曼最高统帅部在亚亚无法履行其原有职责后解散了这支部队,这体现了奥斯曼军事体系守旧的一面。但奥斯曼人将它改组为一支辅军部队,负责执行大军所必需的众多非战斗任务,这又体现了奥斯曼人的军事思想中灵活的一面。按照新形势的要求,整支部队或部分军事单位还被委以额外的任务。直到帝国终结,这种灵活与守旧主义的结合仍是奥斯曼军事体系的显著特征。

阿扎布

前文已经提到过,加尼沙里部队在成立之初时人数很少,因而在战场上需要别的步兵部队与之配合,这类步兵部队的规模必须很大,而且必须是随时可以被牺牲掉的炮灰。于是阿扎布部队应运而生。

"阿扎布"源于阿拉伯语,意为单身汉。当然,他们并不像加尼沙里那样被禁止结婚。这支部队和亚亚一样,并非奥斯曼人首创。1389年,奥斯曼文献第一次提及它的名字,而比这早得多的时候,其他突厥酋长国已拥有了自己的阿扎布部队。这支部队的成分难以界定,但根据同一时期的历史资料记载,早期的阿扎布部队主要为来自西安纳托利亚的"工匠和农民"(伊卡普·迪·普罗蒙托里奥,1475年语)。编纂于15世纪晚期和16世纪初期的巴耶济德二世法典里详细记载了阿扎布部队的征募流程:国家根据每场战役的实际情况来决定要招募的阿扎布士兵的数量,并将征兵任务一一摊派给各个行省。尽管兵员多为农村出身,但征兵点却设在城镇地区。执行者为当地的法官和苏巴什(西帕希封建骑兵部队的军官),政府会命令该镇的伊玛目和其他代理人予以配合。所有能够上阵的年轻人届时会集中在镇上,接受法官、苏巴什和伊玛目的检阅，未成年人、残疾人、年龄太大的人和奴隶会被剔除掉。

征兵令下发后，地方政府会筹措资金，以提高本地人口中的阿扎布兵员的动员比例。但按照法典的规定，相关征兵体系是以家庭为单位的。每20到30个家庭必须出一人当兵，这些人家除了要提供兵员外，还必须支付所产生的相关费用。例如：若是20户抽一丁，则相应的经费——经费最高额度为300阿克切——由剩下的19户负担。如果这些人家无力提供一名符合条件的阿扎布士兵的话，那么他们就得去别处"买"个人来顶替。他们还得为该壮丁指定一名担保人，一旦壮丁逃亡，则该担保人必须赔偿损失。为了保证征兵手续正规化，防止发生一系列舞弊现象，法典规定，必须对全体壮丁进行登记造册："每一片法定负担阿扎布兵役的地区，都得准备2本花名册。一本仍应存于法官处，一本应送往皇宫。当要对阿扎布士兵进行点名或须查找担保人的时候，既可能使用法官身边的花名册，也可能查阅送往宫中的那本花名册……进而采取相应措施。"

当征召到足够的阿扎布士兵以后，担任高级指挥官的行省总督就会着手对他们进行正式的编组，其组织结构与加尼沙里军团相类似。阿扎布的军官均由总督亲自任命，军官的军阶等级很低，不过他们不用多久就能转为永久性的正式编制，只需由总督加一道确认手续就行。与之相比，普通阿扎布士兵的待遇就差多了，几乎是清一色的临时工。但来去也极为自由——只要觉得厌倦了，随时可以离开部队。因此他们本质上是一支半志愿半强征的部队。然而随着战争变得越来越漫长，越来越频繁，绝大多数阿扎布士兵变成了半雇佣性质的军人，他们撕毁了与自己村庄所签订的契约，移居各个行省的省会城市以寻求更多的工作机会。

由于当时地方上并不缺乏大胆好动且具备一定军事经验的青年，因而要组建一支阿扎布部队并非难事。如前所述，根据军事形势的需求，这支部队的规模是上下浮动的，但绝对数量一直不小：一份关于1514年查尔迪兰战役的记录显示：有1万名募自安纳托利亚和8000名募自鲁米利亚的阿扎布战士在塞利姆一世的军队中服役。史学家梅纳文诺给出的数字则更高——达3万人。这支部队以土库曼农村居民为主，尚无法肯定它是否对基督徒敞开大门，但

◎ **阿扎布弓箭手。**

相关法规中并无禁止基督徒加入阿扎布的命令。因而从某些阿扎布部队的番号来看，很有可能混有相当比例的基督徒。首批驻加里波利要塞的奥斯曼部队是由"轻装的格斯蒙利"构成的，这表明这支部队内混杂有希腊和西欧籍士兵。

无论是雇佣部队还是志愿军，兵器都是自备的，阿扎布也不例外。隶属陆军的阿扎布部队所属兵种为步弓手，因此主力兵器为反曲复合弓和剑，此外还有各式各样的长戟、钉头锤、马刀和极为罕见的长弩等，其质量自然不如正规军的制式装备，但也有一定要求。在征募阶段，征兵工作的主持人会对这些兵器加以检查。

前面已经提到过，这支部队本来就是被当作炮灰来使用，因而所肩负的使命也是最为危险的。在战场上，他们往往是最先承受敌军进攻的部队（阿金基只是负责充当诱饵，并不与敌军死战），其使命是消耗敌军的有生力量，为主力部队歼敌创造有利条件，因而伤亡率是极为惊人的，但回报也是丰厚的。根据史学家斯潘杜内斯的记录，阿扎布士兵的日薪不高，只有3到6个阿克切。但他们可以在战时自行"搜集"战利品，立有战功的阿扎布还能获得一份蒂玛采邑或一个永久性的编制——实际上是从野战部队转调到"凯勒阿扎布"（Kale Azapi）部队，即要塞守备队。在这一点上，阿扎布和加尼沙里是有共同之处的：既可上野战战场也可被用于驻守战略要地。斯潘杜内斯记载道："（阿扎布）的人数要多于加尼沙里，如果两支部队待在同一座城堡里的话，那他们将各自负责一座塔楼的守卫工作。如果两支部队驻扎在同一座（有要塞加固的）城镇上的话，那加尼沙里会待在要塞里，阿扎布则住在城里。因为加尼沙里更为精锐骁勇。如果阿扎布的人数少于加尼沙里的话，那么他们就无法再混驻在一起了。"16世纪的奥斯曼文献中关于这种两支部队混驻的记载比比皆是。除了陆军外，也有隶属于海军的阿扎布部队，被称为"德尼兹阿扎布"（DenizAzapi），其装备与陆军阿扎布类似。

尽管并非真正的职业部队，但阿扎布的表现却一点不逊于正规军，以至于他们曾一度被视为加尼沙里部队最可怕的竞争对手。但到了16世纪，他们已风光不再，沦为弹药运输队、轻型工兵部队或坑道工兵部队。甚至还被并入加尼沙里的后勤部队或行省总督的私人卫队，奥斯曼文献里也找不到他们的身影。然而到了16世纪末的时候，阿扎布再度风光起来，它的征募对象已不再限于安纳托利亚地区，任何一个奥斯曼帝国行省的穆斯林公民均可加入。此时火器已经开始在奥斯曼军中流行起来，因而此时阿扎布步兵的制式装备变成了一支火绳枪和一柄马刀，但仍需自备。

杰尔宾特

奥斯曼辅军部队并不一定都要到前线去冲锋，其中也有一部分为地方警备部队。前文已经介绍过：加尼沙里军团通常是跟随大军远征作战，此时粮秣除了要自备外，也需沿途各省供应，这就需要这些辅军维持这些地方的治安与道路的通畅。

第七章 苏丹利刃：奥斯曼禁卫步兵

杰尔宾特是奥斯曼地方警备部队中规模最大，最重要的一支。但这一军事团体同样是奥斯曼人从别人那里"借鉴"来的。在塞尔柱帝国和伊尔汗国时代，类似于杰尔宾特的军事体制已是闻名天下。奥斯曼帝国继承了塞尔柱人的遗产，也继承、重振了这一体制，并加以改造，使其成为奥斯曼军事体系的重要部分。

"杰尔宾特"一词源于波斯语"Dar-band"，意为"道路"、"入口"或"把门关上的人"。从这一点就可以看出这一体制的内容：负责守御位于战略要地的道路、山隘、桥梁、浅滩、堡垒等。

组织较为规范的杰尔宾特部队于15世纪中期开始出现，最初这一组织的成员包括基督教军事组织"马尔托罗"、突厥牧民军事组织"尤鲁克"、安纳托利亚的土库曼部落民和巴尔干基督徒组成的"沃伊尼克"。这些人被派去驻守那些设立在具有战略意义或守备力量薄弱的地区的小型要塞。这一制度得以在那些中央政府控制力薄弱的地区迅速推广开来。甚至自治的克里米亚鞑靼可汗国和北方的黑海地区都实行过杰尔宾特制度。克里米亚的鞑靼人也组建了一支小规模的装备滑膛枪的步兵部队。其中一部分兵源为穷得连马都买不起的部落民，其余人员则来自于克里米亚半岛的各个村庄。

除了前面提到的人员外，杰尔宾特的主要成分为贫苦农民。奥斯曼人经常以部分免税权为酬劳，让臣民履行某些军事义务。杰尔宾特役正是如此。在战略要道附近的农村地区，往往整座村庄的居民都是杰尔宾特的成员。他们所扮演的角色类似于那些长期驻扎的宪兵队：在当地巡逻，维修桥梁、道路和隘口，担任乡村警察等。在马其顿北部，至少有175个村庄在服杰尔宾特役。他们所得到的回报是：免缴战争税和例行税，本人可以被排除在海军部队的划桨手征募对象之外，而他们的儿子可以免服德米舍梅役。这样的待遇相当诱人，有些村庄的村民竟主动向该地的卡迪（地方司法官）提出申请：愿成为杰尔宾特的一员。如果战略要地方圆数百里之内无人居住，那么帝国政府就会让一批杰尔宾特士兵把家搬到那里，从而"创造"出一些村庄来。在盗匪活动日益猖獗的17世纪晚期，这一做法具有极为重要的意义。

杰尔宾特的组织结构很简单：基本单位叫"塔布勒"，每30人为一塔布勒，实行轮戍制。基督徒是杰尔宾特部队的重要组成部分，由于是帝国政府承认的预备役军人，因此他们享有比其他基督徒更多的特权：他们可以骑马，并持有武器。

起初奥斯曼政府为了维持治安，阻止非军事人员获得火器，发布了严厉的禁枪令。身为预备役人员的杰尔宾特自然不能得到持枪资格，因此他们只有一些轻武器。随着时间的推移，拥有火器的盗匪团伙的威胁日益严重，杰尔宾特组织才开始使用火枪。但基督徒士兵仍只能使用传统兵器。

杰尔宾特役是世代相传的，

◎ 奥斯曼步弓手。

War History · 199

带有强制性。17世纪以后,地方的治安状况越来越严峻,杰尔宾特部队的任务也越来越重,许多人无法忍受,离家出走。此时帝国政府会立刻派兵搜寻,将这些逃兵找回,并强迫他们重新回到自己的岗位上去。这导致了杰尔宾特的士气不断下滑,一些人甚至成了贼。这样的部队自然无法与由前军人组成的受过良好训练并拥有更优质火器的盗匪团伙相对抗,从而使得后者的势力不断壮大,逐渐发展成为帝国的一颗巨大毒瘤。奥斯曼政府不得不另雇佣基督教或穆斯林佣兵来维护治安,并负责监视杰尔宾特,迫使他们继续为帝国效力。

马尔托罗/阿尔玛托罗

马尔托罗是第一支为奥斯曼帝国效力的基督教军事团体。其前身很可能是希腊的"阿尔玛托罗"。阿尔玛托罗又叫"阿尔玛托里斯莫斯",是拜占庭的一支非正规部队。这一名词出现在拜占庭时代的希腊,原指的是一种封建制度(奥斯曼人常用的"义务换土地"制度就与该制度类似,或者可以肯定地说,这个制度后来被奥斯曼人学了过去):即加入军队或地方警备队,换取一块土地的所有权。

提到阿尔玛托罗,就不能不提到"阿尔玛托里基",它是希腊的一种行政区。这种行政区有两个特点:一是设在地形艰险崎岖,外人几乎无法进入的地区,比如色萨利的阿古拉法山脉;二是该地盘踞着一种名叫"克雷夫特"的盗贼团伙。克雷夫特类似于北宋末年的红巾军,由希腊爱国者组成,他们啸聚深山密林,时不时下来打家劫舍一番,对抗奥斯曼的统治。

奥斯曼人于15世纪起逐渐征服了希腊全境,但惯于骑射的他们对于希腊中、西部和北部那高耸、陡峭的群山峻岭大为头痛。有些地势太过糟糕的地区,就连总督的权威也无法进入。更遑论对付那些熟悉当地地形,勇悍善战的绿林好汉了。于是他们与阿尔玛托罗组织达成了协议:后者获得了"尼扎姆"(意为"合格的士兵")的称号,将继续充当地方警察的角色——这实际上是将该地的统治权大部交给了他们。从苏丹穆拉德二世统治时期起,这一制度在希腊逐渐传播开来,并最终扩展到了除伯罗奔尼撒外——因为该地拥有类似于阿尔玛托罗的军事团体"卡波伊"和"曼泰尼德斯"——的整个希腊。

从18世纪希腊阿尔玛托里基行政区的分布情况来看,阿尔玛托罗部队多驻扎于色萨利和中希腊的东部地区,其余则分布在伊庇鲁斯、阿卡纳尼亚、埃托利亚和马其顿。

阿尔玛托罗部队的指挥官叫卡佩特诺斯,其军阶相当于今天的"上尉",这名上尉多为得到奥斯曼帕夏赦免,并享有一定特权的前克雷夫特的成员。因而阿尔玛托罗部队的组织结构与克雷夫特极为相似。一名卡佩特诺斯配有一名副官作为助手,后者通常是前者的亲戚。这种裙带关系,再加上中希腊那拒外人于千里之外的地势,使得卡佩特诺斯们成了名副其实的土皇帝。他们对待自己驻守的阿尔玛托里基就像对待自己的私人领地一样,横行霸道,肆无忌惮。当地农民被课以重税,甚至遭受奴

第七章 苏丹利刃：奥斯曼禁卫步兵

隶一样的折磨是当时的常态。

卡佩特诺斯手下除了副官外，还有次级的小军官"普洛托帕里卡拉"（相当于今天的分队长），再往下就是"帕里卡利亚"（普通士兵）了。也有希腊高级宗教人士以特殊身份加入这一组织中，他们日常的基本任务除了剿匪、维持治安外，就是训练。其装备有滑膛枪、手铳、剑和匕首等。

克雷夫特剽悍骁勇，但阿尔玛托罗士兵素质也很高。他们大多有着一手好枪法——这甚至成了他们的身份标识，因此也更擅长伏击和机动作战。他们的耐力很强，能忍饥挨饿，也能迅速克服受伤所带来的困扰。

阿尔玛托罗和克雷夫特都喜欢打游击战，但前者往往据守在临时构筑的要塞之中，以抵御克雷夫特"游击队"的侵袭。此外，阿尔玛托罗还喜欢发动夜袭，他们多趁克雷夫特离开其巢穴的时候使用这一战术，称之为"冲出去把大蜘蛛打死"。在进攻战中，他们更擅长一边发出震耳欲聋的吼声，一边挥舞着长剑作战。

在16世纪末，随着希腊人的民族意识逐渐觉醒，奥斯曼人发现他们越来越无法将阿尔玛托罗和克雷夫特区分开来了。这2个团体开始在"为了希腊民族而战"的大旗下携起手来，将矛头对准了奥斯曼侵略者。1585年，奥斯曼帝国与威尼斯爆发了战争，阿尔玛托罗成员普里奥斯·德拉库斯和玛拉莫斯乘机与克雷夫特成员特奥多罗斯·布阿·格里瓦斯一道，在阿卡纳尼亚和伊庇鲁斯地区煽起了一场暴动。尽管如此，奥斯曼政府仍对阿尔玛托罗抱有极大的信任，直到1684年这一组织彻底成为希腊民族主义思想的传播者为止。17世纪之后，松米拉斯、曼泰尼斯、利维尼斯、科马斯、巴劳里特斯等阿尔玛托罗成员不断发动反对奥斯曼帝国统治的起义，这些起义虽均被镇压了下去，但这些革命先行者的事迹却如一颗颗在黑暗的夜空中升起的启明星一样，激励着后来者效仿、奋进。而希腊人也在富有军事经验的阿尔玛托罗和克雷夫特的组织、训练下，逐渐成长为更优秀的战士。终于，在1821年，希腊爆发了大规模的独立战争。阿尔玛托罗和克雷夫特都成了希腊起义军的核心力量，为独立战争的胜利做出了卓越的贡献。希腊爱国将领雅尼斯·马基里亚尼斯称他们为"自由的酵母"。

其实平心而论，马尔托罗和阿尔玛托罗并不能完全对等。因为"马尔托罗"原指代的是奥斯曼军队中的基督徒。后来变成了一种描述各式各样的基督教军事团体和个体的通用术语。这一名词的定义被无限扩展开来，成了所有基督教间谍、密探、使者、多瑙河上的船夫及要塞守备队队员

◎ 阿尔玛托罗军官。

甚至为阿金基部队而战的基督教叛教者,由基督教徒组成的地方警备队——特别是那些长期驻扎于如蒙特内格罗(卡拉达戈)和摩里亚等匪患横行地区的警备队的代名词。如果以这一标准来看,则马尔托罗的驻扎地远不止希腊中部和西、北部,在16世纪时期,他们成了横跨塞尔维亚,波斯尼亚,黑塞哥维那乃至匈牙利守备部队的主力。

沃伊尼克

"沃伊尼克"一词源于南斯拉夫语"沃贾尼克",意为"士兵"。"沃贾尼克"一词诞生于中世纪,原指当时的巴尔干贵族阶层成员,这些人在14世纪时期投靠了奥斯曼人。在帝国扩张时代的前期,奥斯曼人为了更轻松地完成新的征服计划,经常将被征服地原有的军事组织并入他们的军事体系,这其中就包括沃贾尼克。这些贵族们得以保有自己的封地,作为交换,他们组织辅军部队,协助奥斯曼军队作战,这些辅军部队就被称为沃伊尼克。后来这一名词成了帝国所有履行军事义务并享有免税权的非穆斯林公民的代称。成员多来自于塞尔维亚南部、马其顿、色萨利、保加利亚和阿尔巴尼亚,也有少部分的波斯尼亚人和多瑙河的萨瓦河流域的居民。信奉基督教的瓦拉几亚牧民很乐意以驻边境的沃伊尼克的身份为奥斯曼帝国效力,以换取政策上的优待。16世纪时期,独立的罗马尼亚公国摩尔达维亚也向帝国提供沃伊尼克士兵。

起初,沃伊尼克的主要职责是戍守位于保加利亚和马其顿的帝国边境地区,同时,他们也被作为侦察部队使用,并在战时跟随主力部队侵入敌国,掠取战利品。非战时他们则在自己的"巴斯迪纳斯"(一块可以被继承的耕作用地)上劳作,或饲养牲畜。

他们享有的免税权包括了帝国规定的几乎全部税种,只有一种名叫"玛图"的税例外。沃伊尼克并非地方的军事单位,而是一个独立的军事组织。而成员所需缴纳的"玛图"也由该组织一次性全部付清,而不是分摊给每一个成员。

沃伊尼克拥有独特的军阶制度和组织结构,相应的军衔由高到低分别为:"沃伊尼克桑贾克贝伊"、"沃伊尼克贝伊"、"切里巴西"和"拉贾特"。和亚亚一样,所有沃伊尼克军官均听命于沃伊尼克桑贾克贝伊,而非听命于所在行省的总督。这支

◎ 16世纪的瓦拉几亚籍沃伊尼克士兵(左一)。

部队没有"团"的建制,但拥有登记在册的预备役人员,用以维持其规模。在16世纪时期,单保加利亚一地就有4万名沃伊尼克成员,以至于在后世的奥斯曼文献中,沃伊尼克成了保加利亚的同义词。

15世纪时期起,一些沃伊尼克部队开始负担额外的任务,如照顾战马,替皇室驯养猎鹰等。但直到16世纪为止,他们仍是奥斯曼军队的重要组成部分。16世纪起,沃伊尼克也步了其他辅军部队的后尘,被贬为后勤部队,在战役期间为主力部队运输后勤物资,提供马匹和新鲜草料。他们的特权地位也失去了,变得和一般的穆斯林军事阶层平起平坐。沦为战斗支援部队的沃伊尼克以家庭为单位被编组为一个个的冈德尔(源自希腊语,本意为"挂有旗子的骑枪"),每个沃伊尼克平时的生活起居和生活费用都由家庭成员和被称为"雅马克"的仆人负担。尽管仍享有老爷一般的待遇,但丧失免税权等特权的事实让沃伊尼克们大为恼火,他们开始转而支持奥斯曼的敌人威尼斯人和哈布斯堡人。许多人加入了盗匪团伙。在18世纪初,情况甚至恶劣到这样的地步:毗邻其他基督教国家的帝国边境地区的年轻基督教居民中,有三分之一的人都成了反抗者!

塞克班

这里的塞克班与加尼沙里军团的精锐部队"塞克班"并不是同一支部队。"塞克班"一词起初被用于指代非正规部队,特别是那些没有装备枪炮的部队,但它最终被用于指代任何一支正规部队序列以外的部队。

但这支塞克班却与枪炮息息相关。火器在欧洲的广泛应用使基督教国家的滑膛枪部队对奥斯曼军队的威胁越来越大。为了与欧洲人相抗衡,奥斯曼人于16世纪晚期到18世纪组建了新式的塞克班部队,这支部队多为穆斯林农民出身。其中包括了大批来自达尔马提亚、阿尔巴尼亚、波斯尼亚和安纳托利亚地区,原隶属非军事阶层的穆斯林公民,他们大多为骑马步兵。为了在财政上维持这支新军,帝国特别设立了一种叫"塞克班阿克赛斯"的税。

17世纪初的塞克班新军的基本单位是博鲁克小队,每个小队有50到100人。每个小队由一名博鲁克巴西(Boluk Basi)统辖,而全体博鲁克指挥官则归博鲁克巴西贝伊指挥,这类军官起初从加尼沙里军团中抽调而来。理论上这些人是可以被遣散的,他们的职权也是可以收回的,但实际上由于绝大多数士兵是以私兵的身份从行省总督那里领取军饷的,因而他们对中央政府的感情相当淡漠,很少听从后者的命令。但后者的战斗力后来超过了日渐腐化堕落的加尼沙里,成了帝国最为精锐的部队。中央政府开始不顾一切,盲目扩军,这一饮鸩止渴的做法终于造成了不可挽回的恶果:随着与波斯和奥地利的战争分别在1590年和1606年结束,此时帝国国库已无力负担庞大的塞克班部队的开支,不得不实行裁军。大批丢掉了饭碗的塞克班士兵走上了那些对现状不满的杰尔宾特和沃伊尼克士兵的老路:投奔了盗匪集团,甚至聚众反叛。致使安纳托利亚的大片地区于1596年和1610年惨遭洗劫。17世纪末，大维齐耶良·奥斯曼强行解散了这支部队，结果大规模的内战就此爆发，一直持续到18世纪。

游牧民

耐人寻味的是，另一支重要的后勤部队是由游牧民组成的。在奥斯曼征服时代，大批游牧民涌入安纳托利亚地区。这些人有着良好的军事素养，但生性无法无天，难于管理。奥斯曼政府视他们为巨大的治安隐患，但又认为他们是取之不尽的人力资源宝库。帝国的处理方式是将这些人一股脑儿运往鲁米利亚地区，并按照各自的族属和出身编组为一个又一个番号各异的辅助军事团队（这类团体的数量超过数万个），如"尤鲁克"、"鞑靼"和"坎巴兹"等。这种做法其实并不新鲜，早在前奥斯曼时代，塞尔柱人就曾多次将土库曼牧民迁往边境地区。这一手段可以收到一举多得的效果：身处异国他乡，失去了草原根基的游牧民变得服服帖帖起来，而奥斯曼人也可以从欧洲前线就近征集轻步兵部队了。但在一个很短的时期内，为了让游牧部落彻底软化，帝国政府暂时剥夺了他们的作战资格，将他们役使为后勤部队。这些人在运输战略物资时经常将自己的牲畜带来，作为驮兽使用，其中最常见的是骆驼。这些强壮的驮兽能毫不费力地背负着如轻型火炮部件之类的沉重物事，穿越艰难崎岖的地区。其实用性不亚于载重货车。但随着时间的推移，辎重部队的任务越来越繁重，游牧民们也渐渐有些吃不消了，奥斯曼人只得从当地民众中征集驮兽和民夫，增援游牧民的队伍。

由于资料所限，大部分游牧民队伍的组织结构不得而知。但尤鲁克（突厥部民）的职责似乎与转为后勤役的亚亚部队一模一样，由此可以推断，它们的组织结构也彼此类似。

罗马尼亚步兵

奥斯曼人具有很强的实用主义，他们擅于利用特殊的规章制度将被其征服的各个民族纳入本国的军事体系之中，以充分发掘它们的军事潜力。针对埃及马穆鲁克骑兵和罗马尼亚步兵的管理模式即为这一做法的典型。摩尔达维亚、瓦拉几亚和特兰西瓦尼亚三个公国（它们合并起来即为今日的罗马尼亚）负责为奥斯曼人供应、训练、装备可用的步兵部队。它们在为奥斯曼人所征服后仍保持着相对独立的地位，因而所供应的军队仍保留着原有的军事传统。这些步兵中既有职业的意大利雇佣军，也有重新恢复并得到皇家驻军部队补充的城市民兵组织。他们使用的是如用于对抗骑兵的长戟等一系列中世纪晚期常见的步

◎ "尤鲁克"。

◎ 与匈牙利人交战的瓦拉几亚军队（14世纪）。

兵兵器。其后也出现了应募而来的保加利亚、塞尔维亚、波兰和哥萨克籍职业火绳枪手。而瓦拉几亚人还承担有类似于游牧民的义务：为大军提供驮兽和民夫，并负责维持本地治安，与盗贼作战。

古奴鲁和贝斯利

在情况紧急的时期（如敌国大举入侵），边境行省的总督们可以将符合条件的当地民众征召为临时志愿军。这些人的付出并不是毫无代价的，他们可以以现金形式领取军饷或得到一块土地，这种临时志愿军叫"古奴鲁"。如果古奴鲁的数量不足的话，总督们还有一项紧急处置权：以五户一丁的方式强制征兵，这些人是没有任何报酬的，他们被称为"贝斯利"。

随着时间的推移，古奴鲁和贝斯利之间在出身方面已毫无区别，但这两支部队的名称仍在沿用。这种通过紧急征募组建临时部队的做法为那些愿意在战场上证明自己以获取固定收入的年轻人提供了机会，

他们纷纷报名参加边防部队。很多人在要塞守备队中充当一名临时志愿兵，以积累军事经验，学习军事技能。16世纪中期以后，古奴鲁成了边境行省及其周边地区活动的所有佣兵部队的代名词。

切勒霍

在非常时期将平民们动员起来，组成的临时作战部队除了古奴鲁和贝斯利外，还有切勒霍（源自塞尔柱语"雇佣军"），这支部队中既有基督徒也有穆斯林，它的组织形式和亚亚类似，但单位规模要小得多，负担一个切勒霍士兵的给养和装备的只有4到5户人家。这支部队参加了1472年的东线战役。但在15世纪末，他们曾暂时沦为一支名副其实的劳工部队，被派去从事大型的民用或军用工程。

黎凡特

14世纪时期，奥斯曼人曾组建过黎凡特部队，当时这支部队主要募自沿海地区，他们与德尼兹阿扎布一道组成了奥斯曼海军部队。由于海军管理不佳，军纪涣散，黎凡特士兵们经常在辖区外寻衅滋事，弄得这支部队臭名昭著，甚至连"黎凡特"都成了"惹是生非"的代名词，最后苏丹不得不将其解散。16世纪末的时候，一支新的黎凡特部队出现了，他们不再隶属于海军，成员也不再是沿海居民，而是被招安的安纳托利亚山区的穆斯林盗匪。其装备有滑膛枪、剑和手铳。

| 帝国强军：欧洲八大古战精锐

◎ 从左到右分别是16-17世纪的黎凡特、阿扎布和塞克班士兵。

◎ 阿拉伯辅军士兵（右一）

潘多尔

潘多尔是一种非典型的军事组织。16世纪末，所有由基督徒组成的军事团体都失去了作战部队的资格，唯独使用冷兵器的（日后他们也装备有火器）潘多尔是个例外。这是对各式各样使用火器的雇佣兵部队依赖程度日渐加深的必然结果。从某种意义上说，潘多尔扮演的是类似于杰尔宾特部队的角色，如被派去戍守某个固定的地区，保卫要塞、重要桥梁和隘口，与装备火器的盗匪团伙作战。他们主要驻扎在波斯尼亚与塞尔维亚，少部分驻于保加利亚和希腊。

其他步兵部队

奥斯曼人在南巴尔干地区继承了几支前当地政权所拥有的步兵部队，如曾在14世纪80年代为拜占庭效力的卡塔兰雇佣军，1421-1422年的奥斯曼内战中还有欧洲封臣部队和雇佣十字弓手以及来自各个殖民地的热那亚持斧步兵参战。波斯尼亚阿拉伯组织的"潘杜克"（"神枪手"）和"伊拉克"（"火枪手"）在奥地利人入侵巴尔干的时候曾英勇抵抗。受到基督徒宗教迫害的犹太人和波斯尼亚鲍格米勒"异教徒"的身影也曾出现在奥斯曼辅军部队中。

在叙利亚和伊拉克，有突厥人、阿拉伯贝都因人、库尔德人组成的非正规部队和雇佣军部队。每支队伍都拥有各自的组织结构、共同效忠对象、领导阶层、营房和各具特色的服装。此外，叙利亚预备役人员组成了阿希连队，这支军队中包括了由宗教团体组织的城市民兵部队，他们只受当地部落领袖的调遣。

在埃及，奥斯曼驻军长期受到数量不足的困扰，当地辅军部队对他们来说是很重要的援军。这其中既有会说突厥语的马穆鲁克部队，也有由土生土长的北非阿拉伯人和柏柏尔人组成的水兵部队。

奥斯曼人的辅军政策与影响

这些五花八门的、带有各种莫名其妙番号（源于他们的民族出身或所属地区）的基督教军事团体的职责实际上基本相同。从建立到消亡，它们都被置于同一套管理模式之下。这些军事团体的组织结构也大体相似：基督徒始终只能担任低级军官，受到奥斯曼籍中高级军官的节制。这些基督教战士们起初被当作作战部队来使用，他们装备的是本民族的传统兵器，作战时也遵循本民族的传统战术。这些人对巴尔干地区的地形较为熟悉，在当地人中也有一定人脉，因而还有侦察敌情、在战役期间掩护主力部队侧翼的义务。作为在战场上浴血奋战的回报，这些人获准拥有世袭的小块土地，享有某些免税权，偶尔还能因战功而受赏。他们的加入，为奥斯曼人带来了更多的军事技能，令奥斯曼军事体系变得更加稳定。

很显然，帝国政府最为看重的是这些基督教军事团体守御地方的能力。奥斯曼人新征服的土地是要慢慢消化的，在这片土地上建立奥斯曼式的统治机构更需要时间。然而当大部队于冬季回国的时候，当地人往往乘机揭竿而起，有时外国军队也会发兵相助。此时基督教辅军部队就起到了极为重要的作用：他们负责守卫军事要塞（如瓦丁）、战略地点的道路、要隘和桥梁、援助小型奥斯曼地方驻军抗击外敌的入侵、镇压本地的叛匪和盗贼团伙。

然而，当奥斯曼人在当地的统治稳定下来后，他们就开始过河拆桥了。所有的基督教辅军部队在其驻地被征服约70年后，地位和待遇便一落千丈。除了潘多尔和一些马尔托罗部队外，基督教辅军部队越来越频繁地被作为劳工部队来使用，被派去从事各类杂役。与此同时，政府还试图控制这些团体的规模，削除他们的免税权，以增加赋税收入。由于奥斯曼人的性格具有保守的一面，再加上政府并不打算彻底激怒这些人，这一法规历经了很长一段时期才真正得到执行。尽管如此，它还是引起了辅军们的强烈反弹。地位下降，特权丧失，所承担的脏活累活倒越来越多，这令他们怒不可遏。如前所述，许多人倒向帝国的敌人，甚至落草为寇，给帝国的治安带来了严重威胁。

征召基督教辅军部队的法令并未实行于帝国的所有欧洲行省。尤其是在匈牙利，当地人拒绝为奥斯曼人效力。为了安抚匈牙利人的情绪，让他们忠于帝国，政府并未强制执行这一法令。在帝国的其他部分，这一制度往往并未受到多大的抵触。总而言之，在草创和正统时代，奥斯曼政府对基督教民众的军事潜能的开发、利用，大体上是成功的，在16世纪，基督教辅军的总人数超过了8万人。然而，奥斯曼政府显然将征召基督教辅军部队视为一种权宜之计。因此，在新征服行省的地方部队组建起来后，除了几支边境省的军事团体外（如匈牙利边境地区和波斯尼亚、斯梅德拉沃行省的辅军部队），其他辅军部队均被奥斯曼政府改编为战斗支援部队。

所有沦为后勤支援部队的基督教辅军的组织结构与落得同样命运的亚亚部队的组织结构如出一辙：他们的基本作战单位和加尼沙里部队一样，是"奥克"，在被改造后，基本作战单位变成了"冈德尔"（沃伊尼克是个典型的例子）。每个冈德尔由5到10名士兵组成，每逢作战，只征召其中的一人（轮流制），而其他人需负担被征召者的路费和军备费用。这些被征召的士兵将带着自备的坐骑和装备，在自己的长官和奥斯曼行省官员的统领下出发。他们主要承担战斗支援任务，如修理道路和桥梁、运送军粮、保护辎重车队、发掘壕堑和坑道，以及提供草料等等。

政府对被征服民族的军事潜力的成功发掘，还种下一个就连他们自己也没有想到的苦果：巴尔干各地区的贵族领袖只要忠于苏丹，就能继续保持他原有的地位。这样，当地的地方统治阶级也被原封不动地保留了下来。在民族主义到处觉醒的18世纪末，这些地方统治阶级将领导、发动一场又一场震动奥斯曼帝国的民族大起义。

第八章
白鹰之翼
波兰翼骑兵

作者 / 郭大成

令人胆寒的翼骑兵的每次冲击，常常能把十倍于己的敌手打得一败涂地。

——亨利克·显克维支《火与剑》

"这种举世无双的骑兵的庄严和与美丽是无须赘述的;对他们的装备……的描述,是很无谓的。这样做只是亵渎他们的伟大。因为他们是一支独特的骑兵,在亲眼见到以前你无论如何都想象不出他们的魅力与光彩壮丽。"

——意大利外交官眼中的翼骑兵

在欧洲历史上,波兰曾经是数一数二的大国、强国,16世纪时的波兰-立陶宛联邦雄踞波罗的海和黑海之间辽阔的平原之上,而提到波兰立陶宛联邦,很多人的第一印象,恐怕就是波兰翼骑兵了。传说中,这是一只战斗力无比强悍的军队,不仅能够以少胜多,甚至能够攻破敌人的步兵长枪方阵。而这支军队明亮的盔甲和极富特点的翼饰,更是为他们增添了无数传奇色彩,乃至成为波兰民族尚武精神的象征。那么这支富有传奇色彩的军队到底是什么样的呢?

◎ 斯特凡·巴托雷国王,翼骑兵的真正创立者。

兴衰的历史

作为一个斯拉夫国家,波兰的早期历史和其他国家中有许多不一样的地方——一方面,波兰的宗教传统是信奉天主教,因此在文化上更加亲近西欧;另一方面,波兰不缺乏来自欧洲以外的影响。在波兰的诸多邻国中,除了奥地利的神圣罗马帝国还保持着天主教的信仰,普鲁士公国和瑞典王国已经改宗新教,东边正在崛起的沙皇俄国,以及在国内叛服不定、不服约束的哥萨克,主要是东正教的信徒,至于克里米亚鞑靼人和奥斯曼人,则信奉伊斯兰教。身处四战之地,又同时能够受到东方和西方的双重影响,使得波兰的军队既受到西欧的影响,也带有东方的印记,更有其自身发展的种种特殊之处。翼骑兵就是一个这样的例子,同时,翼骑兵也在和四方强敌的交战中,成了一支威震欧洲,至今仍然被当成是波兰武勋象征的军队。

按照波兰人的记录,总结出翼骑兵在力量悬殊的情况下获得的十次重大胜利:

第八章 白鹰之翼：波兰翼骑兵

① 1572 年，在摩尔达维亚（当时属奥斯曼帝国的属国），400 名波兰骑兵击败了 1000 名精锐的土耳其得利（Deli）骑兵；

② 1577 年，在但泽（今波兰格但斯克）附近的卢别绍夫（Lubieszów），翼骑兵 6 次突破城市民兵——其中不乏日耳曼长枪兵——驻守的阵地；

③ 1581 年，在莫吉廖夫（今白俄罗斯，当时属立陶宛），200 名翼骑兵在 7 个小时内击败 3 万名正在城郊准备围攻该城的俄罗斯-鞑靼骑兵联军，并迫使联军退走。翼骑兵中无人阵亡；

④ 1605 年，在基尔霍姆（Kircholm，今拉脱维亚萨拉斯皮尔斯），翼骑兵 3 次冲锋后突破瑞典长枪步兵方阵；

⑤ 1610 年，在克武欣（即俄罗斯斯摩棱斯克州克卢希诺），翼骑兵 7 次冲锋后突破俄罗斯-瑞典联军的阵地，联军中包括瑞典长矛步兵方阵。

⑥ 1621 年，在霍奇姆（今乌克兰切尔诺夫策州霍丁），9 月 7 日，600 名波兰翼骑兵打垮了奥斯曼土耳其军 1 万人。

⑦ 1629 年，在特日齐安纳（今波兰罗兹省），波兰翼骑兵两次冲破"北方雄狮"古斯塔夫·阿道夫麾下的瑞典步兵方阵；

⑧ 1660 年，在库季什策（今乌克兰利沃夫州库季谢），波兰翼骑兵多次突破俄罗斯人和乌克兰哥萨克的阵地；

⑨ 1683 年，在维也纳，波兰翼骑兵击败了奥斯曼大军，守住了哈布斯堡王朝的首都维也纳；

⑩ 1694 年，在霍多夫（今乌克兰捷尔诺波尔州戈多夫），400 名波兰翼骑兵以不到百人的伤亡，击败了 4 万名克里米亚鞑靼人。

不过，这份记录并非无懈可击。事实上，在 1572 年——也就是所谓"十大胜利"的第一次的时候，还不能真正说波兰翼骑兵已经诞生。

波兰翼骑兵（波兰语 Husaria[1]）的名字来自于骠骑兵（英语 Hussar，俄语为 Гусары）。骠骑兵最初的起源是塞尔维亚人和匈牙利人，这个词的来源说法不一：一说是来自匈牙利语的"husz"（意为二十）和"ar"（意为赋税）两个词，因为最初是按照每 20 户出一人作武装骑士的原则组织的；另外的说法则称这个词来自塞尔维亚语，是强盗的意思。据一些资料称，波兰最早的骠骑兵部队出现在 1500 年前后，但是这些骠骑兵和后世的波兰翼骑兵仍然有较大的差距。早期的塞尔维亚式轻装骠骑兵的典型装备是长枪、佩剑，以及木质不对称的巴尔干盾牌，而且不着甲，在战斗中对敌人进行骚扰和冲击——按照波兰语的说法是"PPTD"，即长袍、头盔、盾牌和长矛。后来在奥斯曼人的希帕西（Sipahi）骑兵等的影响下，也出现了着甲的重装骠骑兵。1572 年的胜利，只能说是由波兰的骠骑兵取得，而不能归功于翼骑兵。

1576 年，特兰西瓦尼亚[2]亲王斯特凡·巴托雷[3]被选为波兰国王兼立陶宛大公。正是在他在位期间，不少匈牙利骠骑兵进入波兰，波兰使用长矛着板甲的传统骑兵和这些骠骑兵开始互相影响和学习。同时，巴托雷还将骠骑兵的装备进行了标准化，一

War History · 211

编号	时间	地点（波兰语）	今地名	主要敌人
1	1572	摩尔达维亚（Mołdawia）	罗马尼亚/摩尔多瓦	奥斯曼土耳其
2	1577	卢别绍夫（Liebschau），但泽（Danzig）附近	波兰格但斯克，卢比谢沃－特切夫斯基耶村（Lubiszewo Tczewskie）附近	但泽民兵
3	1581	莫吉廖夫（Mohylew）	白俄罗斯莫吉廖夫	沙皇俄国
4	1605	基尔霍姆（Kircholm）	拉脱维亚萨拉斯皮尔斯（Salaspils）	瑞典
5	1610	克武欣（Kłuszyn）	俄罗斯斯摩棱斯克州克卢希诺（Клушино）	俄国/瑞典联军
6	1621	霍奇姆（Chocim）要塞	乌克兰切尔诺夫策州霍丁（Хотин）	奥斯曼/克里米亚鞑靼
7	1629	特日齐安纳（Trzcianna）	波兰罗兹省	瑞典
8	1660	库季什策（Kutyszcze）	乌克兰利沃夫州库季谢（Кутище）	俄国/乌克兰哥萨克
9	1683	维也纳（Wiedeń）	奥地利	奥斯曼帝国
10	1694	霍多夫（Hodów）	乌克兰捷尔诺波尔州戈多夫（Годов）	克里米亚鞑靼汗国

个最大的不同就是，他将骑兵所用的传统的巴尔干大盾牌废除，改为装备半身甲进行防护。此外，巴托雷还废除了笨重的头盔和中世纪的马鞍，改用了轻便坚固的头盔和带有东方风格的马鞍马镫。在匈牙利人和塞尔维亚人的的影响下，波兰的骠骑兵进一步走向重装化的道路，最终形成了精锐的波兰翼骑兵。而此时在西欧国家，重装的骑士已经逐步退出了历史舞台，所以说波兰翼骑兵也算是重骑兵在欧洲最后的回响了。

一般认为，1577年在但泽（今波兰格但斯克）附近进行的卢别绍夫战役（Lubieszów/Liebschau，也就是上文中"十大胜利"的第二次）才是波兰翼骑兵辉煌的起点。在斯特凡·巴托雷当选波兰国王后，但泽城拒绝承认，于是但泽城民军和波兰王家军队在但泽东南、维斯瓦河东岸的卢别绍夫湖（Lubieszów Lake，今名卢比谢沃湖）附近的卢比谢沃－特切夫斯基耶村（Lubiszewo Tczewskie）一带展开战斗。虽然名叫但泽民军，但其中并不缺少久经考验的日耳曼步兵，特别是长枪兵。然而在这一战中，巴托雷以不到2000人的兵力（其中一半以上是骑兵）击败了1万人以上的但泽军队，波兰军队死伤不到200人，而但泽民军却付出了将近1万人的损失，其中近5000人战死，另有5000人被俘，但泽军失

第八章 白鹰之翼：波兰翼骑兵

去了和王家军队野战的条件，只能固守城墙并最终被镇压。

卢别绍夫战役成为斯特凡·巴托雷，以及波兰翼骑兵光辉的起点，此后波兰凭借翼骑兵不断在对外战争中取得胜利，仅在对沙皇俄国的战斗中，就先后占领了波洛茨克、大卢基等地，莫吉廖夫战斗的胜利也是在此期间取得的（需要说明的是，这次战斗中波兰军队除了有200名翼骑兵，还有300名中型和轻甲骑兵，主要的伤亡和损失也是他们而不是翼骑兵。尽管如此，此战中波兰军队的总数仍然不到1000人）。同时，1581-1582年，斯特凡·巴托雷国王和王家统帅[4]扬·扎莫伊斯基指挥下的波兰军队围攻了俄国重镇普斯科夫。虽然波兰军队并未破城，但是仍迫使沙皇俄国签订了对波兰极其有利的和约。

从斯特凡·巴托雷开始，翼骑兵的地位得到进一步加强，被看成是波兰军队最重要的力量。据统计，在当时翼骑兵一度占到了波兰骑兵总人数的75%。更可怕的是，翼骑兵参加的战役往往能保持卢比采沃战役中那样低到令人恐怖的伤亡比——波兰军队不止一次以几乎是敌人几分之一、几十分之一的军队，击败对手上万人甚至几万人的军队。

斯特凡·巴托雷逝世后，得到波兰贵族、特别是巴托雷的王后安娜支持的瑞典王子西吉斯蒙德·瓦萨（Sigismund Vasa，安娜的外甥）和奥地利大公马克西米利安三世角逐波兰王位。1588年1月24日，双方在奥地利的比琛（德语Pitschen，波兰语Byczyna，当时是奥地利靠近波兰边境上的城市，后属普鲁士，二战后划归波兰）展开决战。此战双方兵力大致相当，各自6000人左右（奥地利人略多，6500人左右），但波兰人在骑兵方面占有优势，约3700人是骑兵，其中自然也不乏翼骑兵。最终西吉斯蒙德·瓦萨获胜，马克西米利安被俘。此战确保了西吉斯蒙德·瓦萨（波兰史称齐格蒙特三世[5]，Zygmunt III）的波兰国王宝座。这次战斗中波兰军队虽不像其他著名战斗那样能够气势如虹地以少胜多，但是值得一提的是，奥地利军队里有很多来自匈牙利的骠骑兵，此次波兰军队的胜利，可算是"徒弟"对"师傅"的逆袭。1592年，齐格蒙特三世之父、瑞典国王约翰三世去世后，齐格蒙特三世身兼波兰国王、立陶宛大公和瑞典国王之位。

然而，齐格蒙特三世虽然是瑞典人，但却是天主教徒，因而遭到瑞典新教贵族的怀疑并最终被废黜。齐格蒙特试图调动瑞典的天主教贵族进行反扑，瑞典爆发内战，失败后内战扩大成为波瑞两国战争。在1605年9月27日，立陶宛副统帅扬·霍德凯维奇（Jan Chodkiewicz）在基尔霍姆迎战瑞典国王卡尔九世指挥的有1万多人的瑞典军队——除了2000多名骑兵外，还有8000多名瑞典人、德意志人、荷兰人和苏格兰人步兵。不到4000名波兰人（其中2400人是骑兵，翼骑兵是绝对主力）面对瑞典军的长枪方阵发起冲锋，在20分钟之内就打垮了这1万多名瑞典人，让后者付出了6000~8000人的伤亡。特别值得一说的是，此战中装备了火枪和长枪的瑞典步兵结成方阵，但仍然被数量上不占优势的波兰翼

◎ 基尔霍姆战斗，波兰翼骑兵对瑞典步兵方阵的冲锋（尤里乌什·科萨克作）。

骑兵所粉碎。这也是翼骑兵即使面对长枪方阵也有碾压的能力这一传说的来源——但要说明的是，其他几次战争中，翼骑兵虽也能取得胜利，但都需要依靠其他兵种的支援。这次的胜利，是翼骑兵独立取得的——也是唯一的一次。

波瑞战争之后，波兰插手沙皇俄国内政，借助俄国沙皇伊凡雷帝死后国中混乱、权臣鲍里斯·戈东诺夫和瓦西里·舒伊斯基先后篡夺皇位之机，派遣大军入侵沙皇俄国。这就是俄国历史上的"混乱时期"（Смутное время）。1610年，侵俄波军在斯坦尼斯瓦夫·茹凯夫斯基（Stanisław Żółkiewski）的指挥下绕过斯摩棱斯克前进，而此时俄国沙皇瓦西里四世（瓦西里·舒伊斯基）的弟弟德米特里·舒伊斯基亲自指挥的俄军主力则会合了瑞典将军雅各布·德·拉·盖迪（Jacob De la Gardie）的军队，试图解救波军重围下的斯摩棱斯克。

两军在斯摩棱斯克附近的克卢希诺（克武欣）[6]村展开决战。此战中波军人数大概只有6500人，俄瑞联军人数则达到3.5万人，其中5000人为瑞典军（包括很多英格兰、苏格兰、德意志和法国雇佣兵），还依靠村庄的篱笆修建了简易工事并挖掘了堑壕，使得波兰骑兵的突击路线受到很大限制。然而惊慌失措的舒伊斯基在战争一爆发就逃回后方。波兰翼骑兵在多次反复发起冲锋后，终于成功将中部俄军冲垮。波军损失约400人，俄瑞联军的损失则达到6000人以上。克卢希诺会战的胜利，可以算是波俄战争中的决定性胜利。此战之后，沙皇瓦西里四世很快被大贵族和教士们联合赶下了台，莫斯科向波兰投降，接受齐格蒙特三世之子瓦迪斯瓦夫为俄罗斯的沙皇。这标志着俄国的"混乱时代"达到了顶峰。被废黜的瓦西里四世后来被带往了华沙。不过，随后以德米特里·波扎尔斯基和库兹玛·米宁为首的俄国民军终于成功驱逐了波兰人，之后俄国贵族们推举米哈伊尔·罗曼诺夫为沙皇，俄国进入罗曼诺夫王朝。经过多次战争，特别是对沙皇俄国的战争后，波兰已经成为仅次于俄国的东欧最大国家。此时的东欧平原上，说翼骑兵"打遍天下无敌手"并不算太过分。当时的波兰不断开疆拓土，在其领土扩张的顶峰——1634年，波兰-立陶宛联合王国的总面积达到了99万平方公里。

但是，翼骑兵的危机已经开始出现。危机的起源是在东南方向。17世纪30年代初，当时有志于向黑海方向扩张、不断干涉摩尔多瓦（当时是奥斯曼帝国藩属）事

第八章 白鹰之翼：波兰翼骑兵

◎ 斯特凡·巴托雷在普斯科夫（扬·马泰伊科作，坐着的人为巴托雷，左一为扎莫伊斯基）。

务的波兰人开始和奥斯曼帝国以及克里米亚鞑靼人交战。1620年10月7日，曾经攻克莫斯科的老帅——波兰王家统帅斯坦尼斯瓦夫·茹凯夫斯基率领的波兰-摩尔多瓦联军在普鲁特河畔——当时距离波兰国境不远的采措拉[7]，遭到尾随的奥斯曼和鞑靼军队突然猛攻。最终茹凯夫斯基战死，以他的副手、波兰王家副统帅斯坦尼斯瓦夫·科涅茨波尔斯基（1618-1632年为波兰王家副统帅，1632-1646年为波兰王家统帅）为首的一大批贵族被俘[8]。虽然后来这批贵族军官先后被赎回，但是当时这次战斗对于波兰贵族阶层，以及翼骑兵的打击还是极为巨大的，可以说是波兰翼骑兵遭受的第一次重大的损失。次年进行的霍奇姆战役——"十大胜利"中第六次大胜中，由立陶宛统帅霍德凯维奇（基尔霍姆战斗后他由立陶宛副统帅晋封为立陶宛统帅）指挥的5万人骑兵大军里，一半的军队是用

乌克兰哥萨克充数的，很大程度上不得不说这就是采措拉之败的后果。这场以霍奇姆要塞为核心，持续了一个多月的围城战虽然以波兰胜利告终，但是立陶宛统帅霍德凯维奇却在胜利之前病死。也就是说，在这场大约两年的规模不大的战斗中，波兰和立陶宛军队中4名统帅中有3名损失，贵族军官以及装备的损失也十分巨大，但是却没有换来什么值得一提的利益。

更糟糕的是，在"北方雄狮"瑞典国王古斯塔夫·阿道夫的改革下，此时瑞典军队正在发生翻天覆地的变化，尤其是瑞典步兵——他用轻型的新式火枪取代了老式火枪，提高了火枪手的射击频率；他给长枪手装备了盔甲，增强了防护，并减短了长枪长度；他将瑞典步兵团的编制缩小至1500人，并将其构成调整为火枪手占三分之二，长枪手占三分之一；他还率先建立了团属炮兵。再加上严格的训练和机动

War History · 215

灵活的战术，他的军事改革使得瑞典军队的战斗力突飞猛进。在他指挥下的瑞典陆海军也趁波兰陆军主力在摩尔多瓦的机会，渡过波罗的海，连续占领利沃尼亚大片领土。1622年在米塔瓦（Mitawa，今拉脱维亚叶尔加瓦）的战斗中，面对瑞典军队的长枪、火枪和炮兵，翼骑兵第一次出现了拒绝冲锋的场景。1626年在梅维（Mewe，今波兰格涅夫）同样的场景再次发生。虽然上文中波兰人所说"十大胜利"的第七战即是在此期间取得，但是总体来说与瑞典的战争还是旷日持久的，最后还是由于法国出面斡旋，波兰和瑞典才在1629年签署和约，从而使得法国可以将瑞典引入欧陆三十年战争的战场，来对付奥地利哈布斯堡王朝。由此可见，战术上的胜利从来不是战略上胜利的必然保证，更何况翼骑兵又并非真的是百战百胜。

在波兰经历了北方和东南两场规模不大、收获不多但是损耗惨重的战争后，下一个掀起风浪的是乌克兰的哥萨克。由于翼骑兵力量的削弱，波兰对乌克兰哥萨克的压榨与日俱增，但是他们的地位却没有提高，甚至被降低，在册哥萨克（即波兰官方承认的正规哥萨克军）的数量被一减再减。到1648年，原效忠于波兰的乌克兰哥萨克博格丹·赫梅利尼茨基不满波兰贵族对乌克兰哥萨克人的压迫，领导哥萨克人举行了大规模的反对波兰的起义，起义迅速席卷乌克兰全境——这就是显克维支三部曲中《火与剑》的历史背景。1648年，在赫梅利尼茨基的领导下，哥萨克人联合鞑靼人，在黄水河[9]、科尔孙（在今乌克

◎ 克卢希诺会战中翼骑兵的冲锋。此次胜利为波军攻入莫斯科铺平了道路。

◎ 献俘阙下（扬·马泰伊科作），描绘沙皇舒伊斯基被带到华沙议会的场景。左侧坐者为齐格蒙特三世，中间黑衣立者为茹凯夫斯基。

◎ 斯坦尼斯瓦夫·茹凯夫斯基，莫斯科的征服者。

科尔孙 - 舍甫琴科夫斯基附近）连续击败波兰人，波兰王家统帅米科瓦伊·波托茨基等一大批贵族又被鞑靼人俘获。短期休战后，1651年春，战事再起，这一次乌克兰军队被波兰翼骑兵所击败——1651年6月，在别列斯捷奇科（在今乌克兰沃伦州）战斗中，波兰国王扬二世·卡齐米日[10]指挥下的波兰翼骑兵击溃了两倍于己的鞑靼-哥萨克人的联军，率先崩溃的鞑靼人在惊恐中还绑架了赫梅利尼茨基，并把他送给了波兰人。1651年9月，波兰和哥萨克盖特曼政权在白采尔科维[11]签订和约。

次年，赫梅利尼茨基就在巴托赫战斗中还以颜色。巴托赫是一座小山，距离拉蒂任要塞不远，在今天乌克兰的文尼察州。1652年6月1日，波兰王家副统帅马尔钦·卡利诺夫斯基（Marcin Kalinowski）指挥的1万多人的波兰军队对阵哥萨克博格丹·赫梅利尼茨基盖特曼和鞑靼将领努尔丁苏丹的2.5万人，激战一天后，波兰军队在疲惫和慌乱中崩溃，马尔钦·卡利诺夫斯基战死，大批贵族投降。战斗结束后，博格丹·赫梅利尼茨基没有按照当时的通例，用扣留的贵族俘虏换取金钱报酬，而是反过来付给克里米亚鞑靼人的将领努尔丁苏丹5万塔勒，让他们处决了被俘的波兰贵族，以报之前在别列斯捷奇科战斗中被俘之仇。随后，这些被俘的波兰贵族被大批处决。[12]这次战斗可以说是波兰贵族阶层最大的损失，此战之后波兰的精英贵族阶层即使说不上一扫而空，也相差不多，对翼骑兵来说，自然也是损失最大的一次。

尽管有一系列如巴托赫的失败，但是总体来说，波兰仍然有一定的军事实力，翼骑兵这种重装骑兵在对哥萨克人的进攻中显示了其价值，乌克兰哥萨克人的势力被大大削弱。走投无路的赫梅利尼茨基请求俄国出兵联合抗击波兰。1654年1月，赫梅利尼茨基同俄国沙皇的代表、大贵族瓦西里·布图尔林在佩列亚斯拉夫签订了乌克兰同俄国合并的条约——这也是乌克兰和俄罗斯联合的开始。此后，俄国军队就和哥萨克一起对波兰发起猛烈进攻。与此同时，之前一直在和波兰交战的瑞典已经从1634年"北方雄狮"古斯塔夫·阿道夫阵亡于吕岑的损失中恢复过来，1655年，瑞典国王卡尔十世趁着波兰和沙皇俄国、哥萨克激战正酣，以及亚努什·拉齐维乌（Janusz Radziwiłł，立陶宛副统帅，后为统帅）为首的立陶宛大贵族和波兰离心离德的大好机会下率军大举南下。瑞典人在没有遭到严重抵抗的情况下先后占领波兹南和华沙，10月份瑞典军队又攻克了克拉科夫。此时的波兰全境几乎被俄、瑞两国全部占领，立陶宛甚至签署和约接受瑞典保护，放弃和波兰的联合（实际未实施）。这就是波兰历史上所谓的"大洪水"（Potop）[13]。在此期间，德意志的勃兰登堡侯国、特兰西瓦尼亚的匈牙利人也趁机浑水摸鱼。特别值得一提的是，原先臣服于波兰的普鲁士公国也于1657年获得了完全的独立自主权，由此摆脱了和波兰的藩属关系。[14]这就是显克维支三部曲中《洪流》的背景。可以说，赫梅利尼茨基起义以及随后的"大

"洪水"标志着波兰彻底失去了在东欧的霸主地位。在"大洪水"的冲击下，一次次的惨重损失也让翼骑兵的风光不再。因此，当"大洪水"退去后，无论是波兰还是波兰的骄傲——翼骑兵，都不得不面对这个烂摊子。

在这样的情况下，复兴波兰、复兴波兰翼骑兵的任务落到了波兰新国王——扬·索别斯基（扬三世，也称约翰三世）身上。扬·索别斯基本身就是一名极其出色而全面的统帅。从血统上来说，他是斯坦尼斯瓦夫·茹凯夫斯基的外孙，在军事方面堪称家学渊博；他通晓拉丁、法、德、意、鞑靼和土耳其多国语言，他的夫人是法国人，对西欧了如指掌；他曾作为外交官出使伊斯坦布尔，同样熟悉鞑靼和奥斯曼军队。进入军队后，他多次指挥骑兵在对奥斯曼人和鞑靼人以及哥萨克人的战争中，取得多次重大胜利——而这一时期的战争就是显克维支三部曲中最后一部《伏沃迪约夫斯基先生》的背景。凭借立下的赫赫军功，他在1666年成为波兰王家副统帅，1668年又成为波兰王家统帅。1673年，这位波兰军队的统帅当选波兰国王，成为波兰历史上一个罕见的例外。即位后他也不负众望，一方面努力游说波兰议会，向议会里的贵族们阐明维持一支强大的骑兵，尤其是翼骑兵对波兰的重大意义，并要求财政支持。他曾经在议会中说，翼骑兵是"军队的骨干力量，具备仪式和防卫的双重作用……没有国家能像波兰一样拥有他们，永远不能"。另一方面，他积极整军备战，不断在对外战争，尤其是对奥

斯曼土耳其的战争中磨练波兰的骑兵部队。在他的努力下，翼骑兵重新焕发出了光芒，无论是人数还是装备都有所恢复。一些翼骑兵连队得到重建，而另一些轻甲骑兵部队也被改编为翼骑兵。此外，由于翼骑兵的装备损失过大，他还对翼骑兵的装备进行了一定程度上的革新，使得其制造成本更低，以便装备更多新扩编的部队。扬·索别斯基的努力没有白费，翼骑兵很快重新焕发出光芒，而这也成为翼骑兵最后的辉煌。

1682年，趁着匈牙利爆发反对天主教和哈布斯堡王朝的起义，奥斯曼帝国大维齐尔（宫相）卡拉·穆斯塔法帕夏率领的数十万大军进攻神圣罗马帝国，兵锋直指维也纳，而神圣罗马帝国皇帝利奥波德一世则避战而逃，将城市扔给了恩斯特·冯·施塔亨贝格（Ernst von Starhemberg）伯爵。7月14日，奥斯曼军合围维也纳城。[15] 在教皇的呼吁下，基督教世界逐步向维也纳派遣援军，而扬·索别斯基率领的波兰翼骑兵部队成为援军的主力。在城墙已经被奥斯曼人打破，城中已经近乎山穷水尽准备进行巷战时，9月12日，联军与奥斯曼帝国最终的决战打响。联军总兵力大约是7万到8万人（其中波兰军队2万到3万人），而奥斯曼帝国总兵力则在13万到15万人。不过需要提到的是，为了减轻后勤压力，当时相当部分的奥斯曼军队正在四处袭扰和劫掠，而没被集结起来，因此此战中奥斯曼人的兵力要少于联军。凌晨4点，战斗打响。首先投入战斗的是联军的左翼，由于奥地利和萨克森军队的奋勇厮杀，卡

第八章 白鹰之翼：波兰翼骑兵

◎ 基辅的赫梅利尼茨基雕像。他右手持圆锤（Buława）指向西方的波兰方向（因拍摄角度问题，本图中无法看到他手中的圆锤）。

◎ 博格丹·赫梅利尼茨基的旗帜。在别列斯捷奇科会战后此旗被波兰缴获，在"大洪水"时代又被瑞典军队从波兰手中缴获，现藏于瑞典斯德哥尔摩。这面旗帜可以算作17世纪中期波兰和瑞典、乌克兰等周边邻国血与火历史的见证。

◎ 别列斯捷奇科战斗中，扬二世·卡齐米日国王率领翼骑兵冲锋，图为法国巴黎圣日耳曼德佩修道院浮雕。扬二世·卡齐米日的心脏安葬于此。

拉·穆斯塔法帕夏逐渐将城外战场上的主要力量——其中包括绝大多数的土耳其禁军火枪手和精锐的骑兵部队，派到这一方向上。同时，一些奥斯曼人试图利用之前挖掘好的地道迫近并炸毁城墙，但最终被发现而功亏一篑。在双方都精疲力竭之时，扬·索别斯基一声令下，早已等候多时的波兰翼骑兵部队在他们的国王的率领下，从卡伦贝格（Kahlenberg）山上如决堤的洪水一般向土耳其军发起了冲锋。他们连续

War History · 219

◎ "波兰雄狮"扬·索别斯基国王（约翰二世）。

◎ 维也纳之战，波兰翼骑兵从卡伦贝格山上冲锋（尤里乌什·科萨克作）。

突破土耳其人的多条防线，直冲向卡拉·穆斯塔法帕夏的大帐。在波兰骑兵的冲击之下，奥斯曼军队全线崩溃。最终，维也纳之战以联军的大胜而告终。此战为扬·索别斯基赢得了无上的光荣，他作为保卫欧洲基督教文明的英雄名垂青史，他的盾牌甚至被天文学家们用来命名天空上的星座，即盾牌座（Scutum）。传统的星座名称一般都是源于神话中的众神和英雄，凡间帝王将相中能够取得如此殊荣者极其罕见。

但是，维也纳战役对翼骑兵来说只能是最后的辉煌。维也纳之战后，索别斯基将主要精力继续放在东南摩尔达维亚方向和鞑靼人、奥斯曼人争雄，虽然有霍多夫这种战术上的胜利，但是由于外部压力和贵族们的内耗，波兰最终仍然没有获得与这一胜利相匹配的收获。而在索别斯基死后波兰参与的历次战争（如大北方战争）中，翼骑兵都没有什么拿得出手的表现，一方面是由于战争对波兰经济造成了巨大的破坏，而翼骑兵的价格过于昂贵——包括人员开销，也包括装备维护更新——导致国家缺乏财力来供养这支军队。此外，由于波兰贵族的黄金自由和民主传统，翼骑兵的连队中（至少名义上）地位平等的贵族们往往乐于自行其是，使得翼骑兵部队纪律涣散、作战指挥不力，战斗力也不断下降。曾经担任扬·索别斯基国王医生的伯纳德·康纳（Bernard Connor，苏格兰人）评论道："假如有更严的纪律和更多的报酬的话，翼骑兵或许会是世界上最优秀的骑兵。"此外，此后的波兰国王（如奥古斯特二世）在处理内政外交方面的无能，尤其是北方战争中，瑞典军队在波兰如入无人之境，连波兰国王奥古斯特二世都一度被赶下王位，还是依靠彼得大帝率领的俄军的胜利，奥古斯特二世才勉强复位，而代价就是此后波兰受到俄国的影响越来越重。本来就在贵族民主制下内耗不断的波兰更加无法一致对外，富国强兵和独立自主都只能是痴人说梦，就算翼骑兵如何勇武也没有了用武之地。最终在1775年——也就是俄普奥第一次瓜分波兰后3年，波兰议会决定解散翼骑兵。这一具有传奇地位的骑兵就此退出历史舞台。不过，不久之后，在拿破仑时代大放光彩的以勇武闻名于世的枪骑兵[16]继续在欧洲历史舞台上闪烁着耀眼的光芒。

编制和装备

当年的波兰-立陶宛联邦，号称"波兰贵族共和国"，一切权力在享有"黄金自由"的贵族手中，贵族（Szlachta，即"施拉赫塔"）组成的议会（Sejm）把持着国家的最高权力，无论是国王还是统帅都不能为所欲为，国家的决定必须得到议会中所有贵族议员的首肯。翼骑兵的来源也正是波兰的贵族阶级。当然，波兰的贵族阶层远远比其他国家的比例要大，占到10%左右，这使得翼骑兵能够保证相对足够的兵力来源。

一般来说，翼骑兵的基本单位是连队（Chorągiew 或 Rota），其指挥官称为队长（Rotmistrz）[17]。队长会由拥有几个村庄的富裕贵族担任，以便担负整个连队的开支。这是由于波兰的贵族民族制，导致议会里的任何议题往往都久拖不决，因此连队的开支往往不是由国家承担，而只能由队长个人承担（当然偶尔也有由国家承担或者事后报销的例子）。此外，大贵族们，比如波兰或者立陶宛的统帅往往会自己组织一个连队当自己的卫队，并且直接自任队长。在一定程度上，这个连队可以算是队长自己指挥的武装力量。每个连队规模不等，通常情况下约为100多骑，一些财力充沛的大贵族们组建的连队也可能达到两三百骑的大规模。此外，国王还有一支私人部队（Wojska nadworne），由一名宫廷统帅（Hetman nadworny）指挥，一度达到1000名骑兵，后来变成两个连队（严格来说是作为波兰国王和立陶宛大公各有一个）；此外，国王另外还有一个仪仗连队（Chorągiew dworzańska），这个连队多数人招募自朝中重臣家庭，也有少数军官，连队后来主要承担仪仗等礼仪性质的功能。

要组建成一个连队，首先，队长会获得一封来自国王的授权书——"征兵令"。随后，队长便会找来一定数量的同伴（Towarzysz）[18]，具体数目由征兵令决定。队长付给同伴一定数目的金钱，由同伴来招募骑兵组成一个小队（Poczet）投入战斗。被招募的人称作扈从（Pocztowy 或 Pacholik）。通常每名同伴拿到的钱足够 3 名骑兵参加战斗，换言之，除去同伴本人，他需要招募 2 名扈从参加战斗。同伴一般也是贵族，但是条件相对宽松——除了波兰人或者立陶宛人，贵族头衔的立陶宛鞑靼人、波兰化的哥萨克上层贵族都有机会跻身其中，甚至，在某些极其特殊且罕见的情况下，没有贵族出身但是有足够财力的平民也可以充任同伴。

连长招募同伴，同伴招募扈从——从理论上来说，这些加起来就是实际参加战斗的人数，也就是连队的花名册上所记录的人数。不过实际中，花名册上的人数往往比征兵令上的少，而连队的实际人头数则往往比花名册人数又少一些。除了这些人，骑兵连队中还有一定数量的仆役（Ciura 或 Czeladz obozowa），他们不在连队花名册上，并完全依附于同伴本人，他们负责处理日常杂务。此外一般的骑兵连队中，有时在花名册上还会看到鼓手、神职人员、理发师（兼任外科医生）、铁匠等这些担任辅助作用的专业人员，甚至有裁缝出现的记录。

一般来说，在骑兵连队中，队长之下还会有一名队副（Porucznik）[19]，开始队副是在连队的同伴中推举产生，后来逐渐演变为由队长委任。起初队副的职责是传达队长的各项命令，由于队长往往是有一定财力的中等贵族乃至大贵族，因此他们慢慢地逐渐从连队指挥官的角色中淡出。17 世纪 30 年代后，他们就基本不再会亲自上阵了，队长这一职位也逐渐变为礼仪性质的头衔，队副则成为连队中的实际指挥官。对同伴们来说，成为队副相当于事实上又向上提升了一大步，从此可以进入中高级军官的行列了，因此连队中这一职位的角逐也非常激烈，通常是由经验丰富的同伴来担任这一角色。另一个职位——旗手（Chorąży）[20] 会由年轻的同伴担任，不过这一职务则没有什么实际的权力。即使队长和队副无法履行职务，通常会由连队推举其他年长的同伴代理指挥，而不是交给旗手。此外，在连队以上更大范围的编制，乃至整个波兰、立陶宛军队中，也会设置一名旗手。

同伴和队长是真正的休戚与共——他们要在战斗中互相扶持，同时在财政上也是利害相关。因此，他们的关系相对密切很多——这对于那些空有平等之名，但实际上没有太多财产的低等贵族来说，同样是一个很好的交际平台，因为在翼骑兵部队里他们可以相对容易地和大贵族乃至国王、统帅们进行接触。对那些地位不高、家境不富裕的贵族来说，当上同伴、有资格为国作战也是地位上升的一种体现。在翼骑兵部队中，同伴、队长和甚至更高级的指挥官之间（至少名义上）地位互相平等。成为一名翼骑兵同伴，不仅意味着要为祖国战斗牺牲，也意味着他可以和大贵族、统帅乃至国王称兄道弟，意味着他的社会地位进一步上升。

扈从一般不是贵族（但也有经济条件较差的贵族充当扈从的情况），只能依附于同伴，他们从同伴手中获取报酬，战斗所需装备和马匹也都由同伴提供，有点类

第八章 白鹰之翼：波兰翼骑兵

似于西方的骑士侍从。小队中扈从的数量并不一定，不同时期有所不同，在16世纪时可能达到7人，而到18世纪有时只有1人，比较通常的情况是2人。他们和同伴一样披甲，不过在战斗中通常被用作二三线部队，抑或被用来防守侧翼和后方。不过，扈从虽然会被列入连队花名册，但是花名册不记录他们的姓名，只是把他们作为人头数目而已。一方面对于非贵族出身的人来说，当扈从算是一条上升通道，如果他们在战斗中积累下足够的财富，能够承担马匹和装备的开销，那么他们也有机会当上一名同伴——不是在翼骑兵连队，而是相对次要的、不那么重视血统的轻甲骑兵（Pancerny 或 Kozak）[21]连队，他们也是翼骑兵连队补充新鲜血液的来源之一。不过另一方面，从现有的资料看，也有一些扈从的待遇实在恶劣，甚至比奴隶强不了多少，因此扈从不堪忍受而窃走装备和马匹开小差逃跑的事情也偶有发生。仆役的作用是为同伴处理日常杂务，包括看守马车、帐篷等行李，以及照料马匹等等。仆役绝大部分是男性，个别情况下会有女性（比如某些仆人的家眷）。由于花名册上不计算仆役，因此缺乏足够的资料，统计其人数很困难。从现在有限的资料来看，连队中仆役的数量，大概是整个连队战斗兵员人数的一到两倍。一些同时代的西方人会把扈从和仆役这两种非贵族身份的人混为一谈——有时候波兰人也不加区别，将二者用"下人"（Czeladnik）统一称呼。

除了战斗人员和仆役，翼骑兵连队在行军过程中，还需要携带给养、帐篷、工具、备用装备等大量物资。这些物资通常由每个同伴自己的小队各自准备，行动时放在大车上。加上各种各样的仆役以及随行的其他人员、牲畜等，在当时西方人眼里，行进的翼骑兵连队显得格外混乱而喧闹。根据1648年的一份记录，在热舒夫，一个60人的骑兵连队，身后跟着一支225匹大车组成的庞大运输队。不过，车上装载的豌豆、面包、熏肉等给养，以及长矛等装备，可以保证翼骑兵连队在行军作战中拥有足够的给养，从而确保战斗力。在乌克兰草原上，和来去如风的哥萨克人、鞑靼人战斗的时候，这点非常重要。如果大车空下来，连队通常会将大车拆毁焚烧，牲畜也会视情况宰杀以供食用。到了夜间，这些大车上的货物如帐篷被卸下后，会围成圆圈，为驻扎在里面的翼骑兵提供保护，而贵族翼骑兵们则会聚集起来豪饮伏特加——这对贵族们来说，是最好的社交场合。这些贵族老爷和自己小队的扈从或者仆役们反而极少接触。营地里日常琐碎的工作也是老爷们不屑做的，全部由下人们完成。不过所有同伴会轮流管理整个营地的军纪，这也为年轻人的成长提供了经验。

翼骑兵的装备，是在斯特凡·巴托雷在位期间确定的。根据他拟定的一份清单，翼骑兵的主要装备包括：铠甲、头盔、臂铠、长矛、刀剑、火枪，以及翼饰等饰品。

我们先说翼骑兵的护具——主要有头盔、甲胄、臂铠等。最初的波兰甲胄多模仿匈牙利式，后来（17世纪二三十年代左右）逐步形成了波兰特色。和当时欧洲其他国家习惯将盔甲涂成黑色不同，波兰人的甲胄一般用闪闪发亮的钢板打制而成，在阳光下非常耀眼。翼骑兵的头盔（Szyszak）则属于罐型头盔，通常后边有龙虾式"尾巴"，起到保护作用，前面多有帽檐，其他常见的装饰有高顶、面罩等，差别较大，没有标准的范式，各个部分也是通过铜钉固定。只要材料足够，制造一套足够使用的甲胄并不特别困难。在斯特凡·巴托雷引进匈牙利式甲胄之前，波兰骑兵的甲胄属于东西方的大杂烩。改革定型后的翼骑兵的甲胄多为半身甲，一般为半龙虾状，即胸部为整块胸甲，在腹部则是由数块条状钢片通过铜钉连接起来，类似龙虾，也有将前面全部做成龙虾状的。甲胄肩、颈、手臂等部位的甲片也是通过铆钉连接起来，这样的铠甲既有较好的防护作用，同时也能保证活动方便。限于当时的工艺水平，甲片之间的接合还较为粗糙。在扬·索别斯基的改革之后，波兰翼骑兵的铠甲的样式也逐渐开始多样化。在铠甲之下，通常贵族们会穿着一件链甲袖（Zarekawie Pancerzowe，一种只有两个袖子是链甲，躯干由布匹缝制的护具），或者带上臂铠，保证活动频繁的两臂能够有所保护，到后来这些保护双臂的护具都逐渐退出舞台，改为东方式的臂甲（Karwasze），并且逐步由只有一臂保护变为两臂都有臂甲保护。再里面则是波兰式、立陶宛式或者匈牙利式的长衫等服装。另外除了甲胄，一些人会在外面披上披风，但更多的翼骑兵则倾向于披上猛兽（如豹、熊等）的皮毛，并在他们的衣甲兵器上使用金银等华贵材料装饰，使得他们看起来更加绚丽、更加威武。当然，真正在战场上，翼骑兵们还是会选择穿简朴的衣服。

至于小队扈从，理论上也应该是顶盔掼甲装备齐全，但是他们的装备往往要比同伴们差得多。头盔方面，他们一般配备的是简单粗糙的四周有檐的碟形头盔（Kapalin），通常是大批量简单生产的产品，而甲胄也往往是草草搭配一身了事。事实上能有一身盔甲的扈从都已经算是运气不错了，很多同伴不能给自己的扈从装备全套甲胄，因此有的扈从只能带着皮帽，或者穿着长袍投入战斗。不过也有同伴选择减少小队的人数，以保证剩下的扈从能够有较好的装备。

翼骑兵的主要武器是他们的长矛（Kopia），主要作用是在冲锋时对地方造成巨大的冲击。翼骑兵的长矛的最主要特征是其球形护手（Galka），可以达到 4~6

◎ 手持波兰-立陶宛联邦旗帜的波兰翼骑兵（旗手）形象（原画收藏于瑞典斯德哥尔摩）。

第八章 白鹰之翼：波兰翼骑兵

米，甚至更长。据说在当时有这么一句话："如果天塌下来，翼骑兵会用矛支起来。"长矛的枪头为铁质，枪身为木质（一般用枞木制成），前后粗细基本一致（这一点和西欧重骑兵的矛不同），带有一个圆形的护手，矛尖上一般还会有矛旗。一般来说，这种长矛并不是用一根木头直接做成的，而是将两块木头分别做成半个长矛的形状，把中间挖空，然后将两片固定在一起——也就是说，这种长矛中间是空的，因此其重量并不很重（3千克左右）。一般来说，长矛的矛尖上会挑着一面小而细长的矛旗。这种旗子一般由丝绸制成，普遍为两种颜色，现在的绘画作品中以白红二色——即波兰国旗颜色居多，但其实历史上矛旗的颜色是多种多样的。总体来说，这种长矛制造比较复杂，价格本来就不太便宜，而更糟糕的是，由于冲击的力量很大，这种长矛只能供一次性使用。因此，如果翼骑兵要对敌人进行多次反复的冲锋，即使装备的长枪足够使用，恐怕多数人仍然要掂量一下，这一仗打下来是否划算。翼骑兵长矛一次性使用带来另一个问题则是翼骑兵很容易陷入缺乏长矛的困境。战斗之后无法补充又没有合适的工匠制造，导致翼骑兵缺乏甚至失去所有长矛的情况屡见不鲜，在卢别绍夫、特日齐安纳等战斗后都留有相应的记录。在"大洪水"期间，持续的战乱使得长矛的匮乏情况更加严重，整支部队没有一支长矛的情况也不算罕见。大城市通常会在战争威胁到来前夕储备一批长矛，而在敌国领土，翼骑兵就只能因陋就简的制作一些简易版的长矛作为代用

◎ 15世纪90年代，同伴的装备。

◎ 16世纪80年代，同伴的装备。

War History · 225

的急就章——在俄波战争期间，一些波兰翼骑兵使用的长矛就是用临时寻找到的木杆，将头部简单处理并用火烧过（以提高强度）作为枪头，而矛旗则是找来用蔬菜染过色的亚麻布临时充数。

除了长矛，翼骑兵主要的近战装备还有马刀（Szabla）和破甲剑（Koncerz）。其中，马刀用于混战中马上的劈砍。最初马刀也是沿用土耳其和匈牙利式，后来经过逐步改良，到17世纪初逐步形成了波兰特色的马刀，成为当时风靡欧洲的马上用近战装备。和马刀不同，波兰翼骑兵的破甲剑没有剑刃。这是一种来自日耳曼人的装备，长度在1.3~1.6米，截面为三棱或四棱，用途是直接刺穿敌人的甲胄。这也是波兰翼骑兵较为特殊的一种装备。马刀一般悬挂在左边，而破甲剑一般认为是挂在马鞍上，放在骑手右侧大腿底下，剑身基本和地面平行。不过在现代演员重现场景时发现，这种方法非常不舒服，因此现代重现的波兰翼骑兵一般是把破甲剑挂在马鞍上，和地面成45度角。除了马刀和破甲剑，阔剑（Pałasz）也是翼骑兵们常用的武器，虽然根据巴托雷时代的规定，这种装备本应由破甲剑所取代，但事实来看，这种武器仍沿用了不短的时间。这种阔剑剑身笔直，多单面开刃（也有两面开刃），开刃侧刀尖形状类似马刀带有弧度。除了这些近战武器，翼骑兵们还会使用的近战武器包括战锤（Nadziak）、战斧或者圆锤（Buława）。特别说一下圆锤，这种武器同时具有礼仪和实战作用，其外形类似权杖，顶端为瓜形或者球形。历史上圆锤是波兰统帅和哥萨克盖特曼的权力象征，一战后波兰军队元帅，以及今天的乌克兰总统仍然将圆锤作为其权力象征。

除了长矛和刀剑，翼骑兵往往还会装备一些远程武器。翼骑兵装备最多的远程

◎ 不同样式的波兰翼骑兵头盔。

◎ 17世纪上半叶的波兰翼骑兵盔甲（波兰华沙军事博物馆）。

第八章 白鹰之翼：波兰翼骑兵

武器是手枪，一般翼骑兵都会装备一两把燧发手枪。除了作为远程武器，在紧急情况下，翼骑兵还可以把手枪倒过来握住枪管当作战锤或圆锤用。16世纪20年代后期起，翼骑兵部队中才开始出现火枪的身影，而翼骑兵的手枪到40年代才开始广泛装备。至于长管火器，如火绳枪、卡宾枪等是否装备了翼骑兵的使用似乎还有争议。特别值得一提的是翼骑兵的弓。对于出身于贵族的同伴们来说，弓是他们身份的象征，乃至是他们日常服饰的一部分。甚至直到火器早已全面取代弓箭之后，波兰翼骑兵身上还是会挂着一张弓。扬·索别斯基时代一批装备弓箭的轻甲骑兵（Pancerny）连队被改编为翼骑兵连队，也帮助这一传统继续坚持了下来。根据当时人们的记载，甚至到了1710年，即大北方战争期间的波兰翼骑兵仍然会佩戴弓箭。这一过时的行头遭到了其他西欧国家军人的嘲笑。对翼骑兵来说，弓与其说是武器，不如说是饰品。

战马是翼骑兵装备中单项价格最高的一项，也是他们战斗和生存的根本。在当时的鲁塞尼亚（乌克兰）有一句话："波兰人没有马，如同人没有灵魂。"传统的欧洲马身量较小，容易退化，波兰人在欧洲较早便从奥斯曼人和鞑靼人手中引入了阿拉伯血统的马匹（突厥马）进行繁育。1656年，在比亚韦斯托克附近，波兰人在欧洲率先建立了驯养东方马匹的马场，东方血统的马匹和欧洲马在这里杂交后，培育出的波兰马兼有东方马和欧洲马的长处，它们体型更大，速度更快，也更强壮。波兰战马在当时的欧洲是最出色的战马，广泛受到西欧各国的欢迎，每年都有数千匹波兰马出口到西欧各国，特别是三十年战争期间，以至于波兰特意颁布了禁止马匹出口的禁令——理所当然的，这没什么效果。波兰翼骑兵们不只装备一匹马，除了骑乘用的战马，同伴们还会添置额外的备用战马。此外，运输小队物资的大车，也需要一定数量的挽马（当时每辆大车一般需要4到6匹马）。一般来说，小队中马匹的数量大致是相当于小队（在册）人数的2到3倍。

最后，我们说说翼饰。这应该说是翼骑兵装备里最特殊、最吸引人也是最让人迷惑不解的一个部分。

从我们现在看到的翼饰来看，一般来说，翼饰主要结构是木质，顶端略微向前弯曲，上面安着鹰等鸟类的羽毛。翼饰一般是安装在骑兵的马鞍上，也有安装在骑兵的背上或者手臂上。据考证，这种翼饰最初出现在16世纪中后期，最早也是奥斯曼帝国巴尔干地区的得利骑兵所佩戴的安装在不对称盾牌上的鸟羽毛。波兰骑兵佩戴的翼饰，最早的文字记录应为1574年亨里克·瓦罗亚（Henryk Walezy）[22]加冕典礼上。后来先挪到了马鞍上，再后是骑兵的背上。翼骑兵的翼饰有成对的，也有单独的。翼饰配上闪亮的盔甲，翼骑兵可以用辉煌壮丽来形容，尤其是成队成队的翼骑兵出现时，那种灿烂更是难以描述。一位意大利使节在参加了波兰国王扬·索别斯基的登基仪式后这样描述翼骑兵："这种举世无双的骑兵的庄严和与美丽是无须赘述的；对他们的装备……的描述，是很无谓的。这样做只是亵渎他们的伟大。因为他们是一支独特的骑兵，在亲眼见到以前你是无论如何都想象不出他们的魅力与光彩壮丽。"而在近现代波兰画家——如扬·马泰伊科、尤里乌什·科萨克等人的作品中，佩戴翼饰的波兰翼骑兵向俄国、乌克兰或者鞑靼军队发起冲击，更是鼓舞了波兰的民族精神。

但是，历史事实非常令人遗憾。首先，在波兰骑兵最辉煌的时代（即斯特凡·巴托雷、齐格蒙特三世等人在位的16世纪中后期到17世纪初），这样辉煌的翼饰并不多见，直到扬·索别斯基时代，这种翼饰才被仔细地修饰并变得光彩夺目。而我们现在看到的翼骑兵光辉的盔甲和翼饰（包括复制品）多数就是来自于这个时代，而非翼骑兵本身最光辉的时代。其次就是关于这些翼饰的作用。对此历史上曾经有各种各样的观点，有的人认为在骑兵冲锋时，羽毛与空气摩擦会发出声音，以对敌人进行恐吓。但是，羽毛和空气摩擦的声音在战场上很容易被其他声音（如马蹄声）所盖过，因此这种说法难以成立。事实上在1998年，电影《火与剑》（波兰导演耶日·霍夫曼执导）在拍摄过程中，曾经有50多名翼骑兵骑马反复奔跑，但是翼饰几乎一点声音也没发出。如果要恐吓敌人，翼骑兵的外表和马蹄声就足够了。还有一种说法认为，翼饰是用来防止敌人——尤其是奥斯曼土耳其人和鞑靼人——对他们使用套索。这种说法也很让人怀疑能否起到作用。同样是在拍摄《火与剑》的过程中发现，翼饰在骑马冲锋时会产生极大的阻力，甚至有把人从马上拽下来的危险；而如果装在马鞍上，马则根本没有办法快速前进。因此基本可以肯定，翼骑兵的这对翼饰应当只是在特殊场合（如检阅等重大仪式时）才会使用，在实战中使用的可能性很小。也有历史学家推断，翼饰这种装饰类似勋章，只有那些在战斗中建立功勋的部队才有资格佩戴，这也在一定程度上更加坐实了翼饰不会在实际战斗中出现的结论。

在翼骑兵早期的战斗中，基本的战斗单位是支队（Huf），每个支队由若干个连队编成。这种编制方式是沿用波兰旧日的战术。每个支队的规模大小不等，可以从150骑到1500骑——取决于作战地区的规模。传统的支队在战斗中分为左中右三部分，每一部分在战斗中将同伴放在最前，后面的扈从排成两队。17世纪30年代后，经过多次与瑞典的战争，波兰军队部队的编制也开始向西方学习和靠拢，支队的称呼也逐渐被团（Pułk）所取代。团的指挥官称作团长（Pułkownik）[23]，在队长中选拔一人。不过团最初也是战术单位而非常设编制，每个团可能由4-10个连队组成。团的名字最初由团长的名字命名，后来改为用地名命名。随着小队规模的减小、扈从装备的更新，到18世纪初一些扈从已经和同伴们一同被编入阵型的最前排了，这让一部分贵族们感到不满。在战斗中，仆役会到阵地后面列队，各队队伍前会立有相应的小旗（Znaczek）。仆役们的主要工作是为冲锋回来的骑兵们换马换装备（特别是长矛）以为下一次冲锋做准备，并且收容照料伤员。偶尔也会有比较擅长用兵的统帅（如霍德凯维奇）拿他们用来当疑兵，伪装成援军。此外在某些极其危急的情况，

第八章 白鹰之翼：波兰翼骑兵

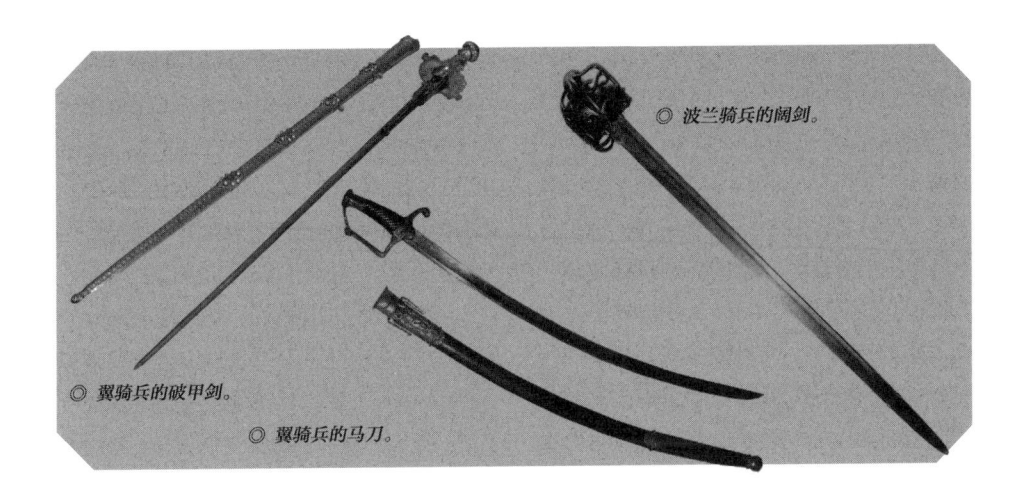

◎ 波兰骑兵的阔剑。

◎ 翼骑兵的破甲剑。

◎ 翼骑兵的马刀。

也有将仆役投入战斗的事情。

根据当时一些人〔斯塔洛沃尔斯基（Starowolski），1648年〕的描述，翼骑兵是战场上的全能兵种："如果需要，翼骑兵放下长矛，就会变成手持阔剑和手枪的黑骑兵（Reiter）[24]；脱下铠甲，就能作为轻甲骑兵；如果国王或者统帅要求，他还可以下马变成重甲步兵。"不过，这种评价恐怕有所过誉，毕竟翼骑兵是一种装备复杂且昂贵的兵种，如萨克森亲王莫里斯就认为，虽然翼骑兵有很多优点，多数情况下他们都是军队里大车上的负担。现在很多人认为，翼骑兵在日常的战斗中并不发挥作用，这种昂贵的军队只有在最重要的决战关头才会被派上用场。

如果时间充裕，通常战斗之前会在营地里进行一场弥撒。做好战斗准备的翼骑兵通常在距离敌人100米处发起冲击。冲击前，队长会下达一系列口令，做好冲击的准备。冲击过程中，翼骑兵至少要经历敌军一轮射击。波兰史学家认为，翼骑兵可以在冲击过程中转换队列，开始冲击时队列较为松散，在冲击过程中慢慢集中起来，最终达到"膝盖碰膝盖"的紧密队形，这样可以减小火器造成的伤亡。但是西方则认为翼骑兵在冲锋过程中，全程都保持紧密队形。在跑完冲锋路程一半时，根据队长口令，连队会放低长矛至矛尖大致和马耳齐平。和西方骑士不同，在冲锋过程中，翼骑兵的长枪后端不是在腋下夹紧，而是放在一个特制的皮制套筒（Tok）里，这个套筒一般用带子系在马鞍上。随着逐渐靠近敌人，翼骑兵的冲击速度会越来越快，队形也会越来越紧密，最终以雷霆万钧对敌人阵地产生巨大的冲击。据当时人描述，翼骑兵在冲锋时，"他们从飞扬的尘土中冲出来，马蹄声如同上千名铁匠同时敲打铁锤"。而且，翼骑兵在战斗中往往不止攻击一次，而是多次反复冲击，直到敌军完全崩溃。面对紧密的翼骑兵连队和如雷的马蹄声，遭到冲锋的敌人受到的心理冲击是可想而知的。然而，一些西方史学家对于翼骑兵的杀伤力不以为然。他们认为，翼骑兵的长矛质量太轻，对于轻甲的哥萨克人、土耳其人还有一定杀伤力，但是对于重甲的西欧军队，翼骑兵难以造成很大的杀伤。他们指出，翼骑兵的冲锋更多的是心理上的恐吓，通过翼骑兵的冲锋撕裂敌军阵容严整的方队，然后由跟上的其他部队完成对敌人的粉碎。这种观点虽然有一定的事实支撑——事实上在1627年，一名穿着甲胄的瑞典上校在和翼骑兵的对阵中，至少承受了3次翼骑兵长矛的冲锋并幸存了下来——但是波兰人仍然倾向于认为，翼骑兵本身不仅能够冲破敌人队列，他们本身就可以造成大量杀伤。

特别要说明的是"翼骑兵可以攻破长枪方阵"这一近年来流行的传说。近年来一些人认为，由于翼骑兵的长矛特别长，甚至比步兵长枪更长，因此可以无视步兵长枪方阵的护卫直接冲破。这一观点事实上并不成立。首先，在17世纪60年代前，翼骑兵的长矛是不如瑞典步兵的长枪长的。当时骑兵的长矛长度是5米，而瑞典步兵的长枪长度达到了接近6米，后来降低到5.3米。在17世纪60年代后，瑞典人将长枪的长度进一步减到了4.2~4.8米以便于更好使用，此时翼骑兵长矛的长度才超过瑞典步兵长枪。其次，对于这不到一米的差距，高速冲击的骑兵冲过这段距离也不过是一瞬间的事情，随后翼骑兵仍然会撞上密集的长枪方阵，说这点长度就会成为胜利的压倒性优势，实在勉强。事实上，波兰翼骑兵对长枪方阵的多数胜利都是在17世纪30年代之前所取得的，

而且往往也不是翼骑兵单独战斗的成果。当然，例外并非没有，1605年的基尔霍姆战斗就是一次翼骑兵独立和瑞典长枪方阵战斗并取得的胜利——也是唯一的一次。而且当时的瑞典步兵和古斯塔夫·阿道夫之后的瑞典步兵相差很大，他们没有披甲，装备很差，也没有经过适当的训练。根据当时的记录，波兰翼骑兵对瑞典长枪方阵进行多次冲击后，还是冲破了他们。不过对这一胜利，即使当时的波兰人自己也认为是独一无二、不可复制的——雅古布·索别斯基（扬·索别斯基之父）曾说："未来几百年，人们还会为这一胜利而惊奇，但是仍然未必会真正相信。"尽管有过这样的经历，将这独一无二的胜利当成普遍的存在仍然是轻率的；不过另一方面，尽管独一无二，这一胜利仍然展现出翼骑兵强大的冲击力和战斗力。

根据当时的统计，翼骑兵的战斗中通常不会付出太大的伤亡。根据当时的统计，在战斗后，一个100人的连队通常不会损失（包括伤亡）超过4名同伴和8名同伴，马匹的损失则是人数的两倍。一般来说伤亡主要来自火器，冷兵器造成的伤亡相对较少。这一方面说明翼骑兵战斗力强，另一方面也是和翼骑兵本身往往只作为突击力量，而不大能够长时间缠斗有关。不过也并非绝无仅有，如1654年立陶宛副统帅亚努什·拉齐维乌在什科罗夫（今白俄罗斯莫吉廖夫州）的战斗中，他的连队损失了超过二分之一的兵力。至于失败的战斗，更不可能以这种较低的伤亡收场。战死者一般会被就地掩埋，而对于负伤的同伴，能有条件在自己的连队内进行治疗的并不多，通常需要求助统帅身边的大夫。整个

第八章 白鹰之翼：波兰翼骑兵

部队中，只有统帅身边有一两个真正的大夫，他可能是在国外学习过的波兰人，也可能是外国人。伤员通常会乘坐大车，或者在两匹马中间拉起来的担架上。伤员回到家乡后，他们还能得到比别人更多的酬劳。至于负伤或者生病的下人们，通常就只能自求多福了。而对于那些活下来的人，在他们最终离开军队时，往往会有所收获。对那些大贵族家中的长子，从军时虽然也是同伴，但他们往往只是在国王、统帅或者大贵族的连队中镀一层金就离开军队，甚至只混个一年半载就走人了。而对小贵族以及大贵族家庭中没什么机会继承家产的幼子，往往会以同伴的身份在军队中服役较长时间，有可能成为职业军人，甚至有在军队中服役 37 年的记录。无论服役年限长短，当他们离开军队回到自己的封地，除了金钱的收获和同乡的尊敬，往往还能在当地当一个不错的小官。不过随着波兰国力的衰弱，这笔回报也逐渐缩水，后来甚至可能根本没有。

◎ 翼骑兵翼饰的演变。

◎ 冲锋的翼骑兵。很遗憾这种帅气的战斗景象只能是后世画家的想象，而非真实的历史。

结语

从16世纪到18世纪，波兰翼骑兵的历史一共约两百年。这两百年中包括了波兰国土面积最大、军事实力最强盛的时期，在这一时期和周边强邻的战斗中，波兰以强大的军事实力威震东欧。然而，随着技术和战术的发展，在"大洪水"的冲刷下，波兰-立陶宛联邦这个强盛一时的大国走下了巅峰。在哥萨克人的轻骑和瑞典方阵的夹击下，翼骑兵和他们所代表的波兰国家一样，一步一步日薄西山。而北方战争的炮声，也预示着波兰国家的进一步衰弱。这两百年中，作为波兰军事力量主体和象征的翼骑兵，其兴衰也从一个侧面为我们展示了波兰如何走向极盛，又是如何走向衰落，乃至最终被曾经臣服于自己的邻国逆袭的历程。

尽管故事的结局不算圆满，但是作为昔日强大、独立的波兰国家战斗力最强同时也是最有特色的骑兵，翼骑兵不仅有理由成为波兰民族昔日辉煌历史的象征和标志，也有理由在世界强军中占有一席之地。直到今天，我们仍然能在波兰的军队标志等不同的地方，看到翼骑兵昔日飘扬的羽翼。

◎ 波兰发行的翼骑兵主题纪念币，一套三枚。

◎ 法国圣奥梅尔（Saint-Omer，在北部-加莱海峡大区）的波兰第一装甲师纪念碑。波兰第一装甲师（1 Dywizja Pancerna）是二战中西线由波兰流亡政府指挥的一支军队，该军参与了诺曼底登陆、法莱斯包围战等西线的一系列战斗。纪念碑上绘有波兰国徽（左上）和该师徽章（右上），该师徽章即为翼骑兵的头盔和翼饰。

第八章相关注释

1. 英文有时会称其为"Polish winged hussar",以和一般的骠骑兵"Hussar"相区别。

2. 特兰西瓦尼亚(Transylvania,匈牙利语称艾尔德利,德语称齐本布根)在历史上属于匈牙利,由塞克勒人(匈牙利化的突厥人)、匈牙利人和萨克森人(即日耳曼人)共同统治当地的罗马尼亚平民(所谓"三族共治")。一战后这一地区归属罗马尼亚。此地以吸血鬼的传说而闻名。

3. 斯特凡·巴托雷(波Stefan Batory),匈牙利语称巴托里·伊斯特万(Báthory István),1576年当选波兰国王,1577年5月1日正式加冕。传说中饮用少女鲜血或用鲜血沐浴的吸血鬼"血腥伯爵夫人"巴托里·伊丽莎白(Báthory Erzsébet)是他的表姐。

4. 此处的"统帅"其实就是盖特曼(波/英Hetman)。盖特曼这一称呼最初由捷克人使用,至今捷克的州长仍称为盖特曼(捷Hejtman)。波兰(及立陶宛)军队中的盖特曼是仅次于国王的统帅,最初为特设,后来变为常设,波兰王家(英the Crown/波koronny)、立陶宛(波litewski)军队中均有此职务,后又各有正、副之分,共4人〔分别称为大盖特曼(英Great Hetman/波Hetman wielki)和陆军盖特曼(英Field Hetman/波Hetman polny),前者为主,常居于首都;后者为辅,多负责野战〕,4人以波兰王家大盖特曼(Hetman wielki koronny)为最高。同时,盖特曼又是乌克兰哥萨克军队首领的称号(俄Гетман/乌Гетьман),赫梅利尼茨基起义后成为乌克兰盖特曼政权(英Hetmanate/乌Гетьманщина)的首领,一战后德国控制下的乌克兰政权也使用过这一称号。本文中为区别,将波兰王家军队和立陶宛军队的大盖特曼和陆军盖特曼分别称为统帅和副统帅,而乌克兰的盖特曼仍称盖特曼。

5. 他在位期间将波兰首都从克拉科夫迁往华沙。

6. 克卢希诺是人类历史上第一个宇航员尤里·加加林少校的故乡。

7. 采措拉(Cecora/罗Țuțora),今属罗马尼亚雅西县。茹凯夫斯基战死后首级被奥斯曼人斩下送往伊斯坦布尔。值得一提的是,1595年,当时还是波兰王家副统帅的茹凯夫斯基曾经在此处大破鞑靼-奥斯曼军队。

8. 被俘贵族包括:斯·茹凯夫斯基之子武卡什·茹凯夫斯基、波兰将领斯坦尼斯瓦夫·波托茨基(未来的波兰王家统帅),以及当时尚臣服于波兰的乌克兰哥萨克军官、文书博格丹·赫梅利尼茨基。

9. 黄水,或译若尔特耶沃德(俄Жёлтые Воды/乌Жовті Води,黄水为意译)。战场在今乌克兰基洛夫格勒州黄水镇附近。该地为乌克兰铀矿产地。

10. 扬二世·卡齐米日·瓦萨在即位前是一名耶稣会的红衣主教,后来由于国内内战爆发,他被迫退位之后,选择去法国继续做一名教士,这在波兰国王中也算一个异数。他的心脏至今仍然安葬于法国巴黎的圣日耳曼德佩修道院(Abbaye de Saint-Germain-des-Prés)。

11. 白采尔科维(俄Белая Церковь,意译为白教堂),位于乌克兰基辅州。苏联农业学家特罗菲姆·李森科(Трофим Лысенко)、二战中第一女狙击手柳德米拉·帕夫利琴科(Людмила Павличенко)都是白采尔科维人。

12. 被处决的将领包括马尔钦·卡利诺夫斯基统帅的儿子萨穆埃尔·卡利诺夫斯基、炮兵将领齐格蒙特·普日耶姆斯基(Zygmunt Przyjemski),以及贵族马雷克·索别斯基(Marek Sobieski,未来的波兰国王扬·索别斯基的兄弟)等人。

13. 一般意义上波兰历史上的大洪水时期特指1655-1660年期间的波瑞战争(小北方战争,和18世纪初、彼得大帝时代的大北方战争相对），有时也称"瑞典大洪水"（Potop szwedzki）；广义上的大洪水则包括了赫梅利尼茨基起义即随后的波俄战争等一系列战争。

14. 普鲁士的前身原为条顿骑士团。1410年坦能堡战役中，波兰-立陶宛联军击败条顿骑士团后，骑士团逐渐衰落，西普鲁士被并入波兰（称王家普鲁士）。1525年，仍然占有东普鲁士的骑士团国宣布世俗化，建立普鲁士公国，并改宗新教，为波兰的附属国。1618年，出身霍亨索伦家族的勃兰登堡侯国选帝侯约翰·西吉斯蒙德继承公国王位，勃兰登堡选侯国至此与普鲁士公国联合，称勃兰登堡-普鲁士，即为未来普鲁士王国的前身。

15. 据说当奥斯曼人开始围城后就在夜间挖掘靠近城墙的坑道，一个住在城墙附近早起磨面粉的面包师听到了他们的动静，迅速将情报报告给守城将士。于是维也纳人得以提前做好准备，并成功挫败了奥斯曼人的进攻。当维也纳之战最终取得胜利后，城里的面包师们将面包制成土耳其人的新月（一说弯刀）形状，以表示是他们在战争中最先见到土耳其人。后来出身哈布斯堡家族的法国王后玛丽·安托瓦内特（路易十六的王后，在法国大革命中被处决）将这一食品带到了法国，这就是法国牛角面包的来历。

16. 和翼骑兵不同，波兰枪骑兵的起源是依附于波兰-立陶宛联邦的鞑靼人（即立陶宛鞑靼人）。"枪骑兵"一词也是来源于鞑靼语"青年"（Oglan）一词。因此虽然同样是以长枪为主要装备的骑兵，但说枪骑兵是翼骑兵的继承者，严格意义上并不正确。

17. 这个词来源于德语的"Rittmeister"。后来波兰军衔中的装甲兵/骑兵上尉也沿用此词（至1947年）。虽然本意是"骑兵队长"，但在波兰-立陶宛联邦军队中，拥有这个头衔的可能指挥一个骑兵或者步兵的连队，也有可能是大规模的部队，因此本文不翻译成"骑兵上尉"，而是译成"队长"。下文的其他称呼也同样处理。此词俄文中拼作"Ротмистр"，也是（沙俄）骑兵大尉之意。另外，苏联坦克兵主帅罗特米斯特罗夫（Ротмистров）的姓氏也来源于此。

18. 这个词即俄语的"同志"（товарищ）一词。

19. 后来波兰上尉军衔沿用此词。俄语拼作"Поручик"，也是（沙俄）骑兵上尉之意。

20. 现在波兰少尉军衔沿用此词。俄语拼作"Хорунжий"，也是（沙俄）哥萨克骑兵少尉之意。

21. 或译为"披甲哥萨克"，他们的作用是辅助和配合翼骑兵作战。和翼骑兵相比，他们的不同之处在于，他们身着链甲而非板甲，其装备除了长枪外，还有弓箭和盾牌。需要说明的是，这里的Kozak（复数形式为Kozacy，和波兰语的哥萨克拼写相同）并非哥萨克，因此"披甲哥萨克"的翻译其实是错误的。

22. 亨里克·瓦罗亚（Henryk Walezy）即亨利·瓦卢瓦（Henry de Valois），法国人，1573年当选波兰国王，称亨里克三世。但是加冕时间不长，其兄法国国王查理九世去世，他便放弃波兰王位，回国即位法国国王，即亨利三世。在他之后当选波兰国王的即为斯特凡·巴托雷。他是法国瓦卢瓦王朝最后一位国王，也是波兰自由选王制实施后第一名由贵族议会选出的国王。

23. 后来波兰上校军衔沿用此词。俄语作"Полковник"，也是上校之义。

24. 黑骑兵（Reiter）是"黑色骑兵"（德语Shwarze Reiter）的省略，这是当时一种德意志式骑兵，身着黑色重甲，主要武器为佩剑和两把（甚至更多）手枪，因此有的地方也翻译成手枪骑兵。

参考文献

中文专著（含译著）

[1] 皮埃尔·米盖尔, 蔡鸿滨译. 法国史[M]. 北京: 商务印书馆, 1985.

[2] 波将金. 外交史[M]. 北京: 生活·读书·新知三联书店, 1983.

[3] 周桂银. 意大利战争与欧洲国家体系的初步形成[J]. 开封: 史学月刊, 2002,(11).

[4] 王绳组. 国际关系史[M]. 北京: 世界知识出版社, 1995.

[5] 隋勇艳. 现代瑞士民族共同体形成历史探源[D]. 长春: 东北师范大学, 2005.

[6] 郭大成, 金孜虞. 波兰！波兰！[M]. 沈阳: 辽宁教育出版社, 2011.

[7] 中国人民解放军军事科学院编译. 苏联军事百科全书·军事历史（上、下）[M]. 北京: 解放军出版社, 1986.

[8] 刘祖熙. 波兰通史[M]. 北京: 商务印书馆, 2006.

[9] 斯坦福·肖, 许序雅, 张忠祥译. 奥斯曼帝国[M]. 西宁: 青海人民出版社, 2006.

[10] 瓦·奥·克柳切夫斯基, 左少兴等译. 俄国史教程（第三卷）[M]. 北京: 商务印书馆, 1996.

[11] 陈志强. 世界历史文化丛书: 拜占庭帝国通史[M]. 上海: 上海社会科学院出版社, 2013.

[12] 菲利浦·希提, 马坚译. 阿拉伯通史（第10版）[M]. 北京: 新世界出版社, 2008.

[13] 吴志辉. 瑞士宗教改革论略[D]. 成都: 四川大学出版社, 2004.

英文专著

[1] D. Ayalon. Gunpowder and Firearms in the Mamluk Kingdon[M]. London: Routledge, 1970.

[2] D. Ayalon. Studies in the Mamluks of Egypt[M]. London: Routledge, 1977.

[3] Amitai-Preiss, Reuven. Mongols and Mamluks: The Mamluk-Ilkh anid War 1260-1281[M]. Cambridge: Cambridge University Press, 1995.

[4] S. Nicholas. Northwood. Early Roman Armies[M]. London: Osprey Publishing. 1995.

[5] S. Nicholas. Republican Roman Army 200-104BC[M]. London: Osprey Publishing, 1996.

[6] M.Simon. Vienna 1683:Christian Europe repels the Ottomans[M]. London: Osprey Publishing, 2008.

[7] B. Richard. Men at Arms - Polish Armies 1569-1696 (1、2)[M]. London: Osprey Publishing, 1987.

[8] B. Richard. Polish winged Hussar 1575-1775[M]. London: Osprey Publishing, 2006.

[9] D. Nicolle, C. Hook. The Janissaries[M]. London: Osprey Publishing, 1995.

[10] D. Nicolle, A. McBride. Armies of the Ottoman Turks 1300-1774[M]. London: Osprey Publishing, 1983.

[11] C. McNab. The Roman Army (CO-ED): The Greatest War Machine of the Ancient World[M]. London: Osprey Publishing, 2013.

[12] S. Turnbull. The Ottoman Empire 1326-1699[M]. London: Routledge，2003.

[13] István Vásáry. Cumans and Tatars[M]. Cambridge: Cambridge University Press, 2005.

[14] F. Babingen. Mehmet the Conqueror and his Time[M]. Princeton, 1978.

[15] P. Sugar. A Near-Perfect Military Society: The Ottoman Empire, in L. L. Farrar (ed.), War: A Historical, Political and Social Study[M]. Santa Barabara, 1978.

[16] M. Strickland, R. Hardy. The Great Warbow：From Hastings to the Mary Rose[M]. J H Haynes & CoLtd, 1995.

[17] C. Allmand. The Hundred Years War: England and France at War c.1300-c.1450[M]. Cambridge: Cambridge University Press, 1988.